全国高等职业教育示范专业规划教材

经济法基础与实务

主　编　汤　先

参　编　姬文婷

机械工业出版社

本书以任务驱动为导向，按企业设立、运作、注销过程，将企业涉法的具体实务设计为“导论”、“企业设立”、“企业财产”、“企业运作”、“企业市场秩序规制”、“企业纠纷的解决”、“劳动合同”和“企业破产”八个教学模块，重构教学内容。内容分别涉及个人独资企业法、合伙企业法、公司法；物权法、商标法、专利法；合同法、担保法及物权法之担保物权；产品质量法、消费者权益保护法、反不正当竞争法；民事诉讼法、仲裁法；劳动合同法和企业破产法等法律。

本书从职业教育教学的实际出发，帮助学生掌握核心知识，训练核心技能，突出了案例教学特点，强调实训环节。内容全面，结构合理，融系统性、理论性、实用性为一体。

本书可作为高等职业院校、高等专科院校、成人高校、民办高校及本科院校举办的二级职业技术学院管理类专业及相关专业的教学用书，也可作为企业职工的培训用书。

图书在版编目（CIP）数据

经济法基础与实务/汤先主编. —北京：机械工业出版社，2013.8（2015.8重印）
全国高等职业教育示范专业规划教材
ISBN 978-7-111-43163-3

Ⅰ. ①经… Ⅱ. ①汤… Ⅲ. ①经济法—中国—高等职业教育—教材
Ⅳ. ①D922.29

中国版本图书馆CIP数据核字（2013）第160141号

机械工业出版社（北京市百万庄大街22号 邮政编码100037）
策划编辑：孔文梅 责任编辑：孔文梅 刘 畅
责任校对：王 欣 封面设计：张 静
责任印制：刘 岚
涿州市京南印刷厂印刷

2015年8月第1版第2次印刷
184mm×260mm · 16印张 · 384千字
3001—5000册
标准书号：ISBN 978-7-111-43163-3
定价：34.00元

凡购本书，如有缺页、倒页、脱页，由本社发行部调换

电话服务	网络服务
社服务中心：（010）88361066	教材网：http://www.cmpedu.com
销售一部：（010）68326294	机工官网：http://www.cmpbook.com
销售二部：（010）88379649	机工官博：http://weibo.com/cmp1952
读者购书热线：（010）88379203	封面无防伪标均为盗版

前　言

经济法是经济管理类各专业必设的专业基础课，具有很强的实用性。

为了更好地配合落实高等职业教育“知识+技能”的要求，体现学生自主学习的特点，本教材在内容设计上作了改革，围绕高职教育高端应用型技能人才的定位，以服务企业为中心，按企业涉法过程进行教学设计，重构教学内容。在编写体例上，力求新颖、实用：开篇提出知识目标和能力目标的要求，篇中设有导入案例、点评分析、相关问题咨询；章后有小结、思考与练习、实训题。学法和用法相结合，使学生既能掌握学科的基本理论，提升法律素养，又能提高法律实务能力。

本书分“导论”、“企业设立”、“企业财产”、“企业运作”、“企业市场秩序规制”、“企业纠纷的解决”、“劳动合同”和“企业破产”八个教学模块、十六章，结构灵活，可适应不同专业的需要。

本书由汤先任主编，姬文婷参编。其中，“经济法导论”、“企业设立”、“企业运作”、“企业市场秩序规制”四个模块由汤先编写；“企业财产”、“企业纠纷的解决”、“劳动合同”和“企业破产”四个模块由姬文婷编写。全书由汤先设计及统稿。

由于编者水平有限，书中难免有疏漏之处，请同行及读者赐教，以便再版时修订。

为方便教学，本书配备了电子课件等教学资源。凡选用本书作为教材的教师均可登录机械工业出版社教材服务网 www.cmpedu.com 免费下载。如有问题请致信 cmpgaozhi@sina.com，或致电 010-88379375 联系营销人员。

编　者

目　录

模块一
导论

第一章 经济法导论

学习目标

知识目标

- 理解经济法的调整对象
- 理解并掌握经济法律关系的构成要素
- 掌握法人制度

能力目标

- 能正确分析经济法律关系的构成要素
- 能正确地授权，会撰写授权委托书
- 能妥善处理代理法律事务

引导案例

张三5月份纳税500元，花4000元买了一部手机。

试分析税收法律关系的构成要素和合同法律关系的构成要素，并比较两者异同。

第一节 经济法概述

一、经济法的调整对象

经济法是调整国家在干预社会经济过程中产生的各种社会关系的法律规范的总称。

经济法是我国法律体系中一个独立的法律部门，有其自身的调整对象。作为国家调节社会经济之法，其调整的社会关系既包括横向的市场经济主体之间的关系，也包括纵向的国家对市场经济主体的管理与调控关系；既有私法上的关系，也有公法上的关系。具体包括以下四个方面。

1. 宏观经济调控关系

宏观经济调控是国家为了实现经济总量的基本平衡，保持国民经济又好又快发展而对国民经济结构及其运行进行的调节和控制。国家运用各种经济调节手段调控国民经济和社会运行过程中所形成的社会关系，属于经济法的调整对象。如财税金融法律，但由于这部分内容专业性较强，故在本教材中不做陈述。

2. 市场主体管理关系

为了协调经济的运行，国家通过立法对市场主体的资格取得与丧失进行必要的管理和干预。这种管理和干预主要体现在明确规定了企业、公司的设立、变更和终止，内部机构的设置，职权范围及财务制度等事项，以保证市场主体地位的统一与平等。

3. 市场运行协调关系

市场主体的法律地位是平等的，意志是自由的，它们之间可以自由地开展经济活动，进行经济交往。为了协调市场运行，保障市场经济活动的安全、便捷和高效，必须建立一个统一、开放的市场体系，为市场主体开展经济活动、进行经济交往提供一套行为规范和行为准则。它们所调整的社会关系，就是市场运行协调关系。

4. 市场秩序规制关系

为了维护社会主义市场经济秩序，规范市场主体行为，国家对市场主体的生产经营行为加以干预和约束，形成一种国家调节经济关系。在这种关系中，一方为国家，另一方为从事生产经营的市场主体，它们之间有关生产经营行为的引导、调节、控制、监督等方面发生的社会关系，由经济法进行调整。

相关问题咨询

经济法调整所有经济关系，对吗？

咨询意见：这种说法不正确。经济法是调整国家在干预社会经济过程中产生的各种社会经济关系的法律规范的总称。由此可见，经济法只调整一定范围内的经济关系。如财产继承关系虽属于经济关系，但不属于经济法律关系，适用于继承法，属于民法的范畴。

二、经济法的特征

1. 广泛的社会性

经济法是为了适应社会经济发展需要而产生的，为国家干预经济提供法律依据，以社会为本位。经济法赋予了国家职能向社会经济这一公共领域延伸的权力，并且使公权力涉及了私法的经济领域。体现了经济法从社会整体出发，归结到社会整体的社会性。实现了维护社会整体利益，促进社会经济总体结构运行协调、稳定发展的根本目标。

2. 内容的综合性

经济法的综合性是由其调整的社会经济关系的复杂性所决定的，表现在以下两个方面：一是法律权益的复合性。经济法不仅保护经济活动主体的个体法益，也保护不特定多数的社会法益，同时还保护作为公权力拥有者的国家的法益；二是规范的多元性。经济法体现了实体规范与程序规范、公法规范与私法规范、强制性规范与任意性规范相结合。

3．方法的引导性

任何法律均具有国家强制力保障实施的特点，但经济法更多的是体现出国家对经济的引导和促进，因此存在着大量引导性规范。国家在经济法中规范利用多种调整手段，力图在不违背经济规律的前提下，用这只“看得见的手”更灵活地调整市场，推动国家经济的协调发展。

4．形式的多样性

国家干预社会经济涉及的问题相当广泛，反映在经济法的表现形式上也多样化。有宪法、法律、行政法规、地方性法规、规章、司法解释和国际条约与惯例。

第二节　经济法律关系

经济法律关系，是指国家干预社会经济活动过程中根据经济法律规范形成的权利义务关系。经济法律关系与经济法的调整范围有密切联系，它是法律关系在经济法领域的体现，是经济法调整范围的具体化。经济法律规范是经济法律关系产生的前提和基础，经济法律关系是体现国家和个人意志的权利和义务关系。

一、经济法律关系的构成要素

经济法律关系的主体、客体和内容是任何经济法律关系必须具备的三要素。

（一）经济法律关系的主体

1．经济法律关系主体的概念

经济法律关系主体，是指参与经济法律关系，并依法享有经济权利和承担经济义务的当事人。享有经济权利的当事人叫权利主体，承担经济义务的当事人叫义务主体。

经济法律关系的主体具有种类的特定性与广泛性、地位的不平等性等特点。

2．经济法律关系主体的资格

作为经济法律关系的主体必须具备一定的资格。任何组织和个人要成为经济法律关系的主体，必须具备法定的权利能力和行为能力。

权利能力，是指经济法律关系主体能够参与经济法律关系，依法享有一定的经济权利，承担一定的经济义务的法律资格。自然人的权利能力始于出生，终于死亡，且所有自然人的权利能力一律平等。组织的权利能力始于成立，终于解散，其权利能力的范围取决于该组织成立的宗旨和业务范围。

行为能力，是指经济法律关系主体能够通过自己的行为实际取得经济权利、履行经济义务的能力。自然人的行为能力由法律直接规定。依据能否认识自己行为的性质、意义和后果；能否控制自己的行为并对自己的行为负责为标准，法律将自然人分为完全民事行为能力人、限制民事行为能力人和无民事行为能力人。组织的行为能力与权利能力是同时产生、同时消灭的，组织的行为能力取决于该组织成立的宗旨和业务范围。

3. 经济法律关系主体的类型

经济法律关系的主体主要有两类：一类是国家经济管理主体，另一类是国家经济的被管理主体。前者是相对特定的，是国家行政机关中担负着国家经济管理职能的国家经济管理机关，包括宏观经济管理机关、国有资产投资经营管理机关、市场规制主管机关等；后者范围更加广泛，包括公司、企业、社会团体和个人等。

4. 法人制度

（1）法人的条件。法人是具有民事权利能力和民事行为能力，依法独立享有民事权利和承担民事义务的组织。法人的民事权利能力和民事行为能力，从法人成立时产生，到法人终止时消灭。

法人应当具备下列条件：①依法成立；②有必要的财产或者经费；③有自己的名称、组织机构和场所；④能够独立承担民事责任。

依照法律或者法人组织章程规定，代表法人行使职权的负责人，是法人的法定代表人。

（2）法人的分类。法人包括企业法人、机关、事业单位和社会团体法人：

1）企业法人。企业法人应当在核准登记的经营范围内从事经营。企业法人对它的法定代表人和其他工作人员的经营活动，承担民事责任。企业法人分立、合并或者有其他重要事项变更，应当向登记机关办理登记并公告。企业法人分立、合并，它的权利和义务由变更后的法人享有和承担。企业法人由于下列原因之一终止：依法被撤销，解散，依法宣告破产，其他原因。企业法人终止，应当向登记机关办理注销登记并公告。

2）机关、事业单位和社会团体法人。有独立经费的机关从成立之日起，具有法人资格。具备法人条件的事业单位、社会团体，依法不需要办理法人登记的，从成立之日起，具有法人资格；依法需要办理法人登记的，经核准登记，取得法人资格。

（二）经济法律关系的客体

1. 经济法律关系客体的概念

经济法律关系客体，是指经济法律关系主体享有的经济权利和承担的经济义务所共同指向的对象。它是确定经济权利是否实现、经济义务是否履行的客观标准和尺度。如果没有客体，经济权利和经济义务就失去了依附的载体，经济法律关系无法产生。

2. 经济法律关系客体的类型

（1）物。作为经济法律关系客体的物，是指人们能够控制和支配，且具有一定的使用价值和价值的财物，包括生产资料、生活资料、货币及其他有价证券等。物是经济法律关系最普遍的客体，但在我国有严格的限制和规定。一般作为经济法律关系客体的物必须是自由流通物，不能是限制流通物和禁止流通物。

（2）经济行为。经济行为是指经济法律关系主体为了实现某种特定的经济目的而实施的行为，包括经济管理行为和劳务行为。前者指经济法律关系的主体行使经济管理权的行为，后者则是经济法律关系的主体为了满足对方的需求而完成一定工作或提供一定服务的行为。完成一定的工作通常理解为经济法律关系的主体利用自己的资金、设备为取得某种实际成果所进行的活动，如建筑设计、施工，对方按照其完成工作的质量和数量支付一定的报酬；提供一定的服务，是经济法律关系的主体利用自己的设施，提供一定的劳务，对方支付一定的酬金，如仓储保管、运输行为等。

（3）智力成果，也称为无形财产、非物质财富。它是人们脑力劳动的成果，包括商标权、专利权、非专利技术、著作权等一切创造性劳动成果。它一般不具有直接的物化形态，但却可能创造物质财富。

（三）经济法律关系的内容

经济法律关系的内容，是指经济法律关系主体依法所享有的经济权利和承担的经济义务。它是经济法律关系的核心要素，是确立经济法律关系的基础。在经济活动中，经济法律关系主体的经济权利和经济义务因经济法律关系性质的不同而表现出差异性，其具体的经济权利和经济义务因法律规定及当事人的约定的不同而不同。

经济权利和经济义务是构成经济法律关系内容的两个方面。它们相互依存，相互联系，密不可分。在横向的经济协作关系中，两者是对等的关系。即权利主体享有一定经济权利是以义务主体承担一定的经济义务为前提的，且权利主体在享有权利的同时，必须承担相应的义务。而在纵向的经济管理关系中，两者是相分离的。

1. 经济权利

经济权利是指经济法律关系主体参与经济法律关系过程中依法所享有的自己为或者不为一定行为及要求他人为或不为一定行为的资格。经济权利具有多样性，不仅有财产权，还有行为权等，具体包括以下几个方面：

（1）经济职权，指国家经济管理机关依法行使经济管理与协调职能时所享有的权利，它是国家干预和调整社会经济生活的主要依据。经济职权是由法律直接规定或者经由法律授权而确立的，具有强制性和专属性。经济职权不能滥用，更不能抛弃或转让，否则需要承担相应的法律责任。经济职权的内容主要有决策权、许可权、审批权、确认权、调查处理权、协调权等。

（2）财产所有权，指经济法律关系的主体对其所有的财产依法所享有的占有、使用、收益和处分的权利，是一种绝对权，具有排他性。

（3）经营管理权，指经济组织对所有人授予其经营管理的财产所享有的处置权和管理权，是企业最核心的权利，包括生产经营决策权、资产使用权、内部机构设置权等。

（4）请求权。这是一种救济性的权利。当经济法律关系主体的合法权益遭受不法侵害或不能实现时，依法要求国家机关给予保护的权利，包括停止侵害请求权、损害赔偿请求权、要求实际履行权等。

2. 经济义务

经济义务是指经济法律关系中的义务主体为了满足权利主体的权利要求，实现权利主体的权利而依法必须为或不为一定行为的责任。

对于国家经济管理机关而言，其经济义务内容相当广泛，包括：履行上级机关交给的经济管理任务的义务，发布相应经济管理信息的义务，依法行政的义务，提供相应服务的义务等。被管理者的义务主要有：守法经营义务，依法纳税义务，服从管理义务，接受监督义务，协助义务，经济赔偿义务等。

导入案例中，税收法律关系的主体是征税主体国家和纳税主体张三，客体是500元税款，内容包括权利和义务两方面：国家的权利是收取500元的税款，张三的义务是及时足额缴纳500元税款。一方只有权利，另一方只有义务，权利义务不对等。买卖合同法律关系中，主体是买方张三和卖方商家，客体是手机，张三的权利是获得质价相符的手机，义务是支付4 000元货款；商家的权利是获得4000元手机款，义务是如期交付手机。张三的权利就是商家的义务，张三的义务也是商家的权利，两者相对等。

二、经济法律关系的产生、变更和终止

（一）经济法律关系的产生、变更和终止的概念

经济法律关系的产生是指由经济法律规范所确认、调整，在经济法律关系主体之间形成的经济权利和经济义务关系。

经济法律关系的变更是指经济法律关系主体、客体和内容三个构成要素中任一条件的改变所引起的有关主体之间的经济权利和经济义务的变化。

经济法律关系的终止是指由于一定客观情况的出现，导致经济法律关系主体之间的经济权利和经济义务关系归于消灭。

（二）经济法律关系的产生、变更和终止的条件

1. 有相应的经济法律规范的颁布和实施

经济法律规范是经济法律关系的产生、变更和终止出现的前提。如果在某一经济领域，国家没有颁布和实施经济法律法规，则在此领域不会出现相应的法律后果。

2. 有经济法律事实的出现

经济法律事实是指法律规定的，能够引起经济法律关系产生、变更和终止的客观现象。它是引起经济法律关系的产生、变更和终止的直接原因。

根据是否以经济法律关系主体（即当事人）的主观意志为转移，经济法律事实分为事件和行为两大类。事件是指与当事人意志无关的客观事实，包括自然现象和社会现象。前者如自然灾害等不可抗力，后者如战争等。行为是当事人有意识的活动，包括合法行为和违法行为。违法行为是法律明文禁止的行为，合法行为是符合法律规定，能产生预期的法律效力，受法律保护的行为，也称法律行为。

第三节　民事法律行为和代理

一、民事法律行为

（一）民事法律行为的生效要件

民事法律行为是公民或者法人设立、变更、终止民事权利和民事义务的合法行为。已经成立的民事法律行为，按照意思表示的内容，发生当事人预期的法律效果，法律予以承认和保护。根据我国法律的规定，民事法律行为的生效应当具备下列条件。

1．行为人具有相应的民事行为能力

无论是自然人、法人或其他组织，行为人都必须具有相应的民事行为能力，能够正确认识和理解自己行为的性质和后果，并能独立表达自己的意思。对于自然人而言，完全民事行为能力人可以依法独立进行任何民事活动；限制民事行为能力人只能进行与其年龄、智力相适应的活动，其他活动由其法定代理人代为行使，或者在征得法定代理人同意后方可行使；无民事行为能力人，原则上不得从事任何民事活动，其行为只能由其法定代理人代理。对于法人和其他组织而言，其民事法律行为不得违反法律的禁止性规范。对善意相对人来说，如果法人或其法定代表人、其他组织或其负责人实施超越其经营范围的行为仍然有效。

2．意思表示真实

意思表示是将内在的意志表现于外部的行为，它通过书面形式、口头形式或者其他形式表现出来。只有行为人自愿做出意思表示，且反映其真实的内心主观意思，才能产生预期的法律后果。法律规定是特定形式的，应当依照法律规定。一方当事人向对方当事人提出民事权利的要求，对方未用语言或者文字明确表示意见，但其行为表明已接受的，可以认定为默示。不作为的默示只有在法律有规定或者当事人双方有约定的情况下，才可以视为意思表示。

3．不违反法律或者社会公共利益

这是对法律行为内容的要求。不得违反法律是指不得违反法律中的强制性和禁止性规定。法律行为违反强制或禁止之规定者，无效。

民事法律行为从成立时起具有法律约束力。行为人非依法律规定或者取得对方同意，不得擅自变更或者解除。民事法律行为可以附条件，附条件的民事法律行为在符合所附条件时生效。附条件的民事行为，如果所附的条件是违背法律规定或者不可能发生的，应当认定该民事或失效行为无效。附期限的民事法律行为，在所附期限到来时生效或者解除。

（二）无效的民事行为

无效的民事行为，是指欠缺法律行为的有效要件且无法补救，从而不能产生预期的法律后果的民事行为。因不为法律所承认，故也得不到法律的保护。

无效民事行为主要包括：①无民事行为能力人实施的或限制民事行为能力人依法不能独立实施的行为；②一方以欺诈、胁迫的手段或者乘人之危，使对方在违背真实意思的情况下所为的行为；③恶意串通，损害国家、集体或者第三人利益的行为；④违反法律或者社会公共利益的行为；⑤以合法形式掩盖非法目的的行为。

无效的民事行为，从行为开始起就没有法律约束力。民事行为部分无效，不影响其他部分的效力的，其他部分仍然有效。

（三）可变更、可撤销民事行为

可变更、可撤销民事行为，是指因行为人的意思表示存在法定的重大瑕疵，而授予表意人诉求变更或撤销的权利以决定其效力的民事行为。当事人请求变更的，人民法院应当予以变更；当事人请求撤销的，人民法院可以酌情予以变更或者撤销。如果行为人行使了撤销权，被撤销的民事行为从行为开始起无效；如果行为人逾期不行使或放弃行使变更权或撤销权，则该民事行为具有与民事法律行为的效力，当事人受其约束。可变更或者可撤销的民事行为，自行为成立时起超过一年当事人才请求变更或撤销的，人民法院不予保护。

1．重大误解

重大误解指行为人因对行为的性质，对方当事人、标的物的品种、质量、规格和数量等的错误认识，使行为的后果与自己的意思相悖，并造成较大损失的民事行为。

2．显失公平

显失公平指一方当事人利用优势或者利用对方没有经验，致使双方的权利义务明显违反公平、等价有偿原则的民事行为。

对于重大误解或者显失公平的民事行为，被确认为无效或者被撤销后，当事人因该行为取得的财产，应当返还给受损失的一方。有过错的一方应当赔偿对方因此所受的损失，对方都有过错的，应当各自承担相应的责任。双方恶意串通，实施民事行为损害国家的、集体的或者第三人的利益的，应当追缴双方取得的财产，收归国家、集体所有或者返还第三人。

二、代理

（一）代理概述

1．代理的概念

代理是指代理人在代理权限内，以被代理人的名义向第三人进行意思表示或接受第三人的意思表示，其法律后果由被代理人承担的民事法律行为。在代理法律关系中，涉及三方当事人：①被代理人或本人，即由他人代为实施民事法律关系的人；②代理人，代替他人实施民事行为的行为人；③第三人或相对人，与代理人实施民事行为的人。

代理有广义和狭义之分。广义的代理包括直接代理和间接代理；狭义的代理仅指直接代理。直接代理又称显名代理，是指代理人以被代理人的名义进行的代理。对此我国《民法通则》有专门的规定。间接代理又称隐名代理，是指代理人以自己的名义实施民事行为，而行为后果归于被代理人的代理。我国《合同法》分则中有专门的一章委托合同，对此作了规定。

2．代理的特征

（1）代理是以被代理人名义实施的行为；

（2）代理人在代理权限内实施代理行为；

（3）代理行为是具有法律后果的民事法律行为；

（4）代理行为所产生法律后果直接由被代理人承担。

3．代理的适用范围

公民、法人可以通过代理人实施民事法律行为，代理的适用范围一般包括以下三种情况：①民事主体设立、变更、终止权利义务关系的民事法律行为，最为常见的代理行为如代理合同签订、代理债务履行；②权利变动，如代理商标申请、代理公司登记；③权利救济，如代理民事诉讼。

代理的适用范围虽然非常广泛，但下列行为不能代理：①涉及身份的行为，如结婚、离婚、收养子女等行为，因其具有严格的专属性，故不能代理；②依照法律规定或者按照双方当事人约定，应当由本人实施的民事法律行为，如绘画、演出、加工，这类行为也具有严格的人身性质，只有本人亲自履行才能达到当事人意思表示的法律后果；③违法行为。代理是一种民事法律行为，被代理人不能实施的违法行为，代理人同样也不能实施，如买卖毒品行为。代理人知道被委托代理的事项违法仍然进行代理活动的，或者被代理人知道代理人的代理行为违法不表示反对的，由被代理人和代理人负连带责任。

（二）代理权的产生（分类）

代理权，是指代理人以被代理人的名义独立实施民事法律行为，并使其法律效果直接归于被代理人的资格。代理权产生的原因与代理的种类密切相关。以其为分类标准，代理包括委托代理、法定代理和指定代理。

1．委托代理

委托代理又称授权代理，是代理人按照被代理人的授权而进行的代理。代理人所享有的代理权，是被代理人直接授予的，被代理人的授权是否明确，直接决定了代理人实施行为的法律效力。委托书授权不明的，被代理人应当向第三人承担民事责任，代理人负连带责任。

（1）委托代理的形式。民事法律行为的委托代理，可以用书面形式，也可以用口头形式。法律规定用书面形式的，应当用书面形式。书面委托代理的授权委托书应当载明代理人的姓名或者名称、代理事项、权限和期间，并由委托人签名或者盖章。

（2）行使委托代理权应遵循的原则：①代理人应亲自行使代理权；②代理人应在授权范围内行使代理权；③代理人应勤勉谨慎地行使代理权。

委托代理中，被代理人和代理人是基于信任而产生代理关系，需要代理人亲自为之。委托代理人为被代理人的利益需要转托他人代理的，应当事先取得被代理人的同意。事先没有取得被代理人同意的，应当在事后及时告诉被代理人，如果被代理人不同意，由代理人对自己所转托的人的行为负民事责任，但在紧急情况下，为了保护被代理人的利益而转托他人代理的除外。“紧急情况”是指由于急病、通信联络中断等特殊原因，委托代理人自己不能办理代理事项，又不能与被代理人及时取得联系，如不及时转托他人代理，会给被代理人的利益造成损失或者扩大损失的情形。因委托代理人转托不明，给第三人造成损失的，第三人可以直接要求被代理人赔偿损失；被代理人承担民事责任后，可以要求委托代理人赔偿损失，转托代理人有过错的，应当负连带责任。

委托代理中，代理人只有在授权范围内的代理行为才由被代理人承担法律后果。代理人超越权限所为，经被代理人追认，才对被代理人发生法律效力。

代理制度的目的是实现被代理人的利益，代理人应该忠实于被代理人利益，按被代理人的要求行使代理权。代理人不履行职责而给被代理人造成损害的，应当承担民事责任。

2．法定代理

法定代理是依照法律的规定而产生的代理。法律根据代理人和被代理人之间的血缘关系、婚姻关系或组织关系直接确定代理人。根据《民法通则》的规定，无民事行为能力人、限制民事行为能力人的监护人是其法定代理人。

3．指定代理

指定代理是按照人民法院或者指定单位的指定而产生的代理。有权指定代理人的单位有人民法院、未成年人的父母所在单位或精神病人的所在单位及未成年人或精神病人住所地的居民委员会或村民委员会，被指定的代理人均为被代理人的亲属或朋友。

（三）代理权的消灭

代理权的消灭，即代理的终止，是指代理人资格的丧失，代理人不得再以被代理人的名义从事民事活动。

1．委托代理权的消灭

有下列情形之一的，委托代理终止：①代理期间届满或者代理事务完成；②被代理人取消委托或者代理人辞去委托；③代理人死亡；④代理人丧失民事行为能力；⑤作为被代理人或者代理人的法人终止。

被代理人死亡后有下列情况之一的，委托代理人实施的代理行为有效：①代理人不知道被代理人死亡的；②被代理人的继承人均予承认的；③被代理人与代理人约定到代理事项完成时代理权终止的；④在被代理人死亡前已经进行而在被代理人死亡后为了被代理人的继承人的利益继续完成的。

2．法定代理权或者指定代理权的消灭

有下列情形之一的，法定代理或者指定代理终止：①被代理人取得或者恢复民事行为能力；②被代理人或者代理人死亡；③代理人丧失民事行为能力；④指定代理的人民法院或者指定单位取消指定；⑤由其他原因引起的被代理人和代理人之间的监护关系消灭。

（四）无权代理

1．无权代理的概念

无权代理，是指不具有代理权，但以被代理人的名义与第三人进行民事活动的行为。无权代理行为符合代理的表面特征，但不具备代理的实质要件即代理权，因而不是真正的代理。其行为的效力取决于被代理人是否追认，在被代理人追认前，属于效力待定的民事行为。

无权代理不同于表见代理，两者的法律效力不尽相同。表见代理是指行为人虽无代理权，但善意第三人有充分理由认为其具有代理权而与之进行民事活动，法律后果仍由被代理人承担的代理。表见代理本属无权代理，但产生有权代理的法律效力。我国《合同法》第四十九条规定：行为人没有代理权、超越代理权或者代理权终止后以被代理人名义订立合同，相对人有理由相信行为人有代理权的，该行为有效。

2．无权代理的类型

无权代理包括三种类型：①没有代理权。在这种情形下，行为人自始就没有取得代理权，而仍以被代理人的名义从事民事活动。②超越代理权。超越代理权是指行为人拥有代理权，但其所实施的行为超出了被代理人的授权范围。③代理权终止后的行为。行为人曾取得过代理权，因故代理权已终止，但仍以被代理人的名义进行民事活动。

3．无权代理的法律后果

没有代理权、超越代理权或者代理权终止后的行为，只有经过被代理人的追认，被代理人才承担民事责任。未经追认的行为，由行为人承担民事责任。本人知道他人以本人名义实施民事行为而不作否认表示的，视为同意。第三人知道行为人没有代理权、超越代理权或者代理权已终止还与行为人实施民事行为给他人造成损害的，由第三人和行为人负连带责任。

【举例】张三因工作忙，委托李四购买一部三星手机，李四却买了 iPhone。试分析这一行

为及其后果。

【解析】李四的行为属于无权代理。作为委托代理人，李四应在授权范围内进行购买行为，行为后果才由委托人张三承担。李四的越权行为，张三不追认的话，自行负责。

（五）代理权的滥用

代理人和第三人串通，损害被代理人的利益的，由代理人和第三人负连带责任。

小结

本章重点介绍了经济法的调整对象和特征，经济法律关系，民事法律行为和代理等内容。经济法是调整国家在干预社会经济过程中产生的各种社会关系的法律规范的总称，它的调整对象包括宏观经济调控关系、市场主体管理关系、市场运行协调关系、市场秩序规制关系。它具有广泛的社会性、内容的综合性、方法的引导性、形式的多样性等特征。经济法律关系的构成要素包括主体、客体和内容，法人是主体的最主要形式；客体的主要有物、行为和智力成果；内容由经济权利和经济义务组成。经济法律关系产生、变更和终止以法律规范为前提，法律事实为依据。民事法律行为是常见的一种法律事实，它必须具备法定的要件，否则就是无效民事行为或可变更、可撤销民事行为。代理是一种重要民事法律行为，包括委托代理、法定代理和指定代理。法律对委托代理做了详细的规定。

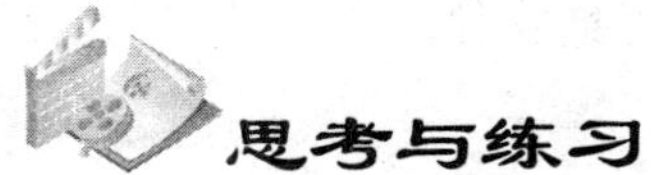

思考与练习

一、判断题

1. 经济法调整所有的经济关系。（ ）
2. 经济法律关系的主体、客体和内容三要素缺一不可。（ ）
3. 民事法律行为是一种合法行为。（ ）
4. 委托代理以自愿为前提，故委托人可以撤销委托，代理人可以辞去委托。（ ）
5. 法定代表人就是法定代理人。（ ）

二、不定项选择题

1. 商场明知其购进的电烤箱质量有问题，但在销售时却未予以说明，顾客购买了质量有问题的电烤箱。甲与乙之间的民事行为属于（ ）。

A. 受欺诈的民事行为
B. 显失公平的民事行为
C. 重大误解的民事行为
D. 乘人之危的民事行为

2. 经济法律关系的客体包括（ ）。

A. 物　　　　B. 行为

C. 智力成果　　D. 人

3. 下列关于自然人民事权利能力和民事行为能力关系的表述，正确的是（　）。

A. 民事权利能力和民事行为能力同时产生、同时终止

B. 有民事权利能力的自然人一定有民事行为能力

C. 有民事行为能力的自然人一定有民事权利能力

D. 自然人的民事行为能力和民事权利能力都具有平等性

4. 可变更、可撤销民事行为包括（　）。

A. 显失公平　　B. 欺诈　　C. 重大误解　　D. 无权代理

5. 下列情形中，属于滥用代理权的有（　）。

A. 甲委托乙购买货物，乙以甲的名义与自己订立一购买该货物的合同

B. 代理人甲代理乙出售某货物，代理丙购买该货物

C. 代理人甲在为乙采购手机的代理行为时，认为出卖人出售的电子表很不错，于是决定也为乙采购电子表一批

D. 代理人与第三人丙合谋虚开买卖合同的购买单证

E. 代理人甲为被代理人乙的利益在紧急情况下转委托丙实施代理行为

三、案例分析题

1. 王二在商场花 10 元购买了一支圆珠笔，试分析这一法律关系的构成要素。

2. 某贸易公司业务员赵山，曾代表公司与常虹工厂签订过很多购货合同。2012 年 10 月，赵因受贿行为被公司辞退，但并未通知常虹工厂。11 月，赵以公司名义与常虹工厂订了一批货，从中得到回扣 5 000 元。12 月常虹按时发货，该公司拒绝收货。

问：本案该如何处理？

实训题——撰写授权委托书

实训步骤：

1. 简要介绍民事代理授权委托书。

授权委托书是当事人把代理权授予委托代理人的一种证明文书。民事代理授权委托书一般由四部分组成：

（1）名称。应写明“授权委托书”。

（2）委托人和受委托人（代理人）各自的基本情况，如自然人的姓名、性别、年龄、民族、籍贯、职业、住址或单位名称等；法人（或其他组织）的名称、住址、法定代表人（或负责人）等。

（3）所委托的内容。这是授权委托书的主要部分，应结合具体情况予以表述。分为三种情况：一次性有效委托，应当规定实施某一特定行为的权限；专门委托，应当规定在某一时期内实施同一行为的权限；全权委托，应当规定实施委托行为中所产生的各种法律行为的权限。

（4）结尾：应由委托人、受委托人分别签名并盖章，注明具文日期。

2. 由教师展示民事代理授权委托书的格式（两种）。

授 权 委 托 书（公民授权用）

委托人姓名：

代理人姓名：　　　　性别：　　　　年龄：

工作单位：

住址：

委托人＿＿＿＿＿自愿委托＿＿＿＿＿＿＿＿代为处理＿＿＿＿＿＿＿＿＿＿事宜，其代理权限为＿＿＿＿＿＿＿＿＿，委托时间自＿＿＿＿＿＿＿至止。

委托人：

年　月　日

授 权 委 托 书（法人或其他组织授权用）

委托单位名称：

住所地：

法定代表人或主要负责人姓名：　　　　职务：

代理人姓名：　　　　性别：　　　　年龄：

工作单位：

住址：　　　　电话：

委托人＿＿＿＿＿自愿委托＿＿＿＿＿代为处理＿＿＿＿＿＿事宜，其代理权限为＿＿＿＿＿＿，委托时间自＿＿＿＿＿＿至＿＿＿＿＿＿止。

委托单位：（公章）

代理人：

年　月　日

3．学生根据具体情况，书写一份本人为委托人的授权委托书。

4．由教师对学生所写授权委托书进行讲评。

模块二

企业设立

第二章 个人独资企业法

学习目标

知识目标

- 了解个人独资企业的特征
- 理解个人独资企业受托人或者被聘用人员的义务
- 掌握个人独资企业的设立、变更、解散和清算

能力目标

- 能办理个人独资企业设立登记、变更登记和注销登记
- 个人独资企业受托人或者被聘用的人员能在授权范围内正确行事
- 能依法处理个人独资企业内外关系

引导案例

张某于2011年3月成立一家个人独资企业。同年5月，该企业与甲公司签订一份买卖合同。根据合同，该企业应于同年8月支付给甲公司货款15万元，后该企业一直未支付该款项，2012年1月该企业解散。2014年5月，甲公司起诉张某，要求张某偿还上述15万元债务。本案该如何处理?

第一节 概　　述

一、个人独资企业的概念和特征

个人独资企业，是指依照《中华人民共和国个人独资企业法》在中国境内设立，由一个自然人投资，财产为投资人个人所有，投资人以其个人财产对企业债务承担无限责任的经营实体。

个人独资企业具有的特征有：

（1）投资人为一个具有中国国籍的自然人。

（2）个人独资企业没有独立的财产权。个人独资企业投资人对本企业的财产依法享有所有权，其有关权利可以依法进行转让或继承。

（3）个人独资企业不具有法人资格。

（4）投资者对企业债务承担无限责任。个人独资企业投资人在申请企业设立登记时明确以其家庭共有财产作为个人出资的，应当依法以家庭共有财产对企业债务承担无限责任。

二、个人独资企业法的概念

个人独资企业法是调整个人独资企业关系的法律规范的总称。为了规范个人独资企业的行为，保护个人独资企业投资人和债权人的合法权益，维护社会经济秩序，促进社会主义市场经济的发展，1999 年 8 月 30 日第九届全国人民代表大会常务委员会第十一次会议通过了《中华人民共和国个人独资企业法》（以下简称《个人独资企业法》），并于 2000 年 1 月 1 日起施行。

外商独资企业不适用本法。

第二节　个人独资企业的设立与变更

一、个人独资企业的设立条件

设立个人独资企业应当具备下列条件：①投资人为一个自然人；②有合法的企业名称；③有投资人申报的出资；④有固定的生产经营场所和必要的生产经营条件；⑤有必要的从业人员。

个人独资企业的投资者只能是中国公民。外国人在中国境内设立的企业，适用《中华人民共和国外资企业法》（以下简称《外资企业法》）；法律、行政法规禁止从事营利性活动的人包括国家公务员、人民警察、法官、检察官和属于竞业禁止范围内的董事、经理，不得作为投资人申请设立个人独资企业。

个人独资企业的名称应当与其责任形式及从事的营业相符合。

二、个人独资企业的设立程序

（一）设立申请

设立个人独资企业的申请人，可以是投资人本人，也可以是其委托的代理人。委托代理人申请设立登记时，应当出具投资人的委托书和代理人的合法证明。

受理申请的登记机关是个人独资企业所在地的工商行政管理机关。

申请设立个人独资企业，应当提交设立申请书、投资人身份证明、生产经营场所使用证明等文件。从事法律、行政法规规定须报经有关部门审批的业务，应当在申请设立登记时提交有关部门的批准文件。

个人独资企业设立申请书应当载明的事项有：企业的名称和住所，投资人的姓名和居所，投资人的出资额和出资方式，经营范围。

（二）核准登记

1．个人独资企业的设立登记

登记机关应当在收到设立申请文件之日起 15 日内，对符合本法规定条件的，予以登记，发给营业执照；对不符合本法规定条件的，不予登记，并应当给予书面答复，说明理由。

个人独资企业的营业执照的签发日期，为个人独资企业成立日期。在领取个人独资企业营业执照前，投资人不得以个人独资企业名义从事经营活动。

2．个人独资企业分支机构的设立登记

个人独资企业设立分支机构，应当由投资人或者其委托的代理人向分支机构所在地的登记机关申请登记，领取营业执照。分支机构经核准登记后，应将登记情况报该分支机构隶属的个人独资企业的登记机关备案。

分支机构的民事责任由设立该分支机构的个人独资企业承担。

三、个人独资企业的变更

个人独资企业存续期间登记事项发生变更的，应当在作出变更决定之日起的 15 日内依法向登记机关申请办理变更登记。

第三节　个人独资企业的经营管理

一、个人独资企业的经营管理方式

个人独资企业投资人可以自行管理企业事务，也可以委托或者聘用其他具有民事行为能力的人负责企业的事务管理。

投资人委托或者聘用他人管理个人独资企业事务，应当与受托人或者被聘用的人签订书面合同，明确委托的具体内容和授予的权利范围。投资人对受托人或者被聘用的人员职权的限制，不得对抗善意第三人。

二、受托人或者被聘用的人员的义务

受托人或者被聘用的人员应当履行诚信、勤勉义务，按照与投资人签订的合同负责个人独资企业的事务管理。投资人委托或者聘用的管理个人独资企业事务的人员不得有下列行为：①利用职务上的便利，索取或者收受贿赂；②利用职务或者工作上的便利侵占企业财产；③挪用企业的资金归个人使用或者借贷给他人；④擅自将企业资金以个人名义或者以他人名义开立账户储存；⑤擅自以企业财产提供担保；⑥未经投资人同意，从事与本企业相竞争的业务；⑦未经投资人同意，同本企业订立合同或者进行交易；⑧未经投资人同意，擅自将企业商标或者其他知识产权转让给他人使用；⑨泄露本企业的商业秘密；⑩法律、行政法规禁止的其他行为。

三、个人独资企业的权利和义务

个人独资企业作为市场经济的主体之一，依法享有相应的权利，承担相应的义务。

1. 个人独资企业的权利

（1）依法申请贷款权。

（2）取得土地使用权。

（3）拒绝摊派权。任何单位和个人不得违反法律、行政法规的规定，以任何方式强制个人独资企业提供财力、物力、人力；对于违法强制提供财力、物力、人力的行为，个人独资企业有权拒绝。

（4）法律、行政法规规定的其他权利。

2. 个人独资企业的义务

（1）合法经营。个人独资企业不得从事法律、行政法规禁止经营的业务。

（2）依法纳税。个人独资企业应当依法设置会计账簿，进行会计核算。

相关问题咨询

个人独资企业应依法缴纳企业所得税吗？

咨询意见：《中华人民共和国企业所得税法》第一条“在中华人民共和国境内，企业和其他取得收入的组织（以下统称企业）为企业所得税的纳税人，依照本法的规定缴纳企业所得税。个人独资企业、合伙企业不适用本法”。《国务院关于个人独资企业和合伙企业征收所得税问题的通知》（国发[2000]16 号）规定为公平税负，支持和鼓励个人投资兴办企业，促进国民经济持续、快速、健康发展，国务院决定，自 2000 年 1 月 1 日起，对个人独资企业和合伙企业停止征收企业所得税，其投资者的生产经营所得，比照个体工商户的生产、经营所得征收个人所得税。

（3）保障职工合法权益

个人独资企业招用职工的，应当依法与职工签订劳动合同，保障职工的劳动安全，按时、足额发放职工工资。

个人独资企业应当按照国家规定参加社会保险，为职工缴纳社会保险费。

第四节　个人独资企业的解散和清算

一、个人独资企业的解散

个人独资企业有下列情形之一时，应当解散：①投资人决定解散；②投资人死亡或者被宣告死亡，无继承人或者继承人决定放弃继承；③被依法吊销营业执照；④法律、行政法规规定的其他情形。

二、个人独资企业的清算

（一）清算人

个人独资企业解散，由投资人自行清算或者由债权人申请人民法院指定清算人进行清算。

（二）清算通知和债权申报

投资人自行清算的，应当在清算前15日内书面通知债权人，无法通知的，应当予以公告。债权人应当在接到通知之日起30日内，未接到通知的应当在公告之日起60日内，向投资人申报其债权。

（三）债务清偿

1．清偿顺序

个人独资企业解散的，财产应当按照下列顺序清偿：①所欠职工工资和社会保险费用；②所欠税款；③其他债务。

清算期间，个人独资企业不得开展与清算目的无关的经营活动。在按上述规定清偿债务前，投资人不得转移、隐匿财产。

2．债务清偿

个人独资企业财产不足以清偿债务的，投资人应当以其个人的其他财产予以清偿。个人独资企业解散后，原投资人对个人独资企业存续期间的债务仍应承担偿还责任，但债权人在五年内未向债务人提出偿债请求的，该责任消灭。

导入案例中，本案因超过了两年的诉讼时效（从2009年8月到2012年5月），法院应驳回甲公司的起诉，但张某仍应偿还所欠甲公司的15万货款。根据《个人独资企业法》第二十八条“个人独资企业解散后，原投资人对个人独资企业存续期间的债务仍应承担偿还责任，但债权人在五年内未向债务人提出偿债请求的，该责任消灭”的规定，本案中债权人甲提出偿债请求发生在五年内，原债务不因企业解散而消灭，故张某应偿还欠款。

（四）注销登记

个人独资企业清算结束后，投资人或者人民法院指定的清算人应当编制清算报告，并于15日内到登记机关办理注销登记。

第五节 法律责任

一、投资人的违法情形及法律责任

投资人的违法情形及法律责任具体如下：①投资人提交虚假文件或采取其他欺骗手段，取得企业登记的，责令改正，处以5 000元以下的罚款；情节严重的，并处吊销营业执照。②个人独资企业使用的名称与其在登记机关登记的名称不相符合的，责令限期改正，处以 2 000 元以下的罚款。③涂改、出租、转让营业执照的，责令改正，没收违法所得，处以 3 000 元以下的罚款；情节严重的，吊销营业执照。伪造营业执照的，责令停业，没收违法所得，处以 5 000 元以下的罚款。构成犯罪的，依法追究刑事责任。④个人独资企业成立后无正当理由超过六个月未开业的，或者开业后自行停业连续六个月以上的，吊销营业执照。⑤未领取营业执照，以个人独资企业名义从事经营活动的，责令停止经营活动，处以 3 000 元以下的罚款。个人独资企业登记事项发生变更时，未按本法规定办理有关变更登记的，责令限期办理变更登记；逾期不办理的，处以 2 000 元以下的罚款。⑥个人独资企业侵犯职工合法权益，未保障职工劳动安全，不缴纳社会保险费用的，按照有关法律、行政法规予以处罚，并追究有关责任人员的责任。⑦个人独资企业及其投资人在清算前或清算期间隐匿或转移财产，逃避债务的，依法追回其财产，并按照有关规定予以处罚；构成犯罪的，依法追究刑事责任。

投资人因违法应当承担民事赔偿责任和缴纳罚款、罚金，其财产不足以支付的，或者被判处没收财产的，应当先承担民事赔偿责任。

二、个人独资企业管理人员的法律责任

投资人委托或者聘用的人员管理个人独资企业事务时违反双方订立的合同，给投资人造成损害的，承担民事赔偿责任。投资人委托或者聘用的人员侵犯个人独资企业财产权益的，责令退还侵占的财产；给企业造成损失的，依法承担赔偿责任；有违法所得的，没收违法所得；构成犯罪的，依法追究刑事责任。

三、登记机关的法律责任

登记机关对不符合《中华人民共和国个人独资企业法》规定条件的个人独资企业予以登记，或者对符合《中华人民共和国个人独资企业法》规定条件的企业不予登记的，对直接责任人员依法给予行政处分；构成犯罪的，依法追究刑事责任。

登记机关的上级部门的有关主管人员强令登记机关对不符合规定条件的企业予以登记，或者对符合规定条件的企业不予登记的，或者对登记机关的违法登记行为进行包庇的，对直接责任人员依法给予行政处分；构成犯罪的，依法追究刑事责任。

登记机关对符合法定条件的申请不予登记或者超过法定时限不予答复的，当事人可依法申请行政复议或提起行政诉讼。

四、其他

违反法律、行政法规的规定强制个人独资企业提供财力、物力、人力的，按照有关法律、行政法规予以处罚，并追究有关责任人员的责任。

小结

本章介绍了个人独资企业的概念和特征；个人独资企业的设立及事务执行；个人独资企业的解散和清算；法律责任。

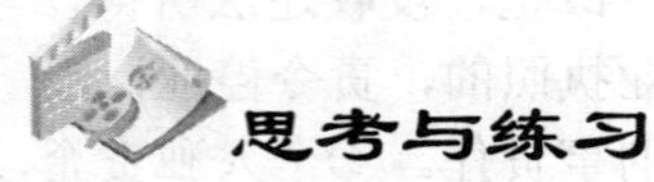

思考与练习

一、判断题

1. 个人独资企业不具有法人资格，投资人以其个人财产对企业债务承担无限责任。（ ）

2. 个人独资企业的民事责任的实现优先于行政罚款及刑事责任中财产责任的实现。（ ）

3. 外国人在中国境内设立的企业，适用《外资企业法》。（ ）

4. 个人独资企业解散后，原投资人对个人独资企业存续期间的债务仍应承担偿还责任，但债权人在两年内未向债务人提出偿债请求的，该责任消灭。（ ）

5. 个体工商户就是个人独资企业。（ ）

二、不定项选择题

1. 张小明个人出资开办一家塑料制品厂，委托李某负责该厂日常事务的管理，根据我国《个人独资企业法》的规定，李某可以从事的行为有（ ）。

A. 为了顺利签订一笔买卖合同，李某自己做主以企业财产向买方提供担保

B. 未经张小明同意，将自有房屋租赁给塑料制品厂

C. 未经张小明同意，担任本市另外一家塑料厂的管理顾问

D. 经过张小明同意，将自己的汽车卖给该厂

2. 李飞个人开办了一家玩具厂，以下属于玩具厂解散的法定事由的有（ ）。

A. 李飞决定解散

B. 李飞意外死亡，无继承人

C. 李飞被宣告死亡，其继承人决定放弃继承

D. 违法经营，被依法吊销营业执照

3.（ ）不得作为投资人申请设立个人独资企业。

A. 国家公务员　　B. 人民警察

C. 法官、检察官　　D. 属于竞业禁止范围内的董事、经理

4. 个人独资企业解散，财产清偿顺序为（ ）。

A. 所欠职工工资和社会保险费用　　B. 所欠税款

C. 银行债务　　D. 其他债务

5. 申请设立个人独资企业，应当提交（ ）等文件。

A. 设立申请书　　B. 投资人身份证明

C. 生产经营场所使用证明　　D. 出资证明

三、案例分析题

1. 2014 年 1 月 15 日，甲出资 5 万元设立 A 个人独资企业（以下简称 A 企业）。甲聘请乙管理企业事务，同时规定，凡乙对外签订标的额超过 1 万元以上的合同，须经甲同意。2 月 10 日乙未经甲同意，以 A 企业名义向善意第三人丙购买价值 2 万元的货物。2014 年 7 月 4 日，A 企业亏损，不能支付到期的丁的债务，甲决定解散该企业，并请求人民法院指定清

算人。7月10日，人民法院指定戊作为清算人对A企业进行清算。经查，A企业和甲的资产及债权债务关系情况如下：①A企业欠缴税款2 000元，欠乙工资5 000元，欠社会保险费用5 000元，欠丁10万元；②A企业的银行存款1万元，实物折价8万元；③甲在B合伙企业出资6万元，占50%的出资额，B合伙企业每年可向合伙人分配利润；④甲个人其他可执行的财产价值2万元。试分析：

（1）乙于2月10日以A企业名义向丙购入价值2万元货物的行为是否有效？

（2）试述A企业的财产清偿顺序。

（3）如何满足丁的债权请求？

2. 个人独资企业的投资人张某聘用李某管理企业事务，同时对李某的职权予以限制，凡是超过2万元的合同，必须经过张某的同意。2014年3月2日，李某未经张某的同意与善意第三人赵某签订了一份标的额为3万元的买卖合同。

问：李某与赵某签订的合同是否有效？为什么？

实训题—— 模拟个人独资企业的设立

1. 个人独资企业设立登记应提交文件材料目录

（1）投资人签署的“个人独资企业设立登记申请书”；

（2）投资人身份证明和“任职合法性声明”；

（3）企业住所证明和“住所(营业场所)承诺书”；

（4）国家工商行政管理总局规定提交的其他文件。

（5）法律、行政法规规定须报经有关部门审批的业务的有关批准文件。

2. 说明

（1）申请人是指向登记机关提出设立登记申请的人。申请人是投资人的，应提交投资人的身份证明；申请人是投资人委托代理人的，应提交投资人的委托书和代理人的身份证明或资格证明。申请人也是领取执照人。

（2）申请人提交的文件、证明应当是原件，不能提交原件的，其复制件应当由登记机关核对。

（3）申请人应当使用钢笔、毛笔认真填写表格或签字。

（4）投资人身份证明是指投资人的居民身份证或户籍证明。

（5）企业住所证明：投资人自有的住所，应当提交房管部门出具的产权证明；租用他人的场所，应当提交租赁协议和房管部门的产权证明。没有房管部门产权证明的，提交其他产权证明。企业住所在农村，没有房管部门颁发的产权证明的，可提交村委会出具的证明。

（6）申请书中“居所”是指投资人的现住址。申请人在填写申请书中“居所”、“企业住所”栏时，应填写所在市、县、乡（镇）及村、街道门牌号码。

（7）申请人在填写申请书中“出资方式”栏时，在选择项的序号上划“√”。

（8）申请人在填写申请书中“从业人员数”栏时，应填写企业拟聘用从业人员的数量。

3．个人独资企业设立登记申请书

个人独资企业设立登记申请书见表 2-1。

表 2-1　个人独资企业设立登记申请书

一、投资人基本情况

姓　　名		性　　别		出生日期		照片粘贴处
文化程度		政治面貌		民　　族		
居　　所				邮政编码		
身份证号				联系电话		
申请前职业状况						

投资人身份证明复印件粘贴处

二、申请登记项目

企业名称			
备用名称 1			
备用名称 2			
企业住所		邮政编码	
		联系电话	
经营范围及方式			
出资额			
出资方式	1．以个人财产出资	2．以家庭共有财产作为个人出资家庭成员签字：	
从业人员数			

投资人签字：　　　　　　　　　　　　　　　　　　申请日期：

第三章　合伙企业法

学习目标

知识目标

- 了解有限合伙企业的法律规定
- 理解合伙企业的概念和特征
- 全面掌握普通合伙企业的法律规定

能力目标

- 能签订合伙协议
- 能依法处理合伙企业内外关系

引导案例

甲与乙、丙成立一普通合伙企业，并被推举为合伙事务执行人，乙、丙授权甲在3万元以内的开支及30万元内的业务可以自行决定。甲在任职期间内实施了下列行为：

A. 自行决定一次支付广告费5万元

B. 未经乙、丙同意，与某公司签订50万元的合同

C. 未经乙、丙同意，将自有房屋以1万元租给合伙企业

D. 与其妻一道经营与合伙企业相同的业务

请问：甲的哪些做法是法律禁止或无效的行为？简要说明理由。

第一节　概　　述

一、合伙企业的概念和特征

（一）合伙企业的概念

合伙企业，是指自然人、法人和其他组织依照《中华人民共和国合伙企业法》在中国境内设立的普通合伙企业和有限合伙企业。

普通合伙企业由普通合伙人组成，合伙人对合伙企业债务承担无限连带责任。有限合伙企业由普通合伙人和有限合伙人组成，普通合伙人对合伙企业债务承担无限连带责任，有限合伙人以其认缴的出资额为限对合伙企业债务承担责任。

本章主要介绍普通合伙企业的相关法律规定。

（二）合伙企业的特征

1．合伙人订立合伙协议

合伙协议是成立合伙企业的必备法律文件，它明确规定了各合伙人之间的权利义务关系，也是确定合伙企业内部组织、管理、经营及各伙人关系的依据。合伙协议由全体合伙人协商一致，以书面形式订立。

2．合伙人共同出资、合伙经营、共享收益、共担风险

合伙企业的资本由各合伙人的共同出资构成，它是合伙企业进行生产经营、承担民事责任的物质基础。各合伙原则上享有平等参与执行合伙企业事务的权利，按照合伙协议进行收益分配和责任承担。

3．普通合伙人对合伙企业债务承担无限连带责任

无限连带责任，是指在合伙企业财产不足清偿合伙企业债务时，须以普通合伙人出资以外的财产承担清偿责任。任何一个普通合伙人均有义务向债权人承担全部债务清偿责任，而不以自己应承担的份额为限。

4．合伙企业不具有法人资格

合伙企业虽然是独立的市场经济主体，可以有自己的商号，从事经营活动和参与诉讼活动，但合伙企业的财产和合伙人的财产没有完全地分离，在法律上无法独立承担民事责任，故其不具有法人资格。

二、合伙企业法的概念

合伙企业法是调整合伙企业设立、经营、解散、清算等行为的法律规范的总称。

《中华人民共和国合伙企业法》（以下简称《合伙企业法》）1997 年 2 月 23 日由第八届全国人民代表大会常务委员会第二十四次会议通过，2006 年 8 月 27 日第十届全国人民代表大会常务委员会第二十三次会议修订。修订后的《中华人民共和国合伙企业法》自 2007 年 6 月 1 日起施行。

第二节　普通合伙企业

一、合伙企业设立

（一）合伙企业设立条件

（1）有两个以上合伙人。

自然人、法人和其他组织都能成为合伙人，但国有独资公司、国有企业、上市公司以及公益性的事业单位、社会团体不得成为普通合伙人。合伙人为自然人的，应当具有完全民事行为能力。法律、行政法规禁止从事营利性活动的人，不得成为合伙企业的合伙人。

（2）有书面合伙协议。

合伙协议应当载明下列事项：①合伙企业的名称和主要经营场所的地点；②合伙目的和合伙经营范围；③合伙人的姓名或者名称、住所；④合伙人的出资方式、数额和缴付期限；⑤利润分配、亏损分担方式；⑥合伙事务的执行；⑦入伙与退伙；⑧争议解决办法；⑨合伙企业的解散与清算；⑩违约责任。

合伙协议经全体合伙人签名、盖章后生效。合伙人按照合伙协议享有权利，履行义务。合伙协议未约定或者约定不明确的事项，由合伙人协商决定；协商不成的，依照本法和其他有关法律、行政法规的规定处理。修改或者补充合伙协议，应当经全体合伙人一致同意；但是，合伙协议另有约定的除外。

（3）有合伙人认缴或者实际缴付的出资。

合伙人应当按照合伙协议约定的出资方式、数额和缴付期限，履行出资义务。合伙人可以用货币、实物、知识产权、土地使用权或者其他财产权利出资，也可以用劳务出资。合伙人以实物、知识产权、土地使用权或者其他财产权利出资，需要评估作价的，可以由全体合伙人协商确定，也可以由全体合伙人委托法定评估机构评估。合伙人以劳务出资的，其评估办法由全体合伙人协商确定，并在合伙协议中载明。以非货币财产出资的，依照法律、行政法规的规定，需要办理财产权转移手续的，应当依法办理。

（4）有合伙企业的名称和生产经营场所。

合伙企业名称中应当标明“普通合伙”字样。经企业登记机关登记的合伙企业主要经营场所只能有一个，并且应当在其企业登记机关登记管辖区域内。

（5）行政法规规定的其他条件。

相关问题咨询

法人能成为合伙企业的合伙人吗？

咨询意见：法人能成为合伙人，但国有独资公司、国有企业、上市公司以及公益性的事业单位、社会团体不得成为普通合伙人。《中华人民共和国公司法》（以下简称《公司法》）第十五条规定：公司可以向其他企业投资，但是，除法律另有规定外，不得成为对所投资企业的债务承担连带责任的出资人。

（二）合伙企业的设立程序

1．申请

申请设立合伙企业，应当向企业登记机关提交登记申请书、合伙协议书、合伙人身份证明等文件。合伙企业的经营范围中有属于法律、行政法规规定在登记前须经批准的项目的，该项经营业务应当依法经过批准，并在登记时提交批准文件。

2．核准

申请人提交的登记申请材料齐全、符合法定形式，企业登记机关能够当场登记的，应予当场登记，发给营业执照。除上述规定情形外，企业登记机关应当自受理申请之日起二十日内，作出是否登记的决定。予以登记的，发给营业执照；不予登记的，应当给予书面答复，并说明理由。合伙企业的营业执照签发日期，为合伙企业成立日期。合伙企业领取营业执照前，合伙人不得以合伙企业名义从事合伙业务。

合伙企业设立分支机构，应当向分支机构所在地的企业登记机关申请登记，领取营业执照。

二、合伙企业财产

（一）合伙企业财产的范围

合伙人的出资、以合伙企业名义取得的收益和依法取得的其他财产，均为合伙企业的财产。合伙人在合伙企业清算前，不得请求分割合伙企业的财产；但是，《合伙企业法》另有规定的除外。合伙人在合伙企业清算前私自转移或者处分合伙企业财产的，合伙企业不得以此对抗善意第三人。

知识点提示

实践中合伙企业的法律纠纷多是起因于合伙企业财产的管理、分配、处分。合伙企业的财产包括合伙人的出资、以合伙企业名义取得的收益和依法取得的其他财产。其中，合伙人以现金或财产所有权方式出资后，该合伙人不再享有所有权，而应当由全体合伙人共有；如果合伙人以土地使用权、房屋使用权、知识产权等权利出资，则合伙人对于其出资所享有的权利不因出资而丧失，合伙企业对此类出资仅享有使用和管理权。而对于合伙企业取得的收益一般理解为由全体合伙人共有。

（二）合伙企业财产的转让

1．类型

合伙企业财产的转让，分为两种情况：

（1）内部转让。法律规定，合伙人之间转让在合伙企业中的全部或者部分财产份额时，应当通知其他合伙人。

（2）对外转让。除合伙协议另有约定外，合伙人向合伙人以外的人转让其在合伙企业中的全部或者部分财产份额时，须经其他合伙人一致同意。合伙人以外的人依法受让合伙人在合伙企业中的财产份额的，经修改合伙协议即成为合伙企业的合伙人，依照《合伙企业法》和修改后的合伙协议享有权利，履行义务。

知识点提示

法律的区别规定，主要是因为合伙企业是具有人合性质的经济组织，即合伙人之间是基于人身信任而组建合伙企业的。合伙人向合伙人以外的人转让其在合伙企业中的全部或者部分财产份额，意味着第三人因受让财产而成为新的合伙人，其与原合伙人的信任关系处于不确定状态。因此，从维护合伙企业稳定的角度考虑，法律对对外转让合伙企业财产作了上述限制性规定。

2．优先购买权

合伙人向合伙人以外的人转让其在合伙企业中的财产份额的，在同等条件下，其他合伙人有优先购买权；但是，合伙协议另有约定的除外。

（三）合伙企业财产的出质

合伙人以其在合伙企业中的财产份额出质的，须经其他合伙人一致同意；未经其他合伙人一致同意，其行为无效，由此给善意第三人造成损失的，由行为人依法承担赔偿责任。

三、合伙企业的事务执行

合伙人对执行合伙事务享有同等的权利，但合伙人不得自营或者同他人合作经营与本合伙企业相竞争的业务。除合伙协议另有约定或者经全体合伙人一致同意外，合伙人不得同本合伙企业进行交易。合伙人不得从事损害本合伙企业利益的活动。

导入案例中，根据《合伙企业法》第三十二条“合伙人不得自营或者同他人合作经营与本合伙企业相竞争的业务。除合伙协议另有约定或者经全体合伙人同意外，合伙人不得同本合伙企业进行交易。合伙人不得从事损害本合伙企业利益的活动”，C、D是法律禁止或无效的行为。根据第37条“合伙企业对合伙人执行合伙企业事务以及对外代表合伙企业权利的限制，不得对抗不知情的善意第三人”的规定，A、B合法。故答案为C、D。

（一）合伙企业事务执行的方式

1．部分合伙人执行合伙事务

按照合伙协议的约定或者经全体合伙人决定，可以委托一个或者数个合伙人对外代表合伙企业，执行合伙事务，其他合伙人不再执行合伙事务。作为合伙人的法人、其他组织执行合伙事务的，由其委派的代表执行。

由一个或者数个合伙人执行合伙事务的，执行事务合伙人应当定期向其他合伙人报告事务执行情况以及合伙企业的经营和财务状况，其执行合伙事务所产生的收益归合伙企业，所产生的费用和亏损由合伙企业承担。

不执行合伙事务的合伙人有权监督执行事务合伙人执行合伙事务的情况。合伙人为了解合伙企业的经营状况和财务状况，有权查阅合伙企业会计账簿等财务资料。

2．合伙人分别执行合伙事务

合伙人分别执行合伙事务的，执行事务合伙人可以对其他合伙人执行的事务提出异议。提出异议时，应当暂停该项事务的执行。如果发生争议，按照合伙协议约定的表决办法作出决定。受委托执行合伙事务的合伙人不按照合伙协议或者全体合伙人的决定执行事务的，其他合伙人可以决定撤销该委托。

3．聘任经营管理人员执行合伙事务

被聘任的合伙企业的经营管理人员应当在合伙企业授权范围内履行职务。超越合伙企业授权范围履行职务，或者在履行职务过程中因故意或者重大过失给合伙企业造成损失的，依法承担赔偿责任。

（二）合伙事务的决议

合伙人对合伙企业有关事项作出决议，按照合伙协议约定的表决办法办理。合伙协议未约定或者约定不明确的，实行合伙人一人一票并经全体合伙人过半数通过的表决办法。除合伙协议另有约定外，合伙企业的下列事项应当经全体合伙人一致同意：

（1）改变合伙企业的名称；

（2）改变合伙企业的经营范围、主要经营场所的地点；

（3）处分合伙企业的不动产；

（4）转让或者处分合伙企业的知识产权和其他财产权利；

（5）以合伙企业名义为他人提供担保；

（6）聘任合伙人以外的人担任合伙企业的经营管理人员。

（三）合伙企业的财务

合伙企业的利润分配、亏损分担，按照合伙协议的约定办理；合伙协议未约定或者约定不明确的，由合伙人协商决定；协商不成的，由合伙人按照实缴出资比例分配、分担；无法确定出资比例的，由合伙人平均分配、分担。合伙协议不得约定将全部利润分配给部分合伙人或者由部分合伙人承担全部亏损。

合伙人按照合伙协议的约定或者经全体合伙人决定，可以增加或者减少对合伙企业的出资。合伙企业应当依照法律、行政法规的规定建立企业财务、会计制度。

四、合伙企业与第三人关系

（一）与善意第三人的关系

为了维护交易安全，保护善意第三人，法律规定：合伙企业对合伙人执行合伙事务以及对外代表合伙企业权利的限制，不得对抗善意第三人。即合伙企业及其非合伙事务执行人不得以合伙事务执行人越权执行合伙事务为由，主张其对于不知情的第三人所为无效。

（二）债务清偿

1．合伙企业债务清偿

合伙企业对其债务，应先以其全部财产进行清偿。合伙企业不能清偿到期债务的，合伙人承担无限连带责任。合伙人由于承担无限连带责任，清偿数额超过其约定（或法定）亏损分担比例的，有权向其他合伙人追偿。

知识点提示

债务承担是合伙企业与个人独资企业、公司的重大区别之一。就合伙企业的责任形式而言，全体合伙人对外承担无限连带责任，对内则是按份之债；就清偿顺序而言，是先以合伙财产进行清偿，不足的部分再由各合伙人承担清偿责任。

2．合伙人个人债务清偿

合伙人发生与合伙企业无关的债务，相关债权人不得以其债权抵消其对合伙企业的债务，也不得代位行使合伙人在合伙企业中的权利。合伙人的自有财产不足清偿其与合伙企业无关的债务的，该合伙人可以以其从合伙企业中分取的收益用于清偿；债权人也可以依法请求人民法院强制执行该合伙人在合伙企业中的财产份额用于清偿。人民法院强制执行合伙人的财产份额时，应当通知全体合伙人，其他合伙人有优先购买权；其他合伙人未购买，又不同意将该财产份额转让给他人的，依法为该合伙人办理退伙结算，或者办理削减该合伙人相应财产份额的结算。

五、入伙、退伙

（一）入伙

入伙是指在合伙企业存续期间，第三人加入合伙企业，取得合伙人资格的行为。

1．入伙条件

新合伙人入伙，除合伙协议另有约定外，应当经全体合伙人一致同意，并依法订立书面入伙协议。订立入伙协议时，原合伙人应当向新合伙人如实告知原合伙企业的经营状况和财务状况。

合伙人死亡或者被依法宣告死亡的，对该合伙人在合伙企业中的财产份额享有合法继承权的继承人，按照合伙协议的约定或者经全体合伙人一致同意，从继承开始之日起，取得该合伙企业的合伙人资格。

2．入伙的法律效力

入伙的新合伙人与原合伙人享有同等权利，承担同等责任。入伙协议另有约定的，从其约定。新合伙人对入伙前合伙企业的债务承担无限连带责任。

（二）退伙

退伙是指在合伙企业存续期间，原合伙人退出合伙企业，丧失合伙人资格的行为。

1．退伙类型

（1）协议退伙。合伙协议约定合伙期限的，在合伙企业存续期间，有下列情形之一的，合伙人可以退伙：

①合伙协议约定的退伙事由出现；②经全体合伙人一致同意；③发生合伙人难以继续参加合伙的事由；④其他合伙人严重违反合伙协议约定的义务。

合伙人违反上述规定退伙的，应当赔偿由此给合伙企业造成的损失。

（2）通知退伙。合伙协议未约定合伙期限的，合伙人在不给合伙企业事务执行造成不利影响的情况下，可以退伙，但应当提前三十日通知其他合伙人。

合伙人违反上述规定退伙的，应当赔偿由此给合伙企业造成的损失。

（3）法定退伙。法定退伙又称为当然退伙，当出现法定事由时，合伙人当然退出合伙企业。

合伙人有下列情形之一的，当然退伙：①作为合伙人的自然人死亡或者被依法宣告死亡；②个人丧失偿债能力；③作为合伙人的法人或者其他组织依法被吊销营业执照、责令关闭撤销，或者被宣告破产；④法律规定或者合伙协议约定合伙人必须具有相关资格而丧失该资格；⑤合伙人在合伙企业中的全部财产份额被人民法院强制执行。

合伙人被依法认定为无民事行为能力人或者限制民事行为能力人的，经其他合伙人一致同意，可以依法转为有限合伙人，普通合伙企业依法转为有限合伙企业。其他合伙人未能一致同意的，该无民事行为能力或者限制民事行为能力的合伙人退伙。

退伙事由实际发生之日为退伙生效日。

（4）强制退伙。强制退伙又称为除名。合伙人有下列情形之一的，经其他合伙人一致同意，可以决议将其除名：①未履行出资义务；②因故意或者重大过失给合伙企业造成损失；③执行合伙事务时有不正当行为；④发生合伙协议约定的事由。

对合伙人的除名决议应当书面通知被除名人。被除名人接到除名通知之日，除名生效，被除名人退伙。被除名人对除名决议有异议的，可以自接到除名通知之日起30日内，向人民法院起诉。

2．退伙的法律效力

（1）合伙人资格终止。

（2）退还财产份额。合伙人退伙，其他合伙人应当与该退伙人按照退伙时的合伙企业财产状况进行结算，退还退伙人的财产份额。退伙时有未了结的合伙企业事务的，待该事务了结后进行结算。退伙人对给合伙企业造成的损失负有赔偿责任的，相应扣减其应当赔偿的数额。

合伙人死亡或者被依法宣告死亡，有下列情形之一的，合伙企业应当向合伙人的继承人退还被继承合伙人的财产份额：①继承人不愿意成为合伙人；②法律规定或者合伙协议约定合伙人必须具有相关资格，而该继承人未取得该资格；③合伙协议约定不能成为合伙人的其他情形。

合伙人的继承人为无民事行为能力人或者限制民事行为能力人的，经全体合伙人一致同意，可以依法成为有限合伙人，普通合伙企业依法转为有限合伙企业。全体合伙人未能一致同意的，合伙企业应当将被继承合伙人的财产份额退还该继承人。

退伙人在合伙企业中财产份额的退还办法，由合伙协议约定或者由全体合伙人决定，可以退还货币，也可以退还实物。

（3）债务承担。退伙人对基于其退伙前的原因发生的合伙企业债务，承担无限连带责任。合伙人退伙时，合伙企业财产少于合伙企业债务的，退伙人应当依法分担亏损。

六、特殊的普通合伙企业

1．特殊的普通合伙企业的概念和适用范围

特殊的普通合伙企业是指一个合伙人或者数个合伙人在执业活动中因故意或者重大过失造成合伙企业债务的，应当承担无限责任或者无限连带责任，其他合伙人以其在合伙企业中的财产份额为限承担责任的普通合伙企业。

以专业知识和专门技能为客户提供有偿服务的专业服务机构，可以设立为特殊的普通合伙企业。特殊的普通合伙企业名称中应当标明“特殊普通合伙”字样。非企业专业服务机构依据有关法律采取合伙制的，其合伙人承担责任的形式可以适用关于特殊的普通合伙企业合伙人承担责任的规定。

2．特殊的普通合伙企业的相关规定

合伙人在执业活动中非因故意或者重大过失造成的合伙企业债务以及合伙企业的其他债务，由全体合伙人承担无限连带责任。合伙人执业活动中因故意或者重大过失造成的合伙企业债务，以合伙企业财产对外承担责任后，该合伙人应当按照合伙协议的约定对给合伙企业造成的损失承担赔偿责任。

特殊的普通合伙企业应当建立执业风险基金，办理职业保险。执业风险基金用于偿付合伙人执业活动造成的债务，执业风险基金应当单独立户管理，具体管理办法由国务院规定。

特殊的普通合伙企业的其他方面适用普通合伙企业的规定。

第三节　合伙企业的解散与清算

一、合伙企业的解散

合伙企业有下列情形之一的，应当解散：①合伙期限届满，合伙人决定不再经营；②合伙协议约定的解散事由出现；③全体合伙人决定解散；④合伙人已不具备法定人数满三十天；⑤合伙协议约定的合伙目的已经实现或者无法实现；⑥依法被吊销营业执照、责令关闭或者被撤销；⑦法律、行政法规规定的其他原因。

二、合伙企业的清算

1. 确定清算人

合伙企业解散，应当由清算人进行清算。清算人由全体合伙人担任。经全体合伙人过半数同意，可以自合伙企业解散事由出现后15日内指定一个或者数个合伙人，或者委托第三人，担任清算人。自合伙企业解散事由出现之日起15日内未确定清算人的，合伙人或者其他利害关系人可以申请人民法院指定清算人。

清算人在清算期间执行下列事务：①清理合伙企业财产，分别编制资产负债表和财产清单；②处理与清算有关的合伙企业未了结事务；③清缴所欠税款；④清理债权、债务；⑤处理合伙企业清偿债务后的剩余财产；⑥代表合伙企业参加诉讼或者仲裁活动。

2. 债权人申报债权

清算人自被确定之日起10日内将合伙企业解散事项通知债权人，并于60日内在报纸上公告。债权人应当自接到通知书之日起30日内，未接到通知书的自公告之日起45日内，向清算人申报债权。债权人申报债权，应当说明债权的有关事项，并提供证明材料。清算人应当对债权进行登记。

清算期间，合伙企业存续，但不得开展与清算无关的经营活动。

3. 清偿债务

合伙企业财产的清偿顺序为：①支付清算费用；②支付职工工资、社会保险费用、法定补偿金；③缴纳所欠税款；④清偿债务后的剩余财产，依法在合伙人之间进行分配。

4. 办理注销登记

清算结束，清算人应当编制清算报告，经全体合伙人签名、盖章后，在15日内向企业登记机关报送清算报告，申请办理合伙企业注销登记。

合伙企业注销后，原普通合伙人对合伙企业存续期间的债务仍应承担无限连带责任。

三、合伙企业破产

合伙企业不能清偿到期债务的，债权人可以依法向人民法院提出破产清算申请，也可以要求普通合伙人清偿。合伙企业依法被宣告破产的，普通合伙人对合伙企业债务仍应承担无限连带责任。

小结

《合伙企业法》适用于在中国境内设立的普通合伙企业和有限合伙企业。普通合伙企业由普通合伙人组成，合伙人对合伙企业债务承担无限连带责任。有限合伙企业由普通合伙人和有限合伙人组成，普通合伙人对合伙企业债务承担无限连带责任，有限合伙人以其认缴的出资额为限对合伙企业债务承担责任。普通合伙企业的设立条件和程序、企业财产、企业事务执行、与第三人的关系、入伙和退伙、解散和清算，法律都作了详细的规定。

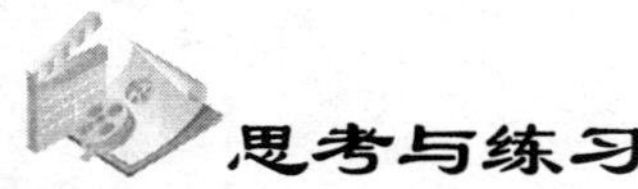

思考与练习

一、判断题

1. 合伙协议必须采用书面形式。 ( )
2. 合伙企业财产实质上属于合伙人共有财产。 ( )
3. 新合伙人对入伙前合伙企业的债务不承担无限连带责任。 ( )
4. 退伙人对基于其退伙前的原因发生的合伙企业债务，承担无限连带责任。 ( )
5. 特殊的普通合伙企业的数个合伙人在执业活动中因故意或者重大过失造成合伙企业债务的，应当承担无限连带责任，其他合伙人以其在合伙企业中的财产份额为限承担责任的普通合伙企业。 ( )

二、不定项选择题

1. 甲、乙、丙三人共同设立一家从事餐饮业的普通合伙企业，甲对其在该合伙企业中的财产份额，依法可以从事的行为是 ( )。
   A. 可以向乙转让其部分财产份额，但须取得丙的同意
   B. 可以将其财产份额出质给乙，但须取得丙的同意
   C. 当甲的财产不足清偿其欠丁的借款时，甲可直接以其在合伙企业中的财产份额抵偿其欠丁的借款
   D. 可以转让其财产份额，但乙、丙有优先受偿的权利
2. 依《中华人民共和国合伙企业法》规定，下列哪种情形下，发生除名退伙 ( )。
   A. 合伙人甲因车祸后被宣告为无民事行为能力人
   B. 合伙人乙因其个人独资企业倒闭丧失偿债能力
   C. 合伙人丙未履行出资义务
   D. 经全体合伙人同意，合伙人丁退伙
3. 甲、乙、丙、丁等人组成一家普通合伙企业，经全体合伙人决定，委托甲执行合伙事务，则 ( )。
   A. 乙也有权执行合伙事务
   B. 乙有权监督甲执行合伙企业事务的情况

C. 甲有权独立对合伙的有关事项做出决议

D. 除法律或合伙协议另有规定外，可实行一人一票的表决方式来决定有关合伙企业的事项

4. (　　　) 不能成为普通合伙人。

A. 国有独资公司　　B. 国有企业

C. 上市公司　　D. 公益性的事业单位、社会团体

5. 下列能作为合伙企业出资方式的有(　　　)。

A. 货币　　B. 劳务

C. 知识产权　　D. 土地使用权

三、案例分析题

2014 年 1 月，甲、乙、丙三人合伙开办了一家普通合伙企业，甲出资 3 万元，乙出资 2 万元，丙以劳务出资。合伙协议订立得较简单，未约定利润分配和亏损分担比例，只约定三人共同管理企业。6 月，甲想将自己的部分财产份额转让给丁，乙同意，丙不同意，因多数合伙人同意，丁成为新合伙人。丙便提出退伙，甲、乙表示同意。丁入伙时，该合伙企业欠某公司贷款 3 万元一直未还。2015 年 4 月，由于经营不善，该合伙企业宣告解散，企业又欠债 9 万元无法清偿。

请问：(1) 丁对某公司的欠款是否承担责任？

(2) 丙对合伙企业的债务承担什么责任？

实训题——模拟合伙企业设立

实训要求：根据合伙企业设立登记提交文件目录，以小组为单位，收集、准备模拟合伙企业的相关材料，按合伙企业的设立条件和设立程序要求完成合伙企业的设立登记。合伙企业设立登记提交文件目录见表 3-1。

表 3-1　合伙企业设立登记提交文件目录

序号	文件、证件名称	提交情况（有提交的打“√”）
1	全体合伙人签署的合伙企业设立登记申请书（本表）（原件 1 份）	
2	全体合伙人指定的代表或者共同委托的代理人的委托书（在本表内填写）	
3	经办人身份证明（复印件 1 份，验原件）；由企业登记代理机构代理的，同时提交企业登记代理机构营业执照（复印件 1 份，须加盖本企业印章，并注明“与原件一致”）（见说明 1）	
4	全体合伙人的主体资格证明。如合伙人为自然人的，还需要提交自然人的计生证明（见说明 2、3）	
5	全体合伙人签署的合伙协议书（原件 1 份）	
6	如合伙企业协议委托一个或数个合伙人执行合伙事务的，提交全体合伙人签署的委托执行事务合伙人的委托书（在本表内填写）；执行事务合伙人是法人或其他组织的，还应当提交其委派代表的委托书和身份证明复印件	
7	合伙人以实物、知识产权、土地使用权或者其他，财产权利出资，经全体合伙人协商作价的，提交全体合伙人签署的协商作价确认书；经全体合伙人委托法定的评估机构作价的，提交法定评估机构出具的评估作价证明	

（续）

序号	文件、证件名称	提交情况（有提交的打“√”）
8	企业经营场所使用证明： 经营场所为投资人自有的，提交房屋产权证明（复印件1份，验原件）和投资人出具的场地使用声明（原件1份）； 经营场所为投资人租赁的，提交经房屋租赁主管机关登记或备案的租赁合同（原件1份）和投资人出具的场地使用声明（原件1份）	
9	设立申请前已办理企业名称预先核准的，提交合伙企业名称预先核准通知书（原件1份）	
10	法律、行政法规规定设立特殊普通合伙企业需要提交合伙人职业资格证明的，提交相应证明	
11	法律、行政法规及国务院决定规定需要前置审批的，提交有关部门的批准文件（原件各1份）	
12	国家工商行政管理总局规定提交的其他文件	

说明：

1．办理登记的过程中，如变更被委托经办人的需另行提交委托书。

2．合伙人为自然人，需提交居民身份证复印件及计生证明。合伙人为企业，需提交营业执照副本复印件并加盖公章；合伙人为事业法人，提交事业法人登记证书复印件并加盖公章；合伙人为社团法人的，提交社团法人登记证复印件并加盖公章；合伙人为农民专业合作社的，提交农民专业合作社营业执照副本复印件并加盖公章。合伙人为民办非企业单位的，提交民办非企业单位证书复印件并加盖公章。

3．合伙人属于流动性人口年龄在20—49周岁的已婚育龄妇女的，需查验现居住地街道办计划生育工作机构出具的计划生育证明；未婚妇女不列入查验对象，但需提交《婚姻状况承诺书》；申请登记为有限合伙企业的，不需要查验计划生育证明。

合伙企业设立登记申请书

××市工商行政管理局

根据法律、法规等相关规定，现申请合伙企业设立登记，请予核准。同时承诺：所提交的文件、证件和有关附件真实、合法、有效，复印文本与原件一致，并对因提交虚假文件、证件所引发的一切后果承担相应的法律责任。

全体合伙人签字（或盖公章）：____________

申请日期：____年__月__日

合伙企业申请登记委托书（由企业填写）

被委托经办人（或机构）姓名（名称）：____________

被委托经办人的工作单位和职务：____________

委托事项：申请合伙企业设立登记

被委托经办人的权限：

1．提交申请材料；□

2．领取合伙企业登记机关的登记决定文件；□

3．领取营业执照；□

4．修改申请文件：（以下两项只能任选一项，同时选择两项则视为该两项授权无效）

（1）不得修改申请材料中的任何材料；□

（2）可以修改申请材料中文字性错误；□

委托期限至____年__月__日。

委托人：（全体合伙人签字、盖公章）

____年__月__日

经办人签名：

身份证件号码：

联系电话：

申请登记项目见表 3-2，全体合伙人名录及出资情况见表 3-3。

表 3-2 申请登记项目

（由企业填写）

企 业 名 称					
备用名称 1					
备用名称 2					
经营场所					
执行合伙人或委派代表					
合伙企业类型	□普通合伙		□特殊普通合伙		□有限合伙
合伙期限	自 年 月 日至 年 月 日				
联系电话			邮政编码		
合伙人数			有限合伙人数		
经营范围及方式					
出资额	万元 人民币				
认缴出资金额		实缴出资金额			
从业人员数	人	申请执照副本数	本	工商所代码	

表 3-3 全体合伙人名录及出资情况

合伙人名称或姓名	住 所	证件名称及号码	出资方式	实缴出资额	认缴出资额	缴付期限	合伙人协商确定评估	承担责任方式

全体合伙人签字、盖公章：

此表不够填写的，可附页。

执行合伙企业事务的合伙人委托书（由企业填写）

经审查，______________________________（先生/女士）符合有关法律、法规、规章规定的执行合伙企业事务的合伙人委托资格条件，具有完全民事行为能力，根据《合伙企业法》、《合伙企业登记管理办法》及合伙协议规定，委托其为执行合伙企业事务的合伙人，委托期限____年：

全体合伙人签字、盖公章：

____年__月__日

合伙协议书

合伙人：

姓名________，性别________，年龄________，住址________。

（其他合伙人按上列项目顺序填写）

第一条　合伙宗旨

____

第二条　合伙经营项目和范围

____

第三条　合伙期限

合伙期限为____年，自____年__月__日起，至____年__月__日止。

第四条　出资额、方式、期限

1．合伙人________（姓名）以________方式出资，计人民币________元。

（其他合伙人同上顺序列出）

2．各合伙人的出资，于____年__月__日以前交齐。逾期不交或未交齐的，应对应交未交金额数计付银行利息并赔偿由此造成的损失。

3. 本合伙出资共计人民币________元。合伙期间各合伙人的出资仍为共有财产，不得随意请求分割。合伙终止后，各合伙人的出资仍为个人所有，届时予以返还。

第五条　盈余分配与债务承担

1．盈余分配，以________为依据，按比例分配。

2．债务承担：合伙债务先由合伙财产偿还，合伙财产不足清偿时，以各合伙人的________为据，按比例承担。

第六条　入伙、退伙，出资的转让

1．入伙：①需承认本合同；②需经全体合伙人同意；③执行合同规定的权利义务。

2．退伙：①需有正当理由方可退伙；②不得在合伙不利时退伙；③退伙需提前________月告知其他合伙人并经全体合伙人同意；④退伙后以退伙时的财产状况进行结算，不论何种方式出资，均以金钱结算；⑤未经合伙人同意而自行退伙给合伙造成损失的，应进行赔偿。

3．出资的转让：允许合伙人转让自己的出资。转让时合伙人有首先受让权，如转让合伙人以外的第三人，第三人应按入伙对待，否则以退伙对待转让人。

第七条　合伙负责人及其他合伙人的权利

1．________为合伙负责人。其权限是：①对外开展业务，订立合同；②对合伙事业进行日常管理；③出售合伙的产品（货物）、购进常用货物；④支付合伙债务；⑤________。

2．其他合伙人的权利：①参与合伙事业的管理；②听取合伙负责人开展业务情况的报告；③检查合伙账册及经营情况；④共同决定合伙重大事项。

第八条　禁止行为

1．未经全体合伙人同意，禁止任何合伙人私自以合伙名义进行业务活动；如其业务获得利益归合伙，造成损失按实际损失赔偿。

2．禁止合伙人经营与合伙竞争的业务。

3．禁止合伙人再加入其他合伙。

4．禁止合伙人与本合伙签订合同。

5．如合伙人违反上述各条，应按合伙实际损失赔偿。劝阻不听者可由全体合伙人决定除名。

第九条　合伙的终止及终止后的事项

1．合伙因以下事由之一终止：①合伙期届满；②全体合伙人同意终止合伙关系；③合伙事业完成或不能完成；④合伙事业违反法律被撤销；⑤法院根据有关当事人请求判决解散。

2．合伙终止后的事项：①即行推举清算人；②清算后如有盈余，则按收取债权、清偿债务、返还出资、按比例分配剩余财产的顺序进行。固定资产和不可分物，可作价卖给合伙人或第三人，其价款参与分配；③清算后如有亏损，不论合伙人出资多少，先以合伙共同财产偿还，合伙财产不足清偿的部分，由合伙人按出资比例承担。

第十条　纠纷的解决

合伙人之间如发生纠纷，应共同协商，本着有利于合伙事业发展的原则予以解决。如协商不成，可以诉诸法院。

第十一条　本合同自订立并报经工商行政管理机关批准之日起生效并开始营业。

第十二条　本合同如有未尽事宜，应由合伙人集体讨论补充或修改。补充和修改的内容与本合同具有同等效力。

第十三条　其他

第十四条　本合同正本一式________份，合伙人各执一份，送________各存一份。

合伙人：________（盖章）

____年__月__日

法人或其他组织委派代表的委托书

我单位作为合伙企业__________________的执行事务合伙人，现委托__________代表我单位执行合伙事务。

委托单位法定代表人（负责人）签字、盖公章：

____年__月__日

第四章　公司法

学习目标

知识目标

- 了解公司的变更、解散和清算
- 理解公司的概念、分类
- 掌握有限责任公司和股份有限公司的设立、组织机构和股份转让
- 掌握公司董事、监事和高级管理人员的任职资格

能力目标

- 能模拟有限责任公司设立，办理公司登记
- 能对公司股东（大）会、董事会、监事会的职权进行区分
- 能判断公司股份转让的合法性

引导案例

某股份有限公司董事会由11名董事组成。2014年5月10日，公司董事长李某主持召开董事会会议，出席会议的共8名董事，另有3名董事因事请假。董事会会议讨论了以下事项，经表决有6名董事同意而通过：①鉴于公司董事会成员工作任务加重，决定给每位董事涨工资30%；②鉴于监事会成员中的职工代表张某生病，决定由本公司职工王某参加监事会；③鉴于公司的财务会计工作日益繁重，拟将财务科升级为财务部，并向社会公开招聘会计人员3名，招聘会计人员事宜及财务科升格为财务部的方案经股东大会通过后实施。

根据以上材料回答以下问题：

（1）公司董事会的召开和表决程序是否符合法律规定？为什么？

（2）公司董事会通过的事项有无不符合法律规定之处？如有，请分别说明理由。

第一节　概　　述

一、公司

（一）公司的概念

《中华人民共和国公司法》（以下简称《公司法》）所称公司是指依照本法在中国境内设立的有限责任公司和股份有限公司。

有限责任公司是指依照《公司法》在中国境内设立的，股东以其认缴的出资额对公司承

担有限责任，公司以其全部资产对公司的债务承担责任的企业法人。

股份有限公司是指依照《公司法》在中国境内设立的，由符合条件的发起人设立；公司资本划分为若干金额相等的股份，股东仅以其认购的股份为限对公司承担责任，公司以其全部资产对公司的债务承担责任的企业法人。

例 4-1 下列说法正确的是（ ）。

A. 有限责任公司的股东以其个人资产为限对公司承担责任，公司以其注册资本对公司的债务承担责任

B. 有限责任公司的股东以其个人资产为限对公司承担责任，公司以其全部资产对公司的债务承担责任

C. 有限责任公司的股东以其实缴的出资额为限对公司承担责任，公司以其注册资本对公司的债务承担责任

D. 有限责任公司的股东以其认缴的出资额为限对公司承担责任，公司以其全部资产对公司的债务承担责任

【答案】D

【解析】有限责任公司是指依照《公司法》在中国境内设立的，股东以其认缴的出资额对公司承担有限责任，公司以其全部资产对公司的债务承担责任的企业法人。

（二）公司的特征

（1）公司是企业的一种组织形式，是以营利为目的的经济组织。

（2）公司是依《公司法》设立的经济组织。

公司要依《公司法》规定的法定条件和程序设立。同时，《公司法》对公司的股东人数和住所、组织机构的性质、职权等都作了明确规定，公司的内部关系和外部关系的调整都必须依《公司法》的规定进行。

（3）公司是企业法人。公司有独立的法人财产，享有法人财产权。公司以其全部财产对公司的债务承担责任。有限责任公司的股东以其认缴的出资额为限对公司承担责任；股份有限公司的股东以其认购的股份为限对公司承担责任。

公司法定代表人依照公司章程的规定，由董事长、执行董事或者经理担任，并依法登记。

（三）公司的分类

1．有限责任公司和股份有限公司

在我国，以股东对公司债务的责任形式为划分标准，公司分为有限责任公司和股份有限公司。有限责任公司是全体股东对于公司的债务，仅以各自认缴的出资额为限承担责任的公司；股份有限公司则是公司资本划分为若干金额相等的股份，全体股东仅以其认购的股份为限对公司承担责任的公司。

2．母公司和子公司

以公司间的控制与依附关系为划分标准，公司可分为母公司和子公司。母公司是指通过持有其他公司一定比例的股份或通过协议的方式，能够实际控制其他公司经营活动的公司。子公司是指具有法人资格，但其经营活动受母公司实际控制的公司。

母公司和子公司是相互独立的民事主体，子公司独立承担责任，具有法人地位。

3．总公司和分公司

以公司内部管辖系统为标准可将公司分为总公司和分公司。总公司是指依法设立并管辖分公司的总机构；分公司是指总公司管辖下的法人分支机构；总公司和分公司是整体和部分的关系。分公司不能独立承担责任，不具有法人地位，没有独立的财产，其权利和义务由总公司承担。但是分公司能够独立开展经营活动，具有诉讼主体资格。

4．本国公司和外国公司

以公司的国籍为划分标准，公司分为本国公司和外国公司。本国公司是依我国《公司法》在我国境内登记设立的公司；外国公司是依外国法律在我国境外登记设立的公司。外国公司可在中国境内设立不具有中国法人资格的分支机构，外国公司对其分支机构在中国境内进行经营活动承担民事责任。

相关问题咨询

分公司和子公司承担的责任相同吗？

咨询意见：《公司法》第十四条规定：公司可以设立分公司。设立分公司，应当向公司登记机关申请登记，领取营业执照。分公司不具有法人资格，其民事责任由公司承担。公司可以设立子公司，子公司具有法人资格，依法独立承担民事责任。由于两者法律资格的不同，因此承担的责任也不相同。

二、公司法

（一）公司法的概念

公司法是调整公司在设立、变更、终止及组织管理活动中所发生的经济关系的法律规范的总称。我国《公司法》于1993年12月29日第八届全国人民代表大会常务委员会第五次会议通过；根据1999年12月25日第九届全国人民代表大会常务委员会第十三次会议《关于修改〈中华人民共和国公司法〉的决定》第一次修正；根据2004年8月28日第十届全国人民代表大会常务委员会第十一次会议《关于修改〈中华人民共和国公司法〉的决定》第二次修正；2005年10月27日第十届全国人民代表大会常务委员会第十八次会议修订通过，自2006年1月1日起施行；2013年12月28日第十二届全国人民代表大会常务委员会第六次会议修订自2014年3月1日起实施。

我国《公司法》具有组织法和行为法的特征，具有强制性与任意性的特征，也具有实体法与程序法相结合的特征。

（二）公司法的适用范围

我国《公司法》第二条规定：本法所称公司是指依照本法在中国境内设立的有限责任公司和股份有限公司。

此外，为了维持我国对外商投资企业政策的稳定性和连续性，《公司法》第二百一十八条规定：外商投资的有限责任公司和股份有限公司适用本法；有关外商投资的法律另有规定的，适用其规定。

第二节 有限责任公司

一、有限责任公司的设立

（一）有限责任公司的设立条件

1．股东符合法定人数

有限责任公司由50个以下股东出资设立。

根据我国《公司法》的规定，一人有限责任公司和国有独资公司，是有限责任公司的特殊形式，均只有一个股东。

2．有符合公司章程规定的全体股东认缴的出资额

股东可以用货币出资，也可以用实物、知识产权、土地使用权等可以用货币估价并可以依法转让的非货币财产作价出资；但是，法律、行政法规规定不得作为出资的财产除外。股东不得以劳务、信用、自然人姓名、商誉、特许经营权或者设定担保的财产等作价出资。

对作为出资的非货币财产应当评估作价，核实财产，不得高估或者低估作价。法律、行政法规对评估作价有规定的，从其规定。

有限责任公司的注册资本为在公司登记机关登记的全体股东认缴的出资额。法律、行政法规以及国务院决定对有限责任公司注册资本实缴、注册资本最低限额另有规定的，从其规定。

3．股东共同制定公司章程

公司章程是公司设立及开展活动的基本规则，是公司确立的公司内外部法律关系及股东权利义务的基本法律文件。公司章程对公司、股东、董事、监事、高级管理人员具有约束力。

4．有公司名称，建立符合有限责任公司要求的组织机构

公司名称是公司的标志。有限责任公司必须在公司名称中标明有限责任公司或者有限公司字样。

有限责任公司必须建立与法律规定相一致的组织机构，设立股东会、董事会或执行董事、监事会或监事。各司其职、相互制衡，实现公司有序高效运转。

5．有公司住所

公司以其主要办事机构所在地为住所。

（二）有限责任公司的设立程序

1．制定公司章程

有限责任公司章程应当载明下列事项：①公司名称和住所；②公司经营范围；③公司注册资本；④股东的姓名或者名称；⑤股东的出资方式、出资额和出资时间；⑥公司的机构及其产生办法、职权、议事规则；⑦公司法定代表人；⑧股东会会议认为需要规定的其他事项。

股东应当在公司章程上签名、盖章。

例4-2 甲公司章程规定：董事长未经股东会授权，不得处置公司资产，也不得以公司名义签订非经营性合同。一日，董事长任某见王某开一辆新款宝马车，遂决定以自己乘坐的公司旧奔驰车与王调换，并办理了车辆过户手续。对任某的换车行为，下列说法正确的是（　　）。

A. 违反公司章程处置公司资产，其行为无效

B. 违反公司章程从事非经营性交易，其行为无效

C. 并未违反公司章程，其行为有效

D. 无论是否违反公司章程，只要王某无恶意，该行为就有效

【答案】D

【解析】《公司法》第十一条规定：设立公司必须依法制定公司章程。公司章程对公司、股东、董事、监事、高级管理人员具有约束力。由此可见，公司章程一般仅具有内部约束力，不得对抗善意第三人。

2. 设立审批（非必经程序）

法律、行政法规规定设立公司必须报经批准的，应当在公司登记前依法办理批准手续。

3. 股东缴纳出资

股东应当按期足额缴纳公司章程中规定的各自所认缴的出资额。股东以货币出资的，应当将货币出资足额存入有限责任公司在银行开设的账户；以非货币财产出资的，应当依法办理其财产权的转移手续。股东不按照上述规定缴纳出资的，除应当向公司足额缴纳外，还应当向已按期足额缴纳出资的股东承担违约责任。

4. 申请设立登记

股东认足公司章程规定的出资后，由全体股东指定的代表或者共同委托的代理人向公司登记机关报送公司登记申请书、公司章程等文件，申请设立登记。

依法设立的公司，由公司登记机关发给公司营业执照。公司营业执照签发日期为公司成立日期。

5. 签发出资证明书

有限责任公司成立后，应当向股东签发出资证明书。

出资证明书应当载明下列事项：①公司名称；②公司成立日期；③公司注册资本；④股东的姓名或者名称、缴纳的出资额和出资日期；⑤出资证明书的编号和核发日期。

出资证明书由公司盖章。

二、有限责任公司的组织机构

有限责任公司的组织机构主要包括股东会、董事会和经理、监事会等。

（一）股东会

1. 股东会的职权

有限责任公司股东会由全体股东组成。股东会是公司的权力机构，依照《公司法》行

使职权：①决定公司的经营方针和投资计划；②选举和更换非由职工代表担任的董事、监事，决定有关董事、监事的报酬事项；③审议批准董事会的报告；④审议批准监事会或者监事的报告；⑤审议批准公司的年度财务预算方案、决算方案；⑥审议批准公司的利润分配方案和弥补亏损方案；⑦对公司增加或者减少注册资本作出决议；⑧对发行公司债券作出决议；⑨对公司合并、分立、解散、清算或者变更公司形式作出决议；⑩修改公司章程；⑪公司章程规定的其他职权。

对上述所列事项股东以书面形式一致表示同意的，可以不召开股东会会议，直接作出决定，并由全体股东在决定文件上签名、盖章。

2．股东会的会议制度

（1）会议类型。股东会会议分为定期会议和临时会议。定期会议应当依照公司章程的规定按时召开。代表十分之一以上表决权的股东，1/3 以上的董事，监事会或者不设监事会的公司的监事提议召开临时会议的，应当召开临时会议。

（2）会议召集和主持。首次股东会会议由出资最多的股东召集和主持，依照《公司法》规定行使职权。

有限责任公司设立董事会的，股东会会议由董事会召集，董事长主持；董事长不能履行职务或者不履行职务的，由副董事长主持；副董事长不能履行职务或者不履行职务的，由半数以上董事共同推举一名董事主持。

有限责任公司不设董事会的，股东会会议由执行董事召集和主持。董事会或者执行董事不能履行或者不履行召集股东会会议职责的，由监事会或者不设监事会的公司的监事召集和主持；监事会或者监事不召集和主持的，代表 1/10 以上表决权的股东可以自行召集和主持。

（3）议事规则。召开股东会会议，应当于会议召开十五日前通知全体股东；但是，公司章程另有规定或者全体股东另有约定的除外。股东会应当对所议事项的决定作成会议记录，出席会议的股东应当在会议记录上签名。

股东会会议由股东按照出资比例行使表决权；但是，公司章程另有规定的除外。股东会的议事方式和表决程序，除《公司法》有规定的外，由公司章程规定。

股东会会议作出修改公司章程、增加或者减少注册资本的决议，以及公司合并、分立、解散或者变更公司形式的决议，必须经代表 2/3 以上表决权的股东通过。

（二）董事会和经理

1．董事会的性质和组成

有限责任公司的董事会是公司股东会的执行机构，向股东会负责。

有限责任公司设董事会，其成员为三人至十三人。股东人数较少或者规模较小的有限责任公司，可以设一名执行董事，不设董事会。两个以上的国有企业或者两个以上的其他国有投资主体投资设立的有限责任公司，其董事会成员中应当有公司职工代表；其他有限责任公司董事会成员中可以有公司职工代表。董事会中的职工代表由公司职工通过职工代表大会、职工大会或者其他形式民主选举产生。

董事会设董事长一人，可以设副董事长。董事长、副董事长的产生办法由公司章程规定。董事任期由公司章程规定，但每届任期不得超过三年。董事任期届满，连选可以连任。董事任期届满未及时改选，或者董事在任期内辞职导致董事会成员低于法定人数的，在改选出的董事就任前，原董事仍应当依照法律、行政法规和公司章程的规定，履行董事职务。

2．董事会的职权

董事会的职权包括：①召集股东会会议，并向股东会报告工作；②执行股东会的决议；③决定公司的经营计划和投资方案；④制定公司的年度财务预算方案、决算方案；⑤制定公司的利润分配方案和弥补亏损方案；⑥制定公司增加或者减少注册资本以及发行公司债券的方案；⑦制定公司合并、分立、解散或者变更公司形式的方案；⑧决定公司内部管理机构的设置；⑨决定聘任或者解聘公司经理及其报酬事项，并根据经理的提名决定聘任或者解聘公司副经理、财务负责人及其报酬事项；⑩制定公司的基本管理制度；⑪公司章程规定的其他职权。

执行董事的职权由公司章程规定。

3．董事会的会议制度

董事会会议由董事长召集和主持；董事长不能履行职务或者不履行职务的，由副董事长召集和主持；副董事长不能履行职务或者不履行职务的，由半数以上董事共同推举一名董事召集和主持。

董事会的议事方式和表决程序，除《公司法》有规定的外，由公司章程规定。董事会应当对所议事项的决定作成会议记录，出席会议的董事应当在会议记录上签名。董事会决议的表决，实行一人一票。

4．经理

有限责任公司可以设经理，由董事会决定聘任或者解聘。经理对董事会负责，经理列席董事会会议，执行董事可以兼任公司经理。

经理行使下列职权：①主持公司的生产经营管理工作，组织实施董事会决议；②组织实施公司年度经营计划和投资方案；③拟订公司内部管理机构设置方案；④拟订公司的基本管理制度；⑤制定公司的具体规章；⑥提请聘任或者解聘公司副经理、财务负责人；⑦决定聘任或者解聘除应由董事会决定聘任或者解聘以外的负责管理人员；⑧董事会授予的其他职权。公司章程对经理职权另有规定的，从其规定。

（三）监事会

1．监事会的性质和组成

有限责任公司监事会是公司内部监督机构。

监事会成员不得少于三人。股东人数较少或者规模较小的有限责任公司，可以设一至二名监事，不设监事会。监事会应当包括股东代表和适当比例的公司职工代表，其中职工代表的比例不得低于三分之一，具体比例由公司章程规定。监事会中的职工代表由公司职工通过职工代表大会、职工大会或者其他形式民主选举产生。董事、高级管理人员不得兼任监事。

监事会设主席一人，由全体监事过半数选举产生。监事会主席召集和主持监事会会议；监事会主席不能履行职务或者不履行职务的，由半数以上监事共同推举一名监事召集和主持监事会会议。监事的任期每届为三年。监事任期届满，连选可以连任。监事任期届满未及时改选，或者监事在任期内辞职导致监事会成员低于法定人数的，在改选出的监事就任前，原监事仍应当依照法律、行政法规和公司章程的规定，履行监事职务。

2. 监事会的职权

监事会、不设监事会的公司的监事行使下列职权：①检查公司财务；②对董事、高级管理人员执行公司职务的行为进行监督，对违反法律、行政法规、公司章程或者股东会决议的董事、高级管理人员提出罢免的建议；③当董事、高级管理人员的行为损害公司的利益时，要求董事、高级管理人员予以纠正；④提议召开临时股东会会议，在董事会不履行本法规定的召集和主持股东会会议职责时召集和主持股东会会议；⑤向股东会会议提出提案；⑥依法对董事、高级管理人员提起诉讼；⑦公司章程规定的其他职权。

监事可以列席董事会会议，并对董事会决议事项提出质询或者建议。监事会、不设监事会的公司的监事发现公司经营情况异常，可以进行调查；必要时，可以聘请会计师事务所等协助其工作，费用由公司承担。监事会、不设监事会的公司的监事行使职权所必需的费用，由公司承担。

3. 监事会的会议制度

监事会每年度至少召开一次会议，监事可以提议召开临时监事会会议。

监事会的议事方式和表决程序，除本法有规定的外，由公司章程规定。监事会决议应当经半数以上监事通过。监事会应当对所议事项的决定作成会议记录，出席会议的监事应当在会议记录上签名。

（四）公司董事、监事、高级管理人员的资格和义务

高级管理人员，是指公司的经理、副经理、财务负责人，上市公司董事会秘书和公司章程规定的其他人员。

1. 公司董事、监事、高级管理人员的资格

有下列情形之一的，不得担任公司的董事、监事、高级管理人员：①无民事行为能力或者限制民事行为能力；②因贪污、贿赂、侵占财产、挪用财产或者破坏社会主义市场经济秩序，被判处刑罚，执行期满未逾五年，或者因犯罪被剥夺政治权利，执行期满未逾五年；③担任破产清算的公司、企业的董事或者厂长、经理，对该公司、企业的破产负有个人责任的，自该公司、企业破产清算完结之日起未逾三年；④担任因违法被吊销营业执照、责令关闭的公司、企业的法定代表人，并负有个人责任的，自该公司、企业被吊销营业执照之日起未逾三年；⑤个人所负数额较大的债务到期未清偿。

公司违反上述规定选举、委派董事、监事或者聘任高级管理人员的，该选举、委派或者聘任无效。董事、监事、高级管理人员在任职期间出现以上所列情形的，公司应当解除其职务。

例 4-3 《公司法》规定不得担任董事的有（　　）。

A. 张某，五年前因对一起重大工程事故负有责任，被判处有期徒刑一年

B. 李某，两年前被任命为一家长期经营不善、负债累累的国有企业的厂长，上任仅三个月，该企业被宣告破产

C. 陈某，曾独资开办一家工厂，一年前该厂因无力清偿大额债务而倒闭，债权人至今仍在追讨

D. 甘某，十二岁，天资聪慧，智力超常

【答案】C、D

【解析】C 属于个人所负数额较大的债务到期未清偿；D 属于限制民事行为能力人。

2. 公司董事、监事、高级管理人员的义务

董事、监事、高级管理人员应当遵守法律、行政法规和公司章程，对公司负有忠实义务和勤勉义务。董事、监事、高级管理人员不得利用职权收受贿赂或者其他非法收入，不得侵占公司的财产。

董事、高级管理人员的禁止行为包括：①挪用公司资金；②将公司资金以其个人名义或者以其他个人名义开立账户存储；③违反公司章程的规定，未经股东会、股东大会或者董事会同意，将公司资金借贷给他人或者以公司财产为他人提供担保；④违反公司章程的规定或者未经股东会、股东大会同意，与本公司订立合同或者进行交易；⑤未经股东会或者股东大会同意，利用职务便利为自己或者他人谋取属于公司的商业机会，自营或者为他人经营与所任职公司同类的业务；⑥接受他人与公司交易的佣金归为己有；⑦擅自披露公司秘密；⑧违反对公司忠实义务的其他行为。

董事、高级管理人员违反上述规定所得的收入应当归公司所有。

董事、监事、高级管理人员执行公司职务时违反法律、行政法规或者公司章程的规定，给公司造成损失的，应当承担赔偿责任。

股东会或者股东大会要求董事、监事、高级管理人员列席会议的，董事、监事、高级管理人员应当列席并接受股东的质询。董事、高级管理人员应当如实向监事会或者不设监事会的有限责任公司的监事提供有关情况和资料，不得妨碍监事会或者监事行使职权。

三、一人有限责任公司的特别规定

1. 一人有限责任公司的概念

一人有限责任公司，是指只有一个自然人股东或者一个法人股东的有限责任公司。一人有限责任公司应当在公司登记中注明自然人独资或者法人独资，并在公司营业执照中载明。一个自然人只能投资设立一个一人有限责任公司。该一人有限责任公司不能投资设立新的一人有限责任公司。

2. 一人有限责任公司的设立

一人有限责任公司章程由股东制定；一人有限责任公司不设股东会。股东作出公司法中有关股东会职权所列决定时，应当采用书面形式，并由股东签名后置备于公司。

3. 一人有限责任公司的财务报告和连带责任

一人有限责任公司应当在每一会计年度终了时编制财务会计报告，并经会计师事务所审计。一人有限责任公司的股东不能证明公司财产独立于股东自己的财产的，应当对公司债务承担连带责任。

四、国有独资公司的特别规定

（一）国有独资公司的概念

国有独资公司，是指国家单独出资、由国务院或者地方人民政府授权本级人民政府国有资产监督管理机构履行出资人职责的有限责任公司。

（二）国有独资公司的章程

国有独资公司章程由国有资产监督管理机构制定，或者由董事会制定报国有资产监督管理机构批准。

（三）国有独资公司的组织机构

1. 不设股东会

国有独资公司不设股东会，由国有资产监督管理机构行使股东会职权。国有资产监督管理机构可以授权公司董事会行使股东会的部分职权，决定公司的重大事项，但公司的合并、分立、解散、增加或者减少注册资本和发行公司债券，必须由国有资产监督管理机构决定。其中，重要的国有独资公司合并、分立、解散、申请破产的，应当由国有资产监督管理机构审核后，报本级人民政府批准。

2. 董事会

国有独资公司设董事会。董事每届任期不得超过三年。董事会成员中应当有公司职工代表。董事会成员由国有资产监督管理机构委派；但是，董事会成员中的职工代表由公司职工代表大会选举产生。董事会设董事长一人，可以设副董事长。董事长、副董事长由国有资产监督管理机构从董事会成员中指定。

国有独资公司的董事长、副董事长、董事、高级管理人员，未经国有资产监督管理机构同意，不得在其他有限责任公司、股份有限公司或者其他经济组织兼职。

3. 经理

国有独资公司设经理，由董事会聘任或者解聘。经国有资产监督管理机构同意，董事会成员可以兼任经理。

4. 监事会

国有独资公司监事会成员不得少于五人，其中职工代表的比例不得低于 1/3，具体比例由公司章程规定。监事会成员由国有资产监督管理机构委派；但是，监事会成员中的职工代表由公司职工代表大会选举产生。监事会主席由国有资产监督管理机构从监事会成员中指定。

例 4-4 甲公司为国有独资公司，乙公司为甲公司独资子公司。2013 年，甲公司出资 70%、乙公司出资 30%，投资创办丙有限责任公司，甲公司总经理王某兼任该公司的董事长。请根据这些情况和下列各问中设定的条件回答问题：

（1）设乙公司对外负债 100 余万元无力偿还，而该债务是在甲公司决策下以乙公司的名义进行贸易造成的，甲公司对此债务的责任应（　　）。

A. 甲公司不承担责任

B. 甲公司应承担全部责任

C. 甲公司应承担主要责任

D. 甲公司应承担次要责任

【答案】A

【解析】子公司具有法人资格，依法独立承担民事责任。

（2）设王某代表丙公司作出一项投资决策，结果导致丙公司损失50余万元，该损失应由（　　）。

A. 由甲公司承担70%，乙公司承担30%

B. 由甲公司全部承担

C. 由王某个人承担

D. 由丙公司承担

【答案】D

【解析】丙公司具有法人资格，依法独立承担民事责任。

五、有限责任公司的股权转让

1. 股权转让

有限责任公司的股东之间可以相互转让其全部或者部分股权。

股东向股东以外的人转让股权，应当经其他股东过半数同意。股东应就其股权转让事项书面通知其他股东征求同意，其他股东自接到书面通知之日起满30日未答复的，视为同意转让。其他股东半数以上不同意转让的，不同意的股东应当购买该转让的股权；不购买的，视为同意转让。

经股东同意转让的股权，在同等条件下，其他股东有优先购买权。两个以上股东主张行使优先购买权的，协商确定各自的购买比例；协商不成的，按照转让时各自的出资比例行使优先购买权。公司章程对股权转让另有规定的，从其规定。

2. 强制执行的股权转让

人民法院依照法律规定的强制执行程序转让股东的股权时，应当通知公司及全体股东，其他股东在同等条件下有优先购买权。其他股东自人民法院通知之日起满20日不行使优先购买权的，视为放弃优先购买权。

3. 股权转让的变更记载

依法转让股权后，公司应当注销原股东的出资证明书，向新股东签发出资证明书，并相应修改公司章程和股东名册中有关股东及其出资额的记载。对公司章程的该项修改不需再由股东会表决。

4. 股权收购

有下列情形之一的，对股东会该项决议投反对票的股东可以请求公司按照合理的价格收购其股权：①公司连续5年不向股东分配利润，而公司该5年连续盈利，并且符合法定的分配利润条件的；②公司合并、分立、转让主要财产的；③公司章程规定的营业期限届满或者章程规定的其他解散事由出现，股东会会议通过决议修改章程使公司存续的。

自股东会会议决议通过之日起60日内，股东与公司不能达成股权收购协议的，股东可以自股东会会议决议通过之日起90日内向人民法院提起诉讼。

5. 股东资格的继承

自然人股东死亡后，其合法继承人可以继承股东资格；但是，公司章程另有规定的除外。

第三节　股份有限公司

一、股份有限公司的设立

（一）股份有限公司的设立方式

股份有限公司的设立，可以采取发起设立或者募集设立的方式。

发起设立，是指由发起人认购公司应发行的全部股份而设立公司。募集设立，是指由发起人认购公司应发行股份的一部分，其余股份向社会公开募集或者向特定对象募集而设立公司。

（二）股份有限公司的设立条件

（1）发起人符合法定人数。

发起人是依法承担股份有限公司筹办事务的人。设立股份有限公司，应当有 2 人以上 200 人以下为发起人，其中须有半数以上的发起人在中国境内有住所。

股份有限公司的发起人应当承担下列责任：①公司不能成立时，对设立行为所产生的债务和费用负连带责任；②公司不能成立时，对认股人已缴纳的股款，负返还股款并加算银行同期存款利息的连带责任；③在公司设立过程中，由于发起人的过失致使公司利益受到损害的，应当对公司承担赔偿责任。

（2）有符合公司章程规定的全体发起人认购的股本总额或者募集的实收股本总额

股份有限公司采取发起设立方式设立的，注册资本为在公司登记机关登记的全体发起人认购的股本总额。在发起人认购的股份缴足前，不得向他人募集股份。

股份有限公司采取募集方式设立的，注册资本为在公司登记机关登记的实收股本总额。

法律、行政法规以及国务院决定对股份有限公司注册资本实缴、注册资本最低限额另有规定的，从其规定。

（3）股份发行、筹办事项符合法律规定。

（4）发起人制定公司章程，并经创立大会通过。

股份有限公司章程应当载明下列事项：①公司名称和住所；②公司经营范围；③公司设立方式；④公司股份总数、每股金额和注册资本；⑤发起人的姓名或者名称、认购的股份数、出资方式和出资时间；⑥董事会的组成、职权和议事规则；⑦公司法定代表人；⑧监事会的组成、职权和议事规则；⑨公司利润分配办法；⑩公司的解散事由与清算办法；⑪公司的通知和公告办法；⑫股东大会会议认为需要规定的其他事项。

（5）有公司名称，建立符合股份有限公司要求的组织机构。

（6）有固定的生产经营场所和必要的生产经营条件。

（三）股份有限公司的设立程序

1．发起设立的程序

（1）发起人共同制定公司章程；

（2）申请批准；

（3）缴纳股款；

（4）选举公司组织机构；

（5）设立登记；

（6）核准登记。

2. 募集设立的程序

（1）发起人共同制定公司章程。

（2）申请批准。

（3）发起人认购股份。

以募集设立方式设立股份有限公司的，发起人认购的股份不得少于公司股份总数的35%；但是，法律、行政法规另有规定的，从其规定。

（4）募集股份。

以募集方式设立股份有限公司公开发行股票的，应当报国务院证券监督管理机构核准。发起人向社会公开募集股份，必须公告招股说明书，并制作认股书。同时，应当和依法设立的证券公司签订承销协议；同银行签订代收股款协议。

发行股份的股款缴足后，必须经依法设立的验资机构验资并出具证明。发起人、认股人缴纳股款或者交付抵作股款的出资后，除未按期募足股份、发起人未按期召开创立大会或者创立大会决议不设立公司的情形外，不得抽回其股本。

（5）召开创立大会。

创立大会由发起人、认股人组成。发起人应当自股款缴足之日起30日内主持召开公司创立大会。发起人应当在创立大会召开15日前将会议日期通知各认股人或者予以公告。创立大会应有代表股份总数过半数的发起人、认股人出席，方可举行。

创立大会是创立中的公司决策机构，行使下列职权：①审议发起人关于公司筹办情况的报告；②通过公司章程；③选举董事会成员；④选举监事会成员；⑤对公司的设立费用进行审核；⑥对发起人用于抵作股款的财产的作价进行审核；⑦发生不可抗力或者经营条件发生重大变化直接影响公司设立的，可以作出不设立公司的决议。

创立大会对上述所列事项作出决议，必须经出席会议的认股人所持表决权过半数通过。

（6）申请登记。董事会应于创立大会结束后30日内，向公司登记机关报送有关文件，申请设立登记。

（7）核准登记。

二、股份有限公司的组织机构

（一）股东大会

1. 股东大会的性质和职权

股份有限公司股东大会由全体股东组成。股东大会是公司的权力机构，依法行使职权。前述关于有限责任公司股东会职权的规定，适用于股份有限公司股东大会。

2. 股东大会的形式

股东大会的形式分为年会和临时会议两种。

股东大会应当每年召开一次年会。有下列情形之一的，应当在 2 个月内召开临时股东大会：①董事人数不足本法规定人数或者公司章程所定人数的 2/3 时；②公司未弥补的亏损达实收股本总额 1/3 时；③单独或者合计持有公司 10%以上股份的股东请求时；④董事会认为必要时；⑤监事会提议召开时；⑥公司章程规定的其他情形。

3．股东大会的会议制度

（1）股东大会的召集与主持。

股东大会会议由董事会召集，董事长主持；董事长不能履行职务或者不履行职务的，由副董事长主持；副董事长不能履行职务或者不履行职务的，由半数以上董事共同推举一名董事主持。董事会不能履行或者不履行召集股东大会会议职责的，监事会应当及时召集和主持；监事会不召集和主持的，连续 90 日以上单独或者合计持有公司 10%以上股份的股东可以自行召集和主持。

（2）股东大会的会议通知。

召开股东大会会议，应当将会议召开的时间、地点和审议的事项于会议召开 20 日前通知各股东；临时股东大会应当于会议召开 15 日前通知各股东；发行无记名股票的，应当于会议召开 30 日前公告会议召开的时间、地点和审议事项。

单独或者合计持有公司 3%以上股份的股东，可以在股东大会召开 10 日前提出临时提案并书面提交董事会；董事会应当在收到提案后 2 日内通知其他股东，并将该临时提案提交股东大会审议。临时提案的内容应当属于股东大会职权范围，并有明确议题和具体决议事项。

股东大会不得对前述通知中未列明的事项作出决议。无记名股票持有人出席股东大会会议的，应当于会议召开 5 日前至股东大会闭会时将股票交存于公司。

（3）股东大会的议事规则。

股东出席股东大会会议，所持每一股份有一表决权。但是，公司持有的本公司股份没有表决权。股东大会作出决议，必须经出席会议的股东所持表决权过半数通过。但是，股东大会作出修改公司章程、增加或者减少注册资本的决议，以及公司合并、分立、解散或者变更公司形式的决议，必须经出席会议的股东所持表决权的 2/3 以上通过。

《公司法》和公司章程规定公司转让、受让重大资产或者对外提供担保等事项必须经股东大会作出决议的，董事会应当及时召集股东大会会议，由股东大会就上述事项进行表决。

股东大会选举董事、监事，可以依照公司章程的规定或者股东大会的决议，实行累积投票制。累积投票制，是指股东大会选举董事或者监事时，每一股份拥有与应选董事或者监事人数相同的表决权，股东拥有的表决权可以集中使用。它有利于保护中小股东的利益。

股东大会应当对所议事项的决定作成会议记录，主持人、出席会议的董事应当在会议记录上签名。会议记录应当与出席股东的签名册及代理出席的委托书一并保存。

（二）股份有限公司的董事会和经理

1．董事会组成及职权

股份有限公司设董事会，其成员为 5 人至 19 人。董事会成员中可以有公司职工代表。董事会中的职工代表由公司职工通过职工代表大会、职工大会或者其他形式民主选举产生。

股份有限公司董事会的职权与有限责任公司董事会行使的职权相同。股份有限公司董事的任期与有限责任公司董事的任期相同。

导入案例中，问题（2）董事会通过的事项中有不符合法律规定之处：第一项董事会决议给每位董事涨工资的决定违法。按照公司法的规定，决定董事的报酬属于公司股东大会的职权；第二项董事会决议由公司职工王某参加监事会的决议违法。根据公司法的规定，选举和更换由职工代表出任的监事应由公司职工民主选举；第三项董事会认为将公司财务科升格为财务部的方案须经股东大会通过的观点不符合法律规定。根据公司法的规定，公司董事会有权决定公司内部管理机构的设置。

2. 董事长的产生与职权

董事会设董事长一人，可以设副董事长。董事长和副董事长由董事会以全体董事的过半数选举产生。

董事长召集和主持董事会会议，检查董事会决议的实施情况。副董事长协助董事长工作，董事长不能履行职务或者不履行职务的，由副董事长履行职务；副董事长不能履行职务或者不履行职务的，由半数以上董事共同推举一名董事履行职务。

3. 董事会会议

（1）会议的召集。

董事会每年度至少召开两次会议，每次会议应当于会议召开 10 日前通知全体董事和监事。代表 1/10 以上表决权的股东、1/3 以上董事或者监事会，可以提议召开董事会临时会议。董事长应当自接到提议后 10 日内，召集和主持董事会会议。董事会召开临时会议，可以另定召集董事会的通知方式和通知时限。

（2）会议的议事规则。

董事会会议应有过半数的董事出席方可举行。董事会作出决议，必须经全体董事的过半数通过。董事会决议的表决，实行一人一票。

导入案例中，问题（1）公司董事会会议的召开和表决程序符合法律规定。按照公司法的规定，股份有限公司董事会须有 1/2 以上的董事出席方可举行，董事会会议由董事长召集并主持；董事会决议须经全体董事过半数通过。

（3）会议的出席及责任承担。

董事会会议，应由董事本人出席；董事因故不能出席，可以书面委托其他董事代为出席，委托书中应载明授权范围。董事会应当对会议所议事项的决定作成会议记录，出席会议的董事应当在会议记录上签名。董事应当对董事会的决议承担责任。董事会的决议违反法律、行政法规或者公司章程、股东大会决议，致使公司遭受严重损失的，参与决议的董事对公司负赔偿责任。但经证明在表决时曾表明异议并记载于会议记录的，该董事可以免除责任。

4. 经理

股份有限公司设经理，由董事会决定聘任或者解聘。股份有限公司经理的职权与有限责任公司经理职权的规定相同。

公司董事会可以决定由董事会成员兼任经理。

（三）股份有限公司的监事会

1．监事会的组成及职权

股份有限公司设监事会，其成员不得少于 3 人。监事会应当包括股东代表和适当比例的公司职工代表，其中职工代表的比例不得低于 1/3，具体比例由公司章程规定。监事会中的职工代表由公司职工通过职工代表大会、职工大会或者其他形式民主选举产生。董事、高级管理人员不得兼任监事。股份有限公司监事任期与有限责任公司监事任期的规定相同。

监事会设主席一人，可以设副主席。监事会主席和副主席由全体监事过半数选举产生。监事会主席召集和主持监事会会议；监事会主席不能履行职务或者不履行职务的，由监事会副主席召集和主持监事会会议；监事会副主席不能履行职务或者不履行职务的，由半数以上监事共同推举一名监事召集和主持监事会会议。

股份有限公司监事会的职权与有限责任公司监事会职权的规定相同。监事会行使职权所必需的费用，由公司承担。

2．监事会的会议制度

监事会每 6 个月至少召开一次会议。监事可以提议召开临时监事会会议。监事会的议事方式和表决程序，除《公司法》有规定的外，由公司章程规定。监事会决议应当经半数以上监事通过。监事会应当对所议事项的决定作成会议记录，出席会议的监事应当在会议记录上签名。

三、上市公司组织机构的特别规定

上市公司，是指其股票在证券交易所上市交易的股份有限公司。

上市公司在一年内购买、出售重大资产或者担保金额超过公司资产总额 30%的，应当由股东大会作出决议，并经出席会议的股东所持表决权的 2/3 以上通过。

上市公司设立独立董事，具体办法由国务院规定。上市公司设董事会秘书，负责公司股东大会和董事会会议的筹备、文件保管以及公司股东资料的管理，办理信息披露事务等事宜。

上市公司董事与董事会会议决议事项所涉及的企业有关联关系的，不得对该项决议行使表决权，也不得代理其他董事行使表决权。该董事会会议由过半数的无关联关系董事出席即可举行，董事会会议所作决议须经无关联关系董事过半数通过。出席董事会的无关联关系董事人数不足 3 人的，应将该事项提交上市公司股东大会审议。

四、股份有限公司的股份发行和转让

（一）股份有限公司的股份发行

1．股份与股票

股份有限公司的资本划分为股份，每一股的金额相等。公司的股份采取股票的形式。股票是公司签发的证明股东所持股份的凭证。股份有限公司成立后，即向股东正式交付股票。公司成立前不得向股东交付股票。

2．股份发行的原则

股份的发行，实行公平、公正的原则，同种类的每一股份应当具有同等权利。同次发行的同种类股票，每股的发行条件和价格应当相同；任何单位或者个人所认购的股份，每股应当支付相同价额。

3．股票发行的价格

股票发行价格可以按票面金额，也可以超过票面金额，但不得低于票面金额。

4．股票的种类

公司发行的股票，可以为记名股票，也可以为无记名股票。公司向发起人、法人发行的股票，应当为记名股票，并应当记载该发起人、法人的名称或者姓名，不得另立户名或者以代表人姓名记名。

（二）股份有限公司的股份转让

股东持有的股份可以依法转让。股东转让其股份，应当在依法设立的证券交易场所进行或者按照国务院规定的其他方式进行。

1．股票转让的方式

记名股票，由股东以背书方式或者法律、行政法规规定的其他方式转让；转让后由公司将受让人的姓名或者名称及住所记载于股东名册。股东大会召开前20日内或者公司决定分配股利的基准日前5日内，不得进行上述规定的股东名册的变更登记。但是，法律对上市公司股东名册变更登记另有规定的，从其规定。

无记名股票的转让，由股东将该股票交付给受让人后即发生转让的效力。

2．特定持有人的股份转让

发起人持有的本公司股份，自公司成立之日起1年内不得转让。公司公开发行股份前已发行的股份，自公司股票在证券交易所上市交易之日起1年内不得转让。

公司董事、监事、高级管理人员应当向公司申报所持有的本公司的股份及其变动情况，在任职期间每年转让的股份不得超过其所持有本公司股份总数的25%；所持本公司股份自公司股票上市交易之日起1年内不得转让。上述人员离职后半年内，不得转让其所持有的本公司股份。公司章程可以对公司董事、监事、高级管理人员转让其所持有的本公司股份作出其他限制性规定。

3．本公司股份的收购及质押

公司不得收购本公司股份。但是，有下列情形之一的除外：

（1）减少公司注册资本；

（2）与持有本公司股份的其他公司合并；

（3）将股份奖励给本公司职工；

（4）股东因对股东大会作出的公司合并、分立决议持异议，要求公司收购其股份的。

公司因上述第（1）项至第（3）项的原因收购本公司股份的，应当经股东大会决议。公司依照上述规定收购本公司股份后，属于第（1）项情形的，应当自收购之日起10日内注销；属于第（2）项、第（4）项情形的，应当在6个月内转让或者注销。

公司依照上述第（3）项规定收购的本公司股份，不得超过本公司已发行股份总额的5%；用于收购的资金应当从公司的税后利润中支出；所收购的股份应当在1年内转让给职工。

公司不得接受本公司的股票作为质押权的标的。

第四节 公司的变更、解散和清算

一、公司的变更

公司的变更包括公司合并、分立、增资、减资等。

（一）公司合并

1. 公司合并的类型

公司合并可以采取吸收合并或者新设合并。

一个公司吸收其他公司为吸收合并，被吸收的公司解散。两个以上公司合并设立一个新的公司为新设合并，合并各方解散。

2. 公司合并的程序

公司合并，应当由合并各方签订合并协议，并编制资产负债表及财产清单。公司应当自作出合并决议之日起 10 日内通知债权人，并于 30 日内在报纸上公告。债权人自接到通知书之日起 30 日内，未接到通知书的自公告之日起 45 日内，可以要求公司清偿债务或者提供相应的担保。

3. 公司合并债权债务的承继

公司合并时，合并各方的债权、债务，应当由合并后存续的公司或者新设的公司承继。

（二）公司分立

公司分立，其财产作相应的分割，公司应当编制资产负债表及财产清单。公司应当自作出分立决议之日起 10 日内通知债权人，并于 30 日内在报纸上公告。

公司分立前的债务由分立后的公司承担连带责任。但是，公司在分立前与债权人就债务清偿达成的书面协议另有约定的除外。

（三）公司减资

公司需要减少注册资本时，必须编制资产负债表及财产清单。公司应当自作出减少注册资本决议之日起 10 日内通知债权人，并于 30 日内在报纸上公告。债权人自接到通知书之日起 30 日内，未接到通知书的自公告之日起 45 日内，有权要求公司清偿债务或者提供相应的担保。

（四）公司增资

有限责任公司增加注册资本时，股东认缴新增资本的出资，依照《公司法》设立有限责任公司缴纳出资的有关规定执行。股份有限公司为增加注册资本发行新股时，股东认购新股，依照《公司法》设立股份有限公司缴纳股款的有关规定执行。

公司合并或者分立，登记事项发生变更的，应当依法向公司登记机关办理变更登记；公司解散的，应当依法办理公司注销登记；设立新公司的，应当依法办理公司设立登记。公司增加或者减少注册资本，应当依法向公司登记机关办理变更登记。

二、公司解散和清算

（一）公司解散

公司因下列原因解散：①公司章程规定的营业期限届满或者公司章程规定的其他解散事由出现；②股东会或者股东大会决议解散；③因公司合并或者分立需要解散；④依法被吊销营业执照、责令关闭或者被撤销；⑤人民法院依照《公司法》的相关规定予以解散。

（二）公司清算

1. 清算组的成立与组成

公司因上述第①项、第②项、第④项、第⑤项规定而解散的，应当在解散事由出现之日起15日内成立清算组，开始清算。有限责任公司的清算组由股东组成，股份有限公司的清算组由董事或者股东大会确定的人员组成。逾期不成立清算组进行清算的，债权人可以申请人民法院指定有关人员组成清算组进行清算。人民法院应当受理该申请，并及时组织清算组进行清算。

清算组成员应当忠于职守，依法履行清算义务。清算组成员不得利用职权收受贿赂或者其他非法收入，不得侵占公司财产。清算组成员因故意或者重大过失给公司或者债权人造成损失的，应当承担赔偿责任。

2. 清算组的职权

清算组在清算期间行使下列职权：

①清理公司财产，分别编制资产负债表和财产清单。清算组在清理公司财产、编制资产负债表和财产清单后，应当制订清算方案，并报股东（大）会或者人民法院确认。②通知、公告债权人。清算组应当自成立之日起10日内通知债权人，并于60日内在报纸上公告。债权人应当自接到通知书之日起30日内，未接到通知书的自公告之日起45日内，向清算组申报其债权。债权人申报债权，应当说明债权的有关事项，并提供证明材料。清算组应当对债权进行登记。在申报债权期间，清算组不得对债权人进行清偿。③处理与清算有关的公司未了结的业务。④清缴所欠税款以及清算过程中产生的税款。⑤清理债权、债务。⑥处理公司清偿债务后的剩余财产。⑦代表公司参与民事诉讼活动。

3. 清算程序

公司财产在分别支付清算费用、职工的工资、社会保险费用和法定补偿金，缴纳所欠税款，清偿公司债务后的剩余财产，有限责任公司按照股东的出资比例分配，股份有限公司按照股东持有的股份比例分配。

清算期间，公司存续，但不得开展与清算无关的经营活动。公司财产在未依照上述规定清偿前，不得分配给股东。

4. 公司注销

公司清算结束后，清算组应当制作清算报告，报股东（大）会或者人民法院确认，并报送公司登记机关，申请注销公司登记，公告公司终止。

5. 公司破产

清算组在清理公司财产、编制资产负债表和财产清单后，发现公司财产不足清偿债务的，应当依法向人民法院申请宣告破产。公司经人民法院裁定宣告破产后，清算组应当将清算事务移交给人民法院。公司被依法宣告破产的，依照有关企业破产的法律实施破产清算。

小结

《公司法》所称公司包括在中国境内设立的有限责任公司和股份有限公司。《公司法》明确规定了两类不同公司的设立条件和程序。公司的组织机构包括股东（大）会、董事会和经理、监事会；公司董事、监事和高级管理人员应具备法定的资格，履行法定的义务。有限责任公司的特殊形式有一人有限责任公司和国有独资公司。有限责任公司的股权转让内外有别。股份有限公司的股份发行和转让必须依法进行。公司的变更包括公司合并、分立、增资和减资；公司因法定原因而解散，解散后依法进行清算。公司设立、变更和注销均应依法进行登记。

思考与练习

一、判断题

1. 设立有限责任公司，最低注册资本不得低于人民币 10 万元。（　　）

2. 公司以投资总额为限，对公司债务承担责任。（　　）

3. 一人有限责任公司的股东不能证明公司财产独立于股东自己的财产的，应当对公司债务承担连带责任。（　　）

4. 经理列席董事会会议；监事可以列席董事长会议，并对董事会决议事项提出质询或建议。（　　）

5. 公司法定代表人依照公司章程的规定，由董事长、执行董事或者经理担任，并依法登记。（　　）

二、不定项选择题

1. 甲、乙拟共同设立有限责任公司，符合《公司法》规定的出资方式有（　　）。
A. 实物　B. 非专利技术　C. 劳务　D. 土地使用权

2. 公司因（　　）情形而解散。
A. 营业期限届满　B. 股东会议决议解散
C. 公司合并　D. 公司分立

3. 下列人员中，可以成为公司监事会成员的有（　　）。
A. 公司股东　B. 公司职工　C. 公司董事　D. 公司财务负责人

4. 国有独资公司有权决定公司重大事项的机构是（　　）。
A. 股东会　B. 国家授权部门
C. 国家授权的个人　D. 董事会

5. 按《公司法》规定，（　　）是股份有限公司成立的日期。
A. 公司营业执照的签发日期　B. 公司创立大会召开之日
C. 公司申请登记日期　D. 公司发布成立公告日期

三、案例分析题

1. 甲是经营批发业务的有限责任公司，甲公司的主要债务人是乙公司。乙公司是以零售为主的有限责任公司，由张某和刘某出资设立。甲公司一直向乙公司催缴债务未成。于是，甲公司向张某、刘某追偿。但张某、刘某认为自己只是股东，没有义务承担出资以外的债务。

请问：张某、刘某的说法是否正确？为什么？

2. 乐哈哈有限责任公司生产的薯片一直深受市场欢迎，但2014年年底，公司发现销售额持续下降。经查，原来公司董事陈某和另几个人出资设立家家宝公司，生产的薯片在原材料、加工、口味上与乐哈哈相差无几，挤占了乐哈哈的市场份额，乐哈哈董事会做出两项决议：①免去陈某董事职务；②要求陈某将家家宝所获收益上缴乐哈哈公司。

请问：（1）陈某出资设立家家宝公司的行为是否合法？

（2）乐哈哈董事会的决议是否合法？为什么？

3. 田某、杨某、张某、万某出资设立了有限责任公司A。其中田某出资350万元，其他三人以各种形式出资，经法定程序评估作价，每人出资折合人民币50万元。田某任董事长。经营三年后，公司正常运转，有盈利。但田某和杨某希望将投资转向另一行业，准备转让出资，各位股东均想扩大股份。

经私下协商，杨某所持的50万元股份，以70万元转让给张某，双方签订了协议，但未经股东讨论通过。田某享有的350万元股份，希望能以450万元的价格转让。由于金额数目巨大，各位股东积极筹措资金，并约定于当月30日的股东会上最后商定此事。当月25日，田某即向各位股东宣布，田某已于本月22日与股东以外的孙某签订了以450万元转让田某所有的A公司全部股份的协议。

当月26日，召开临时股东会，股东们认为田某的转让行为是无效的，因为此前已经约定本月30日最后商定，而田某违反了这个约定。万某提出，自己愿意出450万元购买田某所有的股份。而田某认为：自己是该公司的董事长，有权利决定公司的各项事务；并且自己所占的股份最多，为全部出资额的70%，即使投票表决，也应当按照田某自己的意见处理。另外，田某和孙某签订协议在先，万某的出价又没有高于孙某，所以不能转让给万某。而杨某也将转让股份给张某的事情通知其他股东，各位股东认为其他人根本不知情，并且股东万某当场表示愿意出80万元购买杨某所有的股份，杨某表示他与张某签订的协议已经生效，无论出多少钱不可能再度转让，各位股东争执不下。

问：（1）田某的说法是否正确？田某向孙某转让股份是否有效？

（2）万某是否能够得到田某转让的股份？

（3）杨某向张某转让股份是否有效？

实训题——模拟公司设立

实训要求：根据公司设立登记提交文件证件，以小组为单位，收集、准备模拟公司的相关材料（有些材料参照提供的表格），按公司的设立条件和设立程序要求完成公司的设立登记。

公司设立登记应提交的文件、证件，见表4-1。

表 4-1 公司设立登记应提交的文件、证件

序 号	文件、证件名称	提交文件的公司类型
1	公司登记申请书	有限、股份
2	企业（公司）申请登记委托书	有限、股份
3	全体投资人共同签署的公司章程	有限、股份
4	全体投资人的资格或身份证明	有限、股份
5	国务院授权部门或者省人民政府的批准文件，募集设立的股份有限公司还应提交国务院证券管理部门的批准文件	股份
6	出资人为国家授权投资机构或者国家授权投资的部门的证明	国有独资
7	全体发起人签署的创立大会的会议记录	股份
8	法定验资机构出具的筹办公司的财务审计报告	股份
9	董事、监事和经理的任职文件	有限、股份
10	董事长或执行董事的任职证明	有限、股份
11	公司住所使用证明（含租赁协议和房产证明）	有限、股份
12	公司名称预先核准通知书	有限、股份
13	法律、行政法规规定设立公司必须报经审批的，提交有关部门的批准文件	有限、股份
14	经营范围中，属于法律、行政法规、国务院决定规定必须报经审批项目的，提交有关部门的批准文件	有限、股份
15	股东是外商投资企业的，还应提交：外商投资企业关于投资一致通过的董事会决议；外商投资企业的批准证书和营业执照复印件；法定验资机构出具的注册资本已经缴足的验资报告；外商投资企业经审计的资产负债表；外商投资企业缴纳所得税或减免所得税的证明；法律、行政法规及规章规定的其他材料。	有限、股份

企业名称预先核准申请书

申请企业名称：

备选企业名称（请选用不同的字号）：

1.

2.

3.

4.

5.

主要经营业务（只需填写与企业名称行业表述一致的主要业务项目）：

注册资本：

企业类型：

住所：

投资人姓名或名称、证照号码、投资额和投资比例（投资人写不下的，可另备页面载明并签名盖章）。

申请人授权委托意见

兹委托（我单位/代理机构/自然人股东）　　前来办理企业名称预先核准事宜。

授权期限为:

授权权限如下（同意的，在括号内签署“同意”；不同意的，在括号内签署“不同意”选择两项以上同意或有空括号未填写的，本授权委托意见无效）:

1．全权办理企业名称预先核准，但不得修改本申请书任何文字内容。（　　）

2．全权办理企业名称预先核准，授权修改本申请书出现的错别字、遗漏和误加的文字。（　　）

3．全权办理企业名称预先核准，如申请的企业名称未能核准，授权修改、增加或减少企业名称字词表述。（　　）

4．全权办理企业名称预先核准，授权修改本申请书任何内容和文字表述。（　　）

代办人或代理人身份证复印件粘贴处

代办人或代理人签名:

联系电话:

通信地址及邮政编码:

（全体投资人签名盖章处）

年　月　日

企业名称预先核准通知书

（国）名预核内字 [　　] 第　号

根据《企业名称登记管理规定》、《企业名称登记管理实施办法》等规定，同意预先核准下列　个投资人出资，注册资本（金）　　万元（人民币），住所设在　　的企业名称为:

投资人、投资额和投资比例:

以上预先核准的企业名称保留期至　　年　月　日。在保留期内，企业名称不得用于经营活动，不得转让。经企业登记机关设立登记，颁发营业执照后企业名称正式生效。

核准日期　　年　月　日

注: 1．预先核准的企业名称未到企业登记机关完成设立登记的，通知书规定的有效期满后自动失效。有正当理由，需延长预先核准名称有效期的，申请人应在有效期满前 1 个月内申请延期。有效期延长时间不超过 6 个月。

2．名称预先核准时不审查投资人资格和企业设立条件，投资人资格和企业设立条件在企业登记时审查。申请人不得以企业名称已核为由抗辩企业登记机关对投资人资格和企业设立条件的审查。企业登记机关也不得以企业名称已核为由不予审查就准予企业登记。

3．企业登记机关应在企业设立登记之日起 30 日内，务必将加盖登记机关印章的企业营业执照复印件反馈给企业名称核准机关备案。未备案的，企业名称得不到有效保护。

4．企业设立登记后，企业登记机关应将本通知书原件存入企业档案。

公司登记（备案）申请书

注：请仔细阅读本申请书“填写说明”，按要求填写。

<table>
<tr><td colspan="4">□基本信息</td></tr>
<tr><td>名 称</td><td colspan="3"></td></tr>
<tr><td>名称预先核准文号或注册号</td><td colspan="3"></td></tr>
<tr><td>住 所</td><td colspan="3"></td></tr>
<tr><td>联系电话</td><td></td><td>邮政编码</td><td></td></tr>
<tr><td colspan="4">□设立</td></tr>
<tr><td>法定代表人姓名</td><td></td><td>职务</td><td>□董事长 □执行董事 □经理</td></tr>
<tr><td>注册资本</td><td>万元</td><td>公司类型</td><td></td></tr>
<tr><td>设立方式（股份公司填写）</td><td colspan="3">□发起设立 □募集设立</td></tr>
<tr><td>经营范围</td><td colspan="3"></td></tr>
<tr><td>经营期限</td><td>□________年 □长期</td><td>申请执照副本数量</td><td>个</td></tr>
<tr><td rowspan="8">股东（发起人）</td><td>名称或姓名</td><td>证照号码</td><td>备注</td></tr>
<tr><td></td><td></td><td></td></tr>
<tr><td></td><td></td><td></td></tr>
<tr><td></td><td></td><td></td></tr>
<tr><td></td><td></td><td></td></tr>
<tr><td></td><td></td><td></td></tr>
<tr><td></td><td></td><td></td></tr>
<tr><td></td><td></td><td></td></tr>
</table>

（续）

股东（发起人）			

□变更

变更项目	原登记内容	拟变更内容

□备案

增设分公司	名称		注册号	
	登记机关		登记日期	
清算组	成员			
	负责人		联系电话	
其他	□董事 □监事 □经理 □章程 □章程修正案			

□申请人声明

本公司依照《公司法》、《公司登记管理条例》相关规定申请登记、备案，提交材料真实有效。

法定代表人签字： 公司盖章

（清算组负责人）签字： 年 月 日

附表 1

法定代表人信息

姓　　名		联系电话	
身份证件类型		身份证件号码	
（身份证件复印件粘贴处）			
法定代表人签字：　　　　　年　　月　　日			

附表 2

董事、监事、经理信息

姓名________职务________身份证件类型________身份证件号码________
（身份证件复印件粘贴处）
姓名________职务________身份证件类型________身份证件号码________
（身份证件复印件粘贴处）
姓名________职务________身份证件类型________身份证件号码________
（身份证件复印件粘贴处）

公司登记（备案）申请书填写说明

注：以下“说明”供填写申请书参照使用，不需向登记机关提供。

1. 本申请书适用于有限责任公司、股份有限公司向公司登记机关申请设立、变更登记及有关事项备案。

2. 向登记机关提交的申请书只填写与本次申请有关的栏目。

3. 申请公司设立登记，填写“基本信息”栏、“设立”栏有关内容及附表 1“法定代表人信息”、附表 2“董事、监事、经理信息”。“申请人声明”由公司拟任法定代表人签署。“股东（发起人）”栏可加行续写或附页续写。

4. 公司申请变更登记，填写“基本信息”栏及“变更”栏有关内容。“申请人声明”由公司原法定代表人或者拟任法定代表人签署并加盖公司公章。申请变更同时需要“备案”的，同时填写“备案”栏有关内容。申请公司名称变更，在名称中增加“集团或（集团）”字样的，应当填写集团名称、集团简称（无集团简称的可不填）；申请公司法定代表人变更的，应填写、提交拟任法定代表人信息（附表 1“法定代表人信息”）；申请股东（发起人）及投资情况变更的，可以参照“设立栏”之“股东（发起人）”格式附表填写原登记及拟变更内容。变更项目可加行续写或附页续写。

5. 公司增设分公司应向原登记机关备案，填写“基本信息”栏及“备案”栏有关内容，“申请人声明”由法定代表人签署并加盖公司公章。“分公司增设”项可加行续写或附页续写。

6. 公司申请章程修订或其他事项备案，填写“基本信息”栏及“备案”栏有关内容，“申请人声明”由公司法定代表人签署并加盖公司公章；申请清算组备案的，“申请人声明”由公司清算组负责人签署。

7. 办理公司设立登记填写名称预先核准通知书文号，不填写注册号。办理变更登记、备案填写公司注册号，不填写名称预先核准通知书文号。

8. 公司类型应当填写“有限责任公司”或“股份有限公司”。其中，国有独资公司应当填写“有限责任公司（国有独资）”；一人有限责任公司应当注明“一人有限责任公司（自然人独资）”或“一人有限责任公司（法人独资）”。

9. 股份有限公司应在“设立方式”栏选择填写“发起设立”或者“募集设立”。有限责任公司无需填写此项。

10. “经营范围”栏应根据公司章程、参照《国民经济行业分类》国家标准及有关规定填写。

11. 申请人提交的申请书应当使用 A4 型纸。依本表打印生成的，使用黑色钢笔或签字笔签署；手工填写的，使用黑色钢笔或签字笔工整填写、签署。

有限责任公司章程

第一章　总　　则

第一条　依据《中华人民共和国公司法》（以下简称《公司法》）及有关法律、法规的规定，由____等____方共同出资，设立__________，（以下简称公司）特制定本章程。

第二条　本章程中的各项条款与法律、法规、规章不符的，以法律、法规、规章的规定为准。

第二章　公司名称和住所

第三条　公司名称：__________。

第四条　住所：____________。

第三章　公司经营范围

第五条　公司经营范围：________________。

第四章　公司注册资本及股东的姓名（名称）、出资额、出资时间及出资方式

第六条　公司注册资本：____万元人民币。

第七条　股东的姓名（名称）、出资额（万元）、出资时间及出资方式如下：

股东姓名或名称	认缴情况			变更（截止变更登记申请日）时实际缴付			分期缴付		
	出资数额	出资时间	出资方式	出资数额	出资时间	出资方式	出资数额	出资时间	出资方式
合计									
	其中货币出资								

第五章　公司的机构及其产生办法、职权、议事规则

第八条　股东会由全体股东组成，是公司的权力机构，行使下列职权：

（一）决定公司的经营方针和投资计划；

（二）选举和更换非由职工代表担任的执行董事、监事，决定有关执行董事、监事的报酬事项；

（三）审议批准执行董事的报告；

（四）审议批准监事的报告；

（五）审议批准公司的年度财务预算方案、决算方案；

（六）审议批准公司的利润分配方案和弥补亏损的方案；

（七）对公司增加或者减少注册资本作出决议；

（八）对发行公司债券作出决议；

（九）对公司合并、分立、解散、清算或者变更公司形式作出决议；

（十）修改公司章程。

第九条　股东会的首次会议由出资最多的股东召集和主持。

第十条　股东会会议由股东按照出资比例行使表决权。

第十一条　股东会会议分为定期会议和临时会议。

（续）

召开股东会会议，应当于会议召开十五日以前通知全体股东。

定期会议每年召开一次。代表十分之一以上表决权的股东，执行董事，监事提议召开临时会议的，应当召开临时会议。

第十二条 股东会会议由执行董事召集和主持。

执行董事不能履行或者不履行召集股东会会议职责的，由监事召集和主持；监事不召集和主持的，代表十分之一以上表决权的股东可以自行召集和主持。

第十三条 股东会会议作出修改公司章程、增加或者减少注册资本的决议，以及公司合并、分立、解散或者变更公司形式的决议，必须经代表三分之二以上表决权的股东通过。

第十四条 公司不设董事会，设执行董事一人，由股东会选举产生。执行董事任期 3 年，任期届满，可连选连任。

第十五条 执行董事行使下列职权：

（一）负责召集股东会，并向股东会议报告工作；

（二）执行股东会的决议；

（三）审定公司的经营计划和投资方案；

（四）制订公司的年度财务预算方案、决算方案；

（五）制订公司的利润分配方案和弥补亏损方案；

（六）制订公司增加或者减少注册资本以及发行公司债券的方案；

（七）制订公司合并、分立、变更公司形式、解散的方案；

（八）决定公司内部管理机构的设置；

（九）决定聘任或者解聘公司经理及其报酬事项，并根据经理的提名决定聘任或者解聘公司副经理、财务负责人及其报酬事项；

（十）制定公司的基本管理制度。

第十六条 公司设经理，由执行董事决定聘任或者解聘。经理对执行董事负责，行使下列职权：

（一）主持公司的生产经营管理工作，组织实施股东会决议；

（二）组织实施公司年度经营计划和投资方案；

（三）拟订公司内部管理机构设置方案；

（四）拟订公司的基本管理制度；

（五）制定公司的具体规章；

（六）提请聘任或者解聘公司副经理、财务负责人；

（七）决定聘任或者解聘除应由股东会决定聘任或者解聘以外的负责管理人员；

（八）股东会授予的其他职权。

第十七条 公司不设监事会，设监事 1 人，由股东会选举产生。

监事的任期每届为三年，任期届满，可连选连任。

第十八条 监事行使下列职权：

（一）检查公司财务；

（二）对执行董事、高级管理人员执行公司职务的行为进行监督，对违反法律、行政法规、公司章程或者股东会决议的执行董事、高级管理人员提出罢免的建议；

（三）当执行董事、高级管理人员的行为损害公司的利益时，要求执行董事、高级管理人员予以纠正；

（续）

（四）提议召开临时股东会会议，在执行董事不履行本法规定的召集和主持股东会会议职责时召集和主持股东会会议；

（五）向股东会会议提出提案；

（六）依照《公司法》第一百五十二条的规定，对执行董事、高级管理人员提起诉讼。

第六章　公司的法定代表人

第十九条　执行董事为公司的法定代表人，由股东会选举产生，任期三年，任期届满，可连选连任。

第七章　股东会会议认为需要规定的其他事项

第二十条　股东之间可以相互转让其部分或全部出资。

第二十一条　股东向股东以外的人转让股权，应当经其他股东过半数同意。股东应就其股权转让事项书面通知其他股东征求同意，其他股东自接到书面通知之日起满 30 日未答复的，视为同意转让。其他股东半数以上不同意转让的，不同意的股东应当购买该转让的股权；不购买的，视为同意转让。

经股东同意转让的股权，在同等条件下，其他股东有优先购买权。两个以上股东主张行使优先购买权的，协商确定各自的购买比例；协商不成的，按照转让时各自的出资比例行使优先购买权。

第二十二条　公司的营业期限_____年，自公司营业执照签发之日起计算。

第二十三条　有下列情形之一的，公司清算组应当自公司清算结束之日起 30 日内向原公司登记机关申请注销登记：

（一）公司被依法宣告破产；

（二）公司章程规定的营业期限届满或者公司章程规定的其他解散事由出现，但公司通过修改公司章程而存续的除外；

（三）股东会决议解散；

（四）依法被吊销营业执照、责令关闭或者被撤销；

（五）人民法院依法予以解散；

（六）法律、行政法规规定的其他解散情形。

第八章　附　　则

第二十四条　公司登记事项以公司登记机关核定的为准。

第二十五条　本章程一式_____份，并报公司登记机关一份。

加盖本企业公章：

法定代表人亲笔签字：

（如法定代表人变更，应由新法定代表人签字）

年　　月　　日

模块三

企业财产

第五章 物权法

学习目标

知识目标

- 了解物权法的基本原则和制度
- 掌握所有权的概念与特征
- 掌握用益物权的概念和特征，了解用益物权的种类

能力目标

- 能够运用物权法解决身边的实际问题
- 能准确判断财产所有权的归属

引导案例

王明在村头发现一头无人照管的母牛，便领回村里，反复打听，没人知道该牛是从哪儿来的。王明遂将此牛放在自己牛栏里养了几天。后来发现此牛属优良品种，就将自己家的公牛与其进行了交配。不久，母牛怀胎，王明更是精心照料，就在母牛临产不久，牛的主人李虎找上门，将母牛牵回。王明与李虎交涉未果，遂诉至法院，要求确认他对小牛的所有权，并要求王明返还小牛。请分析：这头小牛应归谁所有？理由是什么？

第一节 物权法概述

一、物

（一）物的概念

物是物权的客体。民法上的物是存在于人体之外，具有使用价值，能够满足人类某种需要并能为人所控制和支配的物质对象。因此，民法上的物与物理学、生物学等自然科学以及

人们日常用语中的“物”具有不同的含义。

（二）物的法律特征

1. 有用性

物能够满足人的需要。如果某物不能为人力所支配或控制进而使用，则在法律中将无任何实际意义，其将仅能够作为物理学或哲学意义上的物而存在，不能成为物权的客体。

2. 稀缺性

物的稀缺性，即物不能无限供给。

3. 可支配性

物必须能够为人支配和控制。不能为人所控制的物，如宇宙中的日月星辰，即使是客观存在的物质，但因不具备可支配性而不是民法上的物。

（三）物的种类

按照不同分类标准，对物可以作如下分类：

1. 动产与不动产

动产是指能够移动而不损害其经济用途和经济价值的物，如椅子、电视机等。不动产是指不能移动或如果移动就会损害价值的物，如土地、房屋等。

2. 特定物与种类物

特定物是指具有独立特征或者是被权利人指定不能以其他物替代的物，如一件古董、著名书法家的一幅字迹等。种类物是指以品种、质量、规格或度量衡确定，不需具体指定的物，如级别、价格相同的大米等。

3. 主物与从物

主物是指独立存在，与其他独立物结合使用，并在其中发挥主要效用的物。在两个独立物结合使用中处于附属地位、起辅助和配合作用的是从物。例如杯子和杯盖，杯子是主物，杯盖是从物。

4. 原物与孳息

原物是指依其自然属性或法律规定产生新物的物，如生产鸡蛋的母鸡、带来利息的存款等。孳息是指物或者权益而产生的收益，包括天然孳息和法定孳息。天然孳息是原物根据自然规律产生的物，如幼畜。法定孳息是原物根据法律规定由一定法律关系产生的物，如存款利息、股利、租金等。

导入案例中，小牛归李虎。因为小牛是母牛的孳息物，返还原物时，孳息物一并返还。

例 5-1 根据物权法律制度的有关理论，下列选项中，属于民法意义上孳息的有（　　）。

A. 母牛腹中的小牛　　B. 苹果树上长着的苹果

C. 母鸡生的鸡蛋　　D. 每月出租房屋获得的租金

【答案】C、D

【解析】本题考核点是原物与孳息。孳息是指物或权益而产生的收益，包括天然孳息和法定孳息。天然孳息是原物根据自然规律产生的物，法定孳息是原物根据法律规定由一定法律关系产生的物。本题C选项属于天然孳息，D选项属于法定孳息。

二、物权

（一）物权的概念和特征

物权是指权利人依法对特定的物享有直接支配和排他的权利，包括所有权、用益物权和担保物权。物权具有下列法律特征：

1．物权是直接支配物的财产权

物权人或所有权人完全可以按照自己的意思占有、使用、收益、处分标的物，无须他人的意思或义务人的行为的介入，这是物权的本质。

2．物权具有独占性和排他性

同一物上不能有内容互不相容的两个物权，因此物权有独占性。物权的支配性决定物权是具有排除他人干涉的排他性。

3．物权的权利主体特定，义务主体不特定

物权是指特定主体所享有排除权利主体外的一切其他人侵害的财产权利。

（二）物权的种类

1．自物权与他物权

这是根据权利人是对自有物享有物权还是对他人所有物享有物权为标准所作的区分。自物权是权利人依法对自有物享有的物权，自物权就是所有权。他物权是权利人根据法律的规定或合同的约定，对他人所有之物享有的物权，他物权的外延包括所有权之外的一切物权类型。

2．用益物权和担保物权

他物权区分为用益物权和担保物权。用益物权是指权利人依法对他人的物享有占有、使用和收益的权利，比如土地承包经营权、建设用地使用权、宅基地使用权等。担保物权是指为了确保债务履行而设立的物权，包括抵押权、质权、留置权，当债务人不履行债务时，债权人依法享有就担保财产优先受偿的权利。

3．动产物权、不动产物权和权利物权

这是按物权客体的不同所做的分类。以动产为标的的物权，为动产物权，如动产所有权、留置权、动产的抵押权等。以不动产为标的的物权，为不动产物权，如不动产所有权、国有土地的使用权、不动产的抵押权等。以权利为标的的物权，为权利物权，如权利质押权等。

（三）物权的保护

物权受到侵害的，权利人可以通过和解、调解、仲裁、诉讼等途径解决。

物权的民事保护方法主要有：

1．确认权利

因物权的归属、内容发生争议的，利害关系人可以请求确认权利。

2．返还原物

无权占有不动产或者动产的，权利人可以请求返还原物。

3．排除妨害或者消除危险

妨害物权或者可能妨害物权的，权利人可以请求排除妨害或者消除危险。

4. 赔偿损失

侵害物权，造成权利人损害的，权利人可以请求损害赔偿，也可以请求承担其他民事责任。

5. 恢复原状或其他

造成不动产或者动产毁损的，权利人可以请求修理、重作、更换或者恢复原状。

上述物权保护方式，可以单独适用，也可以根据权利被侵害的情形合并适用。

侵害物权，除承担民事责任外，违反行政管理规定的，依法承担行政责任；构成犯罪的，依法追究刑事责任。

三、物权法的概念和基本原则

物权法是调整人们因对物的支配而产生的法律关系的法律规范总称。

物权法的基本原则包括：

（一）平等保护原则

《中华人民共和国物权法》（以下简称《物权法》）第三条第三款规定，国家实行社会主义市场经济，保障一切市场主体的平等法律地位和发展权利。第四条规定，国家、集体、私人的物权和其他权利人的物权受法律保护，任何单位和个人不得侵犯。这是《物权法》关于平等保护原则的表述。平等保护原则是指物权主体在法律地位上是平等的，其享有的所有权和其他物权在受到侵害以后，应当受到法律的平等保护。平等保护原则是民法平等原则在物权法中的具体化。

（二）物权法定原则

物权法定原则，又称为物权法定主义，是指物权的种类和内容由法律统一确定，不允许依当事人的意思自由创设。物权法定原则包括两个方面的内容：

1. 物权的种类法定

当事人不得自由创设法律未规定的新种类物权。如我国的担保物权只能是抵押权、质押权和留置权三种。

2. 物权的内容法定

物权的方式、效力等内容都由法律明文规定，当事人不得在物权中自由创设新的内容。如法律规定动产质押必须移转占有，当事人约定不移转占有的动产质押就不能产生物权效力。

（三）一物一权原则

一物就是指一个完整的独立物而不是指它的某一部分，一权就是在这个物上只能设一个所有权，也就是一物不能有二主。但一物一权并不排除在一物之上设立两个以上不同内容的物权或权利主体人数为二人以上的物权行为，确立一物一权原则，其目的还是为了明确物的归属，确认财产所有权。

（四）公示、公信原则

1. 公示原则

公示原则是指物权在变动时，必须将物权变动的事实通过一定的公示方法，向社会公开，从而使第三人知道物权变动的情况，以避免第三人遭受损害并保护交易安全。《物权法》第六条规定，不动产物权的设立、变更、转让和消灭，应当依照法律规定登记。动产物权的设立和转让，应当依照法律规定交付。

2．公信原则

公信原则，是指一旦当事人变更物权时，依据法律的规定进行了公示，则即使依公示方法表现出来的物权不存在或存在瑕疵，但对于信赖该物权的存在并已从事了物权交易的人，法律仍然承认其具有与真实的物权存在相同的法律效果，以保护交易安全。

例 5-2　下列说法正确的是（　　）。

A．一物之上只能设立一个用益物权　　B．一物之上只能设立一个担保物权

C．一物之上只能设立一个物权　　D．一件共有物上只有一项所有权

【答案】D

【解析】本题考核一物一权原则。

第二节　所　有　权

一、所有权概述

（一）所有权的概念

所有权，是指所有人依法对自己的财产享有的占有、使用、收益和处分的权利。

1．占有权

占有权是民事主体对于标的物实际上的占领、控制，是一种事实状态。财产所有人可以自己占有财产，也可以由非所有人占有。经所有人同意而取得占有的人为有权占有，而未经所有人的同意而对标的物进行的占有则为无权占有。

2．使用权

使用权是依照物的性能和用途，并不毁损其物或变更其性质进行利用，以满足生产或生活的某种需要。使用权能一般由所有人自己行使，也可以由非所有人行使。

3．收益权

收益是指收取标的物的孳息。收益权一般由所有人行使，他人使用所有物时，除法律或合同另有规定外，收益归所有人所有。

4．处分权

处分是决定财产事实上和法律上命运的权能，是财产所有人最基本的权利，也是所有权的核心内容。按照财产处置方式的不同，可把处分区分为事实上的处分与法律上的处分：事实上的处分，是指在生产或生活中直接消耗财产，其法律结果实质上是消灭了原财产的所有权，如消费粮食，用掉燃料等。法律上的处分，是指在不改变物本身的情况下，通过民事法律行为或者其他法律事实处置财产权利，其法律后果实质上是转移原财产的所有权或处置了所有权的某项权能，如出卖房屋等。

（二）所有权的特征

1. 所有权具有完整性

所有权与其他物权区别的主要表现为所有人对财产享有占有、使用、收益和处分的完整权利，他物权只能具有所有权的部分权能。

2. 所有权是一种绝对权

所有权人对权利的行使，不需要借助其他人的作为，可以直接实现对其财产的占有、使用、收益与处分。

3. 所有权具有排他性

所有权实行一物一权，不能在同一物上有两个所有权。

4. 所有权具有存续上的永久性

所有权因标的物的存在而永久存在，不能预定其存续期间。

二、所有权的类型

（一）国家所有权

国家所有权是国家对国有财产的占有、使用、收益和处分的权利。《物权法》规定，法律规定属于国家所有的财产，属于国家所有即全民所有。

国有财产的行使，除法律另有规定外，均由国务院代表国家行使所有权。当然在具体实施上，则由占有国有财产的各级国家机关和企事业单位行使。国家机关对其直接支配的不动产和动产，享有占有、使用以及依照法律和国务院的有关规定处分的权利。国家举办的事业单位对其直接支配的不动产和动产，享有占有、使用以及依照法律和国务院的有关规定收益、处分的权利。国家出资的企业，由国务院、地方人民政府依照法律、行政法规规定分别代表国家履行出资人职责，享有出资人权益。未授权给公民、法人经营、管理的国家财产受到侵害的，不受诉讼时效的限制。

（二）集体所有权

集体所有权又称为劳动群众集体组织所有权，是集体组织占有、使用、收益和处分其财产的权利。劳动群众集体组织所有权的客体可以是除法律规定只能属于国家所有权客体以外的其他任何财产。例如，集体组织可以享有土地、森林、山岭、草原、荒地、滩涂等的所有权，但不包括地下的矿产资源，因为矿产资源属于国家所有。劳动群众集体组织所有权的各项权能可以由集体组织自己行使，也可以将其所有权的权能转移给个人行使。

集体所有分为农民集体所有和城镇集体所有，其中农民集体所有的不动产和动产，属于本集体成员集体所有。对集体财产的很多处分，需要由集体成员共同决定。城镇集体所有的不动产和动产，依照法律、行政法规的规定由本集体享有占有、使用、收益和处分的权利。

集体经济组织、村民委员会或者其负责人作出的决定侵害集体成员合法权益的，受侵害的集体成员可以请求人民法院予以撤销。

（三）私人所有权

私人所有权是私人依法享有的占有、使用、收益和处分其生产资料和生活资料的权利。

根据《物权法》规定，私人对其合法的收入、房屋、生活用品、生产工具、原材料等不动产和动产享有所有权。另外，企业、社会团体依法所有的不动产和动产，受法律保护。

三、所有权的取得

所有权的取得，是指民事主体根据一定法律事实获得某物的所有权，从而在该特定主体与他人之间发生以该物为客体的所有权法律关系。合法取得所有权的方式，在民法学理论上根据是否以所有人的所有权与意志为根据，可以分为原始取得和继受取得两类。

（一）原始取得

原始取得又称最初取得、固有取得，是指非依他人既存权利和意志而依法取得所有权。我国的原始取得主要形式包括：

1．劳动生产取得

人们运用工具通过体力和脑力的支出，对自然物进行改造、加工或利用原材料制造出具有交换价值和使用价值的产品。劳动生产是取得所有权的最基本、最重要方式，如农民收获庄稼，工厂生产产品。

2．收取孳息

孳息分为天然孳息和法定孳息。一般情况下，物的所有人对物所产生的孳息拥有所有权。天然孳息在没有与原物分离之前，原物所有权转移，原则上孳息的所有权也随之转移，当事人另有约定的除外。我国《物权法》规定，天然孳息，由所有权人取得；既有所有权人又有用益物权人的，由用益物权人取得。当事人另有约定的，按照约定。法定孳息，当事人有约定的，按照约定取；没有约定或者约定不明确的，按照交易习惯取得。

3．国家强制取得

国家强制是在法律规定的特定场合下，国家从社会公共利益出发，不顾及所有人的意志和权利，直接采取没收、征收、国有化或税收等强制手段取得所有权的方式。我国《物权法》规定，为了公共利益需要，依照法律规定的权限和程序可以征收集体所有的土地和单位、个人的房屋及其他不动产。但是，征收集体所有的土地，应当依法足额支付土地补偿费、安置补助费、地上附着物和青苗的补偿费等费用，安排被征地农民的社会保障费用，保障被征地农民的生活，维护被征地农民的合法权益。征收单位、个人的房屋和其他不动产，应当依法给予拆迁补偿，维护被征收人的合法权益；征收个人住宅的，还应当保障被征收人的居住条件。

4．拾得遗失物取得

遗失物是所有人或合法占有人偶然丧失占有之物。我国《民法通则》规定，拾得遗失物、漂流物或者失散的饲养动物，应当归还失主，因此而支出的费用由失主偿还。《物权法》规定，拾得遗失物，应当返还权利人。拾得人应当及时通知权利人领取，或者送交公安等有关部门。遗失物自发布招领公告之日起6个月内无人认领的，归国家所有。

5．无主物取得

无主物是指没有所有人或所有人不明的财产，主要包括所有人不明的埋藏物、隐藏物、无人继承又无人受遗赠的财产。我国《民法通则》及《继承法》规定，无主财产出现时，一般由国家取得所有权，死者生前是农村集体成员，如有无人继承或无人受遗赠的财产，也可由集体所有制组织取得所有权。自然人、法人对于挖掘发现的埋藏物、隐藏物，如果能够证明属其所有，而且根据现行的法律、政策又可以归其所有的，应当予以保护。《物权法》也规定，拾得漂流物、发现埋藏物或者隐藏物的，参照拾得遗失物的有关规定。文物保护法等法律另有规定的，依照其规定。

6．添附取得

添附取得指不同所有人的财产合并在一起，形成一种不能分离的财产。添附一般包括混合、附合和加工三种形式。其中，混合与附合为物与物相结合，加工则为劳力与他人物的结合。

7．善意取得

善意取得是指从无权转让人处取得占有的善意第三人，根据物权善意取得制度的规定取得占有物的所有权。

善意取得的条件知识点提示：

《物权法》第 106 条：无处分权人将不动产或者动产转让给受让人，所有人有权追回；除法律另有规定外，符合下列情形的，受让人取得该不动产或者动产的所有权：（一）受让人受让该不动产或者动产时是善意的；（二）以合理的价格转让；（三）转让的不动产或者动产依照法律规定应该登记的已经等级，不需要登记的已经交付给受让人。

受让人依照前款规定取得不动产或者动产的所有权的，原所有权人有权向无处分权人请求赔偿损失。

例 5-3　下列情形中，善意第三人不能依据善意取得制度取得相应物权的是（　　）。

A．保留所有权的动产买卖中，尚未付清余款的买方将其占有物卖给不知情的第三人

B．电脑的承租人将其租赁的电脑向不知情的债权人设定质权

C．动产质权人擅自将质物转质于不知情的第三人

D．受托代为转交某一物品的人将该物品赠与不知情的第三人

【答案】D

【解析】选项 D 中的第三人接受赠与，属于无偿取得，不构成善意取得。

（二）继受取得

继受取得，又称传来取得，是指通过某种法律行为从原所有人那里取得对某项财产的所有权。它以原所有人对该项财产的所有权作为取得的前提条件，继受取得的方式包括：

1．买卖

买卖是一方出让标的物所有权以换取价款，他方以支付价款为对价换取标的物所有权的双方民事法律行为。买卖是所有权继受取得的最主要方式。

2．赠与

赠与是一方无偿转让财产所有权给另一方的单方法律行为。

3．互易

互易是以物易物的双方民事法律行为，是互相继受对方财产所有权的方法。

4．继承与遗赠

公民死亡后，其遗产依法转归法定继承人、遗嘱继承人和遗赠受领人所有。这些人取得

遗产所有权，是以死者生前的财产所有权为根据的。遗嘱继承人和遗赠受领人取得遗产所有权还直接体现了死者生前处分其遗产的意愿所作的推定，也是体现死者的意志的。

5．取得法人终止后遗留的财产

法人终止后，应成立清算组进行清算。其遗留的财产，应首先用于清偿法人的债务。清偿债务后如有剩余财产，应由法人的出资人按其出资比例进行分配。法人的债权人和法人的出资人取得法人终止后遗留的财产，都是以他们与法人之间的民事法律关系为根据的，属于继受取得。

6．其他继受取得方法

如通过完成一定工作，提供一定劳务，转让智力成果等方式取得财产所有权，也都属于继受取得。

例 5-4 下列属于所有权继受取得的是（ ）。

A. 甲通过遗嘱继承其兄房屋一间　　B. 乙的 3 万元存款得利息 1000 元

C. 丙购来木材后制成椅子一把　　D. 丁拾得他人搬家时丢弃的旧电扇一台

【答案】A

【解析】所有权的取得分为原始取得和继受取得。所谓原始取得是指基于事实行为而不是民事行为（意思表示）的取得，例如对遗失物、漂流物等的拾得；继受取得是指由他人的转移（基于民事行为）而取得，包括继承和转让。本题中，A 选项中甲基于遗嘱继承取得房屋，是继受取得，当选，B、C、D 都是原始取得。

第三节 用益物权

一、用益物权概述

用益物权，是物权的一种，是指非所有人对他人之物所享有的占有、使用、收益的排他性的权利。

用益物权具有如下特征：①用益物权以对标的物的使用、收益为其主要内容，并以对物的占有为前提。②用益物权是他物权。用益物权是在他人所有物上设定的物权，是非所有人根据法律的规定或当事人的约定，对他人所有物享有的使用、收益的权利。③用益物权是一种限制物权，它只是在一定方面支配标的物的权利，没有完全的支配权。④用益物权是不动产物权，它的标的物只限于不动产。

二、土地承包经营权

1．土地承包经营权的概念

土地承包经营权，是指由公民或集体组织，对国家所有或集体所有的土地、山岭、草原、荒地、滩涂、水面等，依照承包合同的规定而享有的占有、使用和收益的权利。土地承包经营权的承包人原则上是土地所属的集体经济组织的成员，其客体是农业用地。

2．土地承包经营权的确立

土地承包经营权通过订立承包合同方式确立。根据《物权法》规定，土地承包经营权自土地承包权合同生效时设立。耕地的承包期为 30 年；草地的承包期为 30～50 年；林地的承包期为 30～70 年，特殊林木的林地承包期，经国务院林业行政主管部门批准可以延长。

在承包经营期限范围内，承包权人有权根据法律规定，采取转包、互换、转让等方式流转土地承包经营权，流转期限不得超过承包期的剩余期限。如果采取互换、转让方式流转没有办理登记手续的，不得对抗善意第三人。通过招标、拍卖、转让等方式流转土地承包经营权，流转期限不得超过承包期的剩余期限。在承包期内，承包地被征收的，土地承包经营权人有权依照法律规定获得相应补偿。

三、建设用地使用权

1．建设用地使用权的概念

建设用地使用权，是指民事主体对国家所有的土地，依法享有占有、使用和收益的权利，有权利用该土地建造建筑物、构筑物及其附属设施。

2．建设用地使用权的取得

建设用地使用权的取得方式有出让、划拨等方式。其中划拨是无偿取得使用权的方式，因此法律严格限制以划拨方式设立建设用地使用权。《物权法》规定，凡是工业、商业、旅游、娱乐和商品住宅等经济性用地，都应当采取招标、拍卖等公开竞价的方式出让。

建设用地使用权的设立必须向登记机构办理登记，登记是设立、变更、转让，消灭建设用地使用权的生效条件。

四、地役权

1．地役权的概念

地役权，是指不动产权利人为了自己利用不动产的方便或者不动产利用价值的提高，通过约定得以利用他人不动产的权利。其中为他人不动产利用提供便利的不动产称为供役地，而享有地役权的不动产称为需役地。可以设立地役权的不动产不局限于土地，还包括建筑物和其他工作物。

2．地役权与其他用益物权的关系

根据《物权法》规定，地役权与其他用益物权之间的平衡采取下列方式：①土地所有权人享有地役权或者负担地役权的，设立土地承包经营权、宅基地使用权时，该土地承包经营权人、宅基地使用权人继续享有或者负担已设立的地役权。②土地上已设立土地承包经营权、建设用地使用权、宅基地使用权等权利的，未经上述用益物权人同意，土地所有权人不得设立地役权。③以土地承包经营权、建设用地使用权等转让的，地役权一并转让，但合同另有约定的除外；以土地承包经营权、建设用地使用权等抵押的，在实现抵押权时，地役权一并转让。

第四节 占 有 权

一、占有的概念和特征

占有是对物在事实上的占领、控制。

占有的特征：占有的客体为物，可为动产或不动产，但不能为权利；占有是法律所保护的事实，而不是一种权利；占有的成立须占有人对标的物有事实上的管领力。

二、占有的种类

1. 自主占有与他主占有

按占有意思的不同分类，可以分为自主占有与他主占有。自主占有是指以物属于自己所有（所有的意思）的占有；无所有的意思，仅于某种特定关系支配物的意思的占有是他主占有。

2. 直接占有与间接占有

直接占有是指直接对物进行事实上的管领和控制。间接占有是指不直接占有某物，但可以依据一定的法律关系对直接占有某物的人享有返还占有请求权，而对物形成间接的管领和控制。

3. 有权占有与无权占有

有权占有是指基于法律规定或合同约定享有占有某物的权利。无权占有则没有权利来源的占有，如不当得利人对标的物的占有等。

4. 善意占有与恶意占有

这是对无权占有的进一步分类。善意占有指无权占有人在占有他人财产时不知道且不应当知道其占有是非法占有的情形。恶意占有指无权占有人在占有人财产时明知或者应当知道其占有行为属于非法但仍然继续占有的情形，如占有赃物等。

三、无权占有人与返还请求权人的关系

根据《物权法》第二百四十二条、二百四十三条、二百四十四条的规定，在无权占有的情况下，权利人请求返还占有物的，无权占有人与返还请求权人之间产生如下法律效果：①占有人因使用占有的不动产或者动产，致使该不动产或者动产受到损害的，恶意占有人应当承担赔偿责任。②不动产或者动产被占有人占有的，权利人可以请求返还原物及其孳息，但应当支付善意占有人因维护该不动产或者动产支出的必要费用。③占有的不动产或者动产毁损、灭失，该不动产或者动产的权利人请求赔偿的，占有人应当将因毁损、灭失取得的保险金、赔偿金或者补偿金等返还给权利人；权利人的损害未得到足够弥补的，恶意占有人应当赔偿损失。

小结

物是物权的客体。民法上的物是存在于人体之外，具有使用价值，能够满足人类某种需要并能为人所控制和支配的物质对象。物权是指权利人依法对特定的物享有直接支配和排他的权利，包括所有权、用益物权和担保物权。所有权，是指所有人依法对自己的财产享有的占有、使用、收益和处分的权利。所有权包括原始取得和继受取得。用益物权是对他人所有的不动产，依法享有占有、使用和收益的权利。用益物权有土地承包经营权、建设用地使用权和地役权等。

思考与练习

一、判断题

1. 甲将自己收藏的一幅名画卖给乙，乙当场付款，约定 5 天后取画。丙听说后，表

示愿出比乙高的价格购买此画，甲当即决定卖给丙，约定第二天交货。乙得知此事，诱使甲 8 岁的儿子从家中取出此画给自己。该画在由乙占有期间，被丁盗走。此时该名画的所有权属于丙。 （ ）

2. 根据《物权法》，用益物权不包括宅基地使用权。 （ ）

3. 所有人不明的地下埋藏物，若自发布招领公告之日起 6 个月内无人认领，则归国家所有。 （ ）

4. 在物的分类中，能够移动，并且移动后不至于损害其价值的物是特定物。 （ ）

5. 根据物权法理论，地役权是存在于他人特定动产之上的物权，具有从属性和不可分性。 （ ）

二、不定项选择题

1. 甲将一辆汽车以 15 万元卖给乙，乙付清全款，双方约定 7 日后交付该车并办理过户手续。丙知道此交易后，向甲表示愿以 18 万元购买，甲当即答应并与丙办理了过户手续。乙起诉甲、丙，要求判令汽车归乙所有，并赔偿因不能及时使用汽车而发生的损失。关于该汽车的归属，下列说法正确的是（ ）。

A. 归乙所有，甲、丙应赔偿乙的损失
B. 归乙所有，乙只能请求甲承担赔偿责任
C. 归丙所有，但甲、丙应赔偿乙的损失
D. 归丙所有，但丙应赔偿乙的损失

2. 我国《物权法》中规定的所有权有（ ）。

A. 国家所有权　B. 集体所有权　C. 个人所有权　D. 私人所有权

3. 下列关于占有的说法中，正确的有（ ）。

A. 若占有人不能举证证明自己的占有属于善意，法律即推定其占有为恶意占有
B. 如果占有人对占有物有占有的事实，则其在占有物上所行使的权利，法律即推定其合法而有此权利
C. 占有人在占有物被侵害时，可以请求侵害人回复原占有时的圆满状态
D. 以合法手段而为的占有是和平占有

4. 关于土地承包经营权的设立，下列表述正确的是（ ）。

A. 自土地承包经营合同成立时设立
B. 自土地承包经营权合同生效时设立
C. 县级以上地方政府在土地承包经营权设立时应当发放土地承包经营权证
D. 县级以上地方政府应当对土地承包经营权登记造册，未经登记造册的，不得对抗善意第三人

5. 下列各项中，专属于国家所有的是（ ）。

A. 无线电频谱　B. 水流　C. 矿藏　D. 土地

三、案例分析题

1. 某块河滩地曾属甲村所有，因洪水将该地的表层浮土卷走，只剩下裸露的石头而被甲村撂荒。乙村经多年培土，使该块地变成良田。现甲村和乙村均主张对该块地的所有权，为此双方发生纠纷。该块河滩地的所有权应属谁？为什么？

2. 赵某与其妻迁往外地居住，将自己的三间正房及院落全部交给丁某看管，不收房租，并约定直到赵某返回后再让其迁出。在此期间，丁某精心照管赵某的房屋，随时修缮。同时，丁某花了近 3 000 元在院子中间盖起 2 间房间，并将其中 4 间房屋出租，共取得租金 10 000 元。5 年后，赵某与妻子一同返回，要求丁某搬走并向起交付租金 10 000 元。丁某以其多年来一直照管房屋并进行修缮并修建 2 间房屋为由拒绝搬出。

请分析：

（1）房屋出租产生的租金归谁所有？

（2）丁某是否能以修建的 2 间房屋为由拒绝返还赵某的房屋？

实训题—— 合法处理宿舍共有财产

结合实际，区分个人财产和宿舍共有财产。结合宿舍财产处理的具体情况，分析其合法性。

第六章 商 标 法

学习目标

知识目标

- 了解商标的概念和分类
- 掌握商标权的特征
- 掌握商标权人的权利和义务

能力目标

- 能正确区分商标类型
- 能识别常见的商标侵权行为

引导案例

某生产经营雪糕的乡镇企业，自成立以来一直使用“广州”和“清凉”两种商标生产冰棍和雪糕，由于企业生产规模很小，一直没有将该商标申请注册。随着企业发展，为了扩大生产加快产品销售，该企业准备在生产的一款冰棍商品上申请注册“广州”商标。同时为了节省费用，原“清凉”商标继续使用，暂时不注册。

请分析该企业的做法正确吗？其准备申请注册的商标能够获得批准吗？

第一节 商标法概述

一、商标概述

1. 商标的概念

商标是指商品的生产者、经营者或者服务的提供者在其商品或服务上使用，由文字、图形或其组合构成的，具有显著特征、便于识别商品或服务来源的标志。经国家核准注册的商标为“注册商标”，受法律保护。任何能够将自然人、法人或者其他组织的商品与他人的商品区别开的可视性标志，包括文字、图形、字母、数字、三维标志和颜色组合，以及上述要素的组合，均可以作为商标申请注册。

2. 商标的特征

（1）商标是使用于商品或者服务上的显著标记。

商标依附于商品或者服务而存在，是区别于他人商品或服务的标志，具有特别显著性的区别功能，从而便于消费者识别，其使用具有商业意义和商业价值。

（2）商标是代表特定商品生产者、经销者或者服务提供者的专用符号。

商标具有识别性和表彰性功能。商标的识别性功能，使消费者能够根据各自的需要认牌购货、认牌消费；商标的表彰性功能，代表着特定经营者的商业信誉、市场竞争能力和地位。

（3）商标具有独占性。

使用商标的目的就是为了区别与他人的商品或服务，便于消费者识别。所以，注册商标所有人对其商标具有专用权、受到法律的保护，未经商标权所有人的许可，任何人不得擅自使用与该注册商标相同或相类似的商标，否则，即构成侵犯注册商标权所有人的商标专用权，将承担相应的法律责任。

（4）商标是一种无形资产，具有价值。

商标代表商标所有人生产或经营的产品（或服务）的质量信誉和企业信誉、形象，商标所有人通过商标的创意、设计、申请注册、广告宣传及使用，使商标具有了价值，也增加了商品的附加值。商标的价值可以通过评估确定。商标可以有偿转让，经商标所有权人同意，许可他人使用。

（5）商标是商品信息的载体，是参与市场竞争的工具。

生产经营者的竞争就是商品或服务质量与信誉的竞争，其表现形式就是商标知名度的竞争，商标知名度越高，其商品或服务的竞争力就越强。

3．商标的分类

商标可以从不同的角度进行分类。根据商标的构成要素，可将商标分为文字商标、图形商标、字母商标、数字商标、三维商标以及组合商标（如“两面针”牙膏是文字商标，“555”香烟是数字商标）；根据商标的用途，可将商标分为商品商标和服务商标（如航空、保险和金融、邮电、饭店、电视台等单位使用的服务标志）；根据商标的作用和功能可分为证明商标、集体商标、防御商标和联合商标（如国际羊毛局注册的“纯羊毛标志”、农业部中国绿色食品发展中心注册的“绿色食品标志”都是证明商标；美国汽车协会管理的“三A”商标是集体商标）；根据商标在相关市场上的知名度，可将商标分为驰名商标（如“可口可乐”商标、“张小泉”商标、“海尔”商标）、著名商标和知名商标。

4．商标的功能

商标的功能，是指商标在商品生产、交换或服务贸易中所具有的价值和发挥的作用。归纳起来，现代商标主要具有识别功能、保证商品品质的功能、促进销售的功能、广告功能和树立商业声誉的功能。

知识点提示

商标与其他标记的区别

1．商标与商品名称

商标与商品名称既紧密相连，又有本质区别。商标只有附着在商品包装或商品上，与商品名称同时使用，才能使消费者区别该商品的来源。商品名称是用来区别商品的不同原料、不同用途的，可以独立使用。商标是专用的、独占的，而商品名称（除特有名称外）通常是公用的。

2．商标与商品包装、装潢

两者的相同之处是：商标是商品包装装潢的一部分，两者同时使用于商品包装上。

两者的区别是：商标的作用是区别商品的不同生产者或经营者；而装潢是为了美化商品，使消费者赏心悦目，给人以美的感受。商标是由《中华人民共和国商标法》（以下简称《商标法》）来调整；而装潢由《中华人民共和国反不正当竞争法》（以下简称《反不正当竞争法》）和《中华人民共和国专利法》（以下简称《专利法》）来调整。注册商标的使用不能随意改动；而装潢可任意变换设计样式。

3．商标与外观设计

两者都是工业产权，均给人以视觉效果。但商标只附着在商品包装或商品上，不是商品的存在形式；而工业品外观设计是商品存在的形式。商标是遵循《商标法》进行保护的；而工业品外观设计是遵循《专利法》进行保护的。

4．商标与企业名称

（1）构成要素不同。企业名称一般由行政区划名称、字号、行业或经营特点、组织形式组成。商标只能由与他人提供的服务区别开来的显著部分构成。

（2）功能不同。商标仅区别不同的出处，企业名称则可以识别不同企业的经营，包括服务和商品。一个企业可以有多个服务或商品的商标，但企业名称一般只有一个。

（3）适用的法律程序不同。商标只要不违反《商标法》所禁用的条款，不侵犯他人商标专用权，不经注册就可使用，只是没有专用权。企业名称则必须经国家指定的主管机关核准登记、注册，才能使用。

（4）专用权范围不同。商标一经核准注册，在全国享有专用权。企业名称仅在规定的区域内享有专用权。

二、商标法概述

商标法是指调整商标的组成、注册、使用、管理，商标专用权的管理和保护而产生的各种社会关系的法律规范的总称。

商标法有广义和狭义之分。狭义的商标法仅指 1982 年 8 月 23 日第五届全国人民代表大会常务委员会第二十四次会议通过，1993 年 2 月 22 日第七届全国人民代表大会常务委员会第三十次会议第一次修正，2001 年 10 月 27 日第九届全国人民代表大会常务委员会第二十四次会议第二次修正的《商标法》。广义的商标法除《商标法》外，还包括国家有关法律、行政法规和规章中关于商标的法律规范，如《商标法实施条例》、《驰名商标认定和保护规定》、《商标代理管理办法》、《商标印制管理办法》等。我国参加缔结的有关商标权国际保护方面的条约、协定，经批准公布具有国内法效力的，也属于广义的商标法的范畴。商标法不仅是商品生产者和销售者使用商标应当遵守的法律，也是维护消费者利益的法律，同时又是司法机关、行政管理机关加强商标管理、保护商标专用权的依据。

第二节 商标权法律关系

在我国，商标权是指注册商标专用权。注册商标是经国家主管机关核准注册而使用的商标，商标注册人享有商标专用权，受法律保护。

商标权具有专有性、时效性和地域性的特点。专有性又称独占性或垄断性，是指商标注册人对其注册商标享有独占使用权。时效性是指商标专用权的有效期限。在有效期限之内，商标专用权受法律保护，超过有效期限不进行续展手续，就不再受到法律的保护。地域性指商标专用权的保护受地域范围的限制。注册商标专用权仅在商标注册国享受法律保护，非注册国没有保护的义务。在我国注册的商标要在其他国家获得商标专用权并受到法律保护，就必须分别在这些国家进行注册，或者通过《马德里协定》等国际知识产权条约在协定的成员国申请领土延伸。

一、商标权的主体

商标权的主体是指依法享有商标权的自然人、法人或者其他组织，包括商标权的原始主体和继受主体。商标权的原始主体是指商标注册人，继受主体是指依法通过注册商标的转让或者移转取得商标权的自然人、法人或者其他组织。

根据我国《商标法》规定，商标权主体包括依法成立的企业、事业单位、社会团体、个体工商户及外国人或外国企业，它们是商标权利的享有者。

二、商标权的客体

商标权的客体是指经国家商标局核准注册的注册商标，包括商品商标、服务商标和集体商标、证明商标。

（一）申请注册商标应具备的条件

1．商标必须具备法定的构成要素

商标构成的法定要素包括文字、图形、字母、数字、三维标志和颜色组合。在我国气味标志、音响标志不能成为注册商标。

2．商标必须具备显著特征

无论是以何种要素构成的商标，都必须有自己的独特的显著特征，便于消费者识别，便于消费者认牌购货。商标的特征越明显，越便于识别，越有利于打开商品的销路。所以商标具有显著特征也是申请注册的重要条件之一。不具备这一条件，也不可能获得批准。

3．商标必须与他人注册商标不相混同

所谓混同包括相同或相近似两种情况。申请注册的商标与他人的商标相混同的，将会被驳回。相同包括图形、文字、名称的完全一致和发音相同的名称或文字，如“宏大”与“鸿达”、“同仁”与“童仁”；相近似是指在同一种商品或同一类商品上的两个商标的图形或文字相同或相近。如“中华”香烟与“中化”香烟，都属于相近商标，因为这里的“华”与“化”字的书写容易使人产生误认。相同或相近似的商标，不得在同一种或同一类商品中使用，这是一般原则，而对于驰名商标，所限制范围则不仅指同一种或同一类商品，即使是不属同一种或同一类的商品，也不准他人使用相同或相近似的商标。

（二）禁止作为商标使用的标志

《商标法》第十条规定，下列标志不得作为商标使用：

（1）同中华人民共和国的国家名称、国旗、国徽、军旗、勋章相同或者近似的，以及同中央国家机关所在地特定地点的名称或者标志性建筑物的名称、图形相同的。

（2）同外国的国家名称、国旗、国徽、军旗相同或者近似的，但该国政府同意的除外。

（3）同政府间国际组织的名称、旗帜、徽记相同或者近似的，但经该组织同意或者不易误导公众的除外。

（4）与表明实施控制、予以保证的官方标志、检验印记相同或者近似的，但经授权的除外。

（5）同“红十字”、“红新月”的名称、标志相同或者近似的。

（6）带有民族歧视性的。

（7）夸大宣传并带有欺骗性的。

（8）有害于社会主义道德风尚或者有其他不良影响的。

（9）县级以上行政区划的地名或者公众知晓的外国地名，不得作为商标。但是，地名具有其他含义或者作为集体商标、证明商标组成部分的除外；已经注册的使用地名的商标继续有效。

导入案例中，该乡镇企业准备在生产的一款冰棍商品上申请注册“广州”商标，商标权会依法驳回其申请。因为县级以上行政区划的地名或者公众知晓的外国地名，不得作为商标。

《商标法》第十一条规定，下列标志不得作为商标注册：①仅有本商品的通用名称、图形、型号的；②仅仅直接表示商品的质量、主要原料、功能、用途、重量、数量及其他特点的；③缺乏显著特征的。上述所列标志经过使用取得显著特征，并便于识别的，可以作为商标注册。

导入案例中，虽然“清凉”商标使用在雪糕上，直接表示了商品的功能，但不申请注册的话，法律也没有禁止性规定。

例 6-1 某企业在其生产的人用药品上使用“病必治”商标，但未进行注册。下列选项正确的是（　　）。

A. 该企业使用该商标违法，因人用药品商标必须注册

B. 该商标夸大宣传并具有欺骗性，不得使用

C. 该商标可以使用，但不得注册

D. 该商标通过使用获得显著性后，可以注册

【答案】B

【解析】《商标法》第十条规定，夸大宣传并带有欺骗性的标志不得作为商标使用。本题中，该企业的“病必治”商标就具有夸大和欺骗的性质，因此不得作为商标使用。

三、商标权的内容

商标权的内容是指商标权人对注册商标依法享有的权利和应承担的义务。

（一）商标权人的权利

1. 专用权

专用权是指商标权人对其注册商标在指定商品或服务项目上依法享有的独占使用的权利。注册商标的专用权，以核准注册的商标和核定使用的商品为限。

2. 许可权

许可权是指商标权人许可他人使用其注册商标的权利。许可人应当监督被许可人使用

其注册商标的商品质量，被许可人必须在使用该注册商标的商品上标明被许可人的名称和商品产地。商标使用许可合同应当报商标局备案，商标使用许可合同未经备案的，不影响该许可合同的效力，但当事人另有约定的除外。商标使用许可合同未在商标局备案的，不得对抗善意第三人。商标的使用许可的类型主要有独占使用许可、排他使用许可、普通使用许可等。

3．转让权

转让权是指商标权人依法享有将其注册商标按法定程序和条件转让给他人的权利。转让注册商标的，转让人和受让人应当签订转让协议，并共同向商标局提出申请。商标注册人对其在同一种或者类似商品上注册的相同或者近似的商标，应当一并转让；未一并转让的，由商标局通知其限期改正；期满不改正的，视为放弃转让该注册商标的申请，商标局应当书面通知申请人。转让注册商标经核准后，予以公告，受让人自公告之日起享有商标专用权。受让人应当保证使用该注册商标的商品质量。注册商标的转让不影响转让前已经生效的商标使用许可合同的效力，但商标使用许可合同另有约定的除外。

4．续展权

续展权是指商标权人在其注册商标有效期届满前，依法享有申请续展注册，从而延长其注册商标保护期的权利。注册商标的有效期为 10 年，自核准注册之日起计算。注册商标有效期满，需要继续使用的，应当在期满前 6 个月内申请续展注册；在此期间未能提出申请的，可以给予 6 个月的宽展期。每次续展注册的有效期为 10 年，自该商标上一届有效期满次日起计算。宽展期满仍未提出申请的，注销其注册商标。

5．禁止权

禁止权是商标权人禁止任何第三方未经许可在相同或类似产品上使用与其注册商标相同或与之相似的商标的权利。根据《商标法》第五十二条的规定，注册商标权人有权禁止他人未经许可在同一种商品或者类似商品上使用与其注册商标相同或者近似的商标。

（二）商标权人的义务

1．依法使用注册商标的义务

商标注册人应当严格按照商标法律的有关规定正确使用其注册商标，包括：商标权人只能在核定的商品上使用注册商标；商标权人不得自行改变注册商标；商标权人不得自行改变注册人名称、地址或是其他的注册事项；商标权人不得连续 3 年停止使用注册商标；商标权人不得自行转让注册商标。

2．保障商品质量的义务

商标注册人应当对其使用注册商标的商品或服务的质量负责。许可他人使用其注册商标时，应当监督被许可人使用其注册商标的商品或者服务的质量。

3．依法缴纳相关费用

申请注册商标以及办理相关事项时，应当依法缴纳相关的费用，如授权注册费、续展注册费等。

第三节 商标注册

一、商标注册的原则

1. 自愿注册与强制注册相结合原则

自愿注册原则，是指商标所有人根据自己的需要和意愿，自行决定是否申请商标注册。强制注册原则，是指国家对生产经营者在某些商品或服务上所使用的全部商标，规定必须经依法注册才能使用的强制性规定。

我国实行自愿注册原则为主、强制注册为辅的商标注册原则。目前，我国规定强制性注册的商标只有：对人用药品（西药、针剂和中成药）和烟草制品（卷烟、雪茄烟和有包装的烟丝）。

例 6-2 根据我国商标法，下列商品中必须使用注册商标的是（ ）。

A. 核磁共振治疗仪 B. 墙壁涂料 C. 无糖饮料 D. 烟丝制品

【答案】D

【解析】烟草制品（卷烟、雪茄烟和有包装的烟丝）是我国规定强制性商标注册的商品。

2. 申请在先原则与使用在先原则分别适用原则

申请在先原则是指两个或两个以上的申请人，在同一或者类似的商品上以相同或者相近似的商标申请注册时，注册申请在先的商标申请人获得商标专用权，在后的商标注册申请予以驳回。我国《商标法》第二十九条规定："两个或者两个以上的申请人，在同一种商品或者类似的商品上，以相同或者近似的商标申请注册的，初步审定并公告申请在先的商标；同一天申请的，初步审定并公告使用在先的商标，驳回其他人的申请，不予公告。"

申请商标注册不得损害他人现有的在先权利，也不得以不正当手段抢先注册他人已经使用并有一定影响的商标。

例 6-3 甲食品厂将已经使用两年的"茂宇"文字商标向商标局提出注册申请，但同日提出相同商标申请的还有乙服装厂，乙服装厂未使用过该商标。根据我国《商标法》规定，商标局将初步审定并公告的商标申请人是（ ）。

A. 乙厂 B. 甲厂

C. 甲厂和乙厂 D. 两厂都不予考虑

【答案】C

【解析】因为甲厂和乙厂将同一商标分别使用在不相同也不类似的商标上。

3. 优先权原则

商标注册申请的优先权是指，商标注册申请人自其商标在外国第一次提出商标注册申请之日起 6 个月内，又在中国就相同商品以同一商标提出商标注册申请的，依照该外国同中国签订的协议或者共同参加的国际条约，或者按照相互承认优先权的原则，可以享有优先权。

商标在中国政府主办的或者承认的国际展览会展出的商品上首次使用的，自该商品展出之日起 6 个月内，该商标的注册申请人可以享有优先权。

二、商标注册的程序

（一）申请

自然人、法人或者其他组织对其生产、制造、加工、拣选或者经销的商品，需要取得商标专用权的，应当向商标局申请商品商标注册。自然人、法人或者其他组织对其提供的服务项目，需要取得商标专用权的，应当向商标局申请服务商标注册。

外国人或者外国企业在中国申请商标注册的，应当按其所属国和中华人民共和国签订的协议或者共同参加的国际条约办理，或者按对等原则办理。外国人或者外国企业在中国申请商标注册和办理其他商标事宜的，应当委托国家认可的具有商标代理资格的组织代理。

（二）审查和批准

1. 初步审查和公告

申请注册的商标，凡符合本法有关规定的，由商标局初步审定，予以公告。

2. 商标复审和商标异议

申请注册的商标，凡不符合《商标法》有关规定或者同他人在同一种商品或者类似商品上已经注册的或者初步审定的商标相同或者近似的，由商标局驳回申请，不予公告。对驳回申请、不予公告的商标，商标局应当书面通知商标注册申请人。商标注册申请人不服的，可以自收到通知之日起15日内向商标评审委员会申请复审，由商标评审委员会做出决定，并书面通知申请人。当事人对商标评审委员会的决定不服的，可以自收到通知之日起30日内向人民法院起诉。

对初步审定、予以公告的商标提出异议的，商标局应当听取异议人和被异议人陈述事实和理由，经调查核实后，做出裁定。当事人不服的，可以自收到通知之日起15日内向商标评审委员会申请复审，由商标评审委员会做出裁定，并书面通知异议人和被异议人。当事人对商标评审委员会的裁定不服的，可以自收到通知之日起30日内向人民法院起诉。人民法院应当通知商标复审程序的对方当事人作为第三人参加诉讼。

3. 核准注册

初步审定公告的商标，3 个月内无人提出异议，或经裁定异议不能成立的，予以核准注册，发给商标注册证，并予公告。

第四节 商标的管理

一、商标管理的概念和意义

（一）商标管理的概念

商标管理是指国家有关主管机关依法对商标的注册、使用、转让等行为进行监督检查等活动的总称。广义的商标管理是指国家主管机关和企业对商标注册和商标使用所依法进行管理，既包括国家主管机关对商标的行政管理，也包括企业对商标的经营管理。狭义的商标管理仅指国家主管机关对注册商标和未注册商标的行政管理。我国《商标法》规定的商标管理是指狭义的商标管理。

（二）商标管理的意义

商标使用广泛，直接涉及市场经济秩序，不仅关系到人民生活和消费者的利益，也关系到企业自身的信誉和经济效益，因此加强商标管理具有重要意义。

（1）规范商标行为，发挥商标功能，监督商标使用人使用商标的商品或者服务的质量，保护消费者的利益，保障社会经济秩序的正常运转。

（2）增强企业和商标使用人的法制观念，维护商标注册人的合法利益，避免和减少侵犯商标专用权的案件。

（3）有利于加强商标立法，完善商标法律制度。商标法律制度需要在实践中不断总结完善，而通过商标管理工作能及时发现问题，为商标立法提供有益的借鉴和可靠的依据。

二、商标管理的内容

商标管理的内容主要包括注册商标的使用管理、未注册商标的使用管理和商标的印制管理。

（一）注册商标的使用管理

注册商标的使用管理是指商标行政管理部门监督注册商标使用人在商标的商业使用中依法在核定使用的商品上正确使用核准注册的商标、保证商品质量的行政管理行为。我国现行商标法对注册商标使用管理规定以下内容：

1．标明注册标记

《商标法》规定：使用注册商标的，应当标明注册商标字样或注册标记，在商品上不便标明的，应当在商品包装或者说明书以及其他附着物上标明。这是注册商标专用权的标志，商标管理以此为依据。

2．撤销注册商标

有下列行为之一的，由商标局责令限期改正或者撤销注册商标：自行改变注册商标的；自行改变注册商标的注册人名义、地址或者其他注册事项的；自行转让注册商标的；连续 3 年停止使用的。

3．不得伪造或涂改商标注册证

凡是伪造或者涂改商标注册证的，由所在地工商行政管理机关根据情节处以 2 万元以下罚款，并收缴伪造或涂改的商标注册证。

4．不得非法销售自己的注册商标标志

非法销售自己的注册商标标志，商标局可以撤销注册商标。

5．使用注册商标的商品必须保证质量

使用注册商标的商品粗制滥造、以次充好、欺骗消费者的，由各级工商行政管理部门责令限期改正，并可通报或处以罚款，或者由商标局撤销注册商标。

6．强制注册商标的商品必须申请商标注册

国家规定强制注册商标的商品，未经核准注册的，不准在市场销售。违反上述规定时，由地方工商行政管理部门禁止销售商品和广告宣传，封存或收缴商标标志，并可根据情节处

以非法经营额10%以下的罚款，责令限期申请注册。

（二）未注册商标的使用管理

1．不得冒充注册商标

使用未注册商标时，不得冒充注册商标，冒充注册商标的，由地方工商行政管理部门制止，限期改正，并可予以通报或者处以罚款。

2．不得违反禁用条款

未注册商标不得使用禁用的标志。违反规定的，由地方工商行政管理部门制止，限期改正，并可予以通报或处以罚款。

3．不得欺骗消费者

使用未注册商标商品，也不得以次充好、粗制滥造、欺骗消费者。违反规定，由工商行政管理部门限期改正，情节严重的责令检讨，予以通报，并处以非法经营额20%以下罚款；对有毒、有害并且没有使用价值的商品予以销毁。

（三）商标的印制管理

商标印制管理是指商标管理机关依法对商标印制行为进行监督和检查，并对非法印制商标标志的行为予以查处的活动的总称。商标使用人凭有关文件和证明材料可以委托工商行政管理机关指定的商标印制单位印制商标。

三、商标管理机构

我国商标管理体制采取的是集中管理和分级管理相结合的两级管理体制。根据《商标法》的规定，我国法定的商标管理机构包括：国家工商行政管理总局商标局，主管全国商标注册和管理的工作；国家工商行政管理总局商标评审委员会负责处理商标争议事宜；县级以上工商管理部门，负责本行政区域内的商标使用管理。

第五节　注册商标的保护

一、商标权保护范围

注册商标的专用权，以核准注册的商标和核定使用的商品为限。换句话说，注册商标所有人实际使用的商标必须与核准的商标一致，实际使用注册商标的商品与核定使用的商品必须一致。否则，不仅不受商标法的保护，还将承担违法的法律后果。

二、侵犯商标专用权的行为

侵犯商标专用权的行为包括：①未经商标注册人的许可，在同一种商品或者类似商品上使用与其注册商标相同或者近似的商标的；②销售侵犯注册商标专用权的商品的；③伪造、擅自制造他人注册商标标识或者销售伪造、擅自制造的注册商标标识的；④未经商标注册人同意，更换其注册商标并将该更换商标的商品又投入市场的；⑤给他人的注册商标专用权造成其他损害的。

例 6-4 “骆驼”是世界驰名的香烟商标，已在中国注册。某葡萄酒厂生产的“莹光”牌葡萄酒，其瓶贴和包装盒的文字、图形、色彩与“骆驼”商标基本相同。对此事的正确说法是（ ）。

A. 葡萄酒和香烟并非相同或类似产品，葡萄酒厂不构成侵权

B. 葡萄酒厂将“骆驼”作为装潢使用，不存在侵权问题

C. 葡萄酒厂已在其产品上标注有厂名、厂址，未构成侵权

D. “骆驼”是驰名商标，某葡萄酒厂的行为造成与该驰名商标的混淆，故构成侵权

【答案】D

【解析】根据《驰名商标认定和保护规定》：他人在不相同或者不类似的商品上擅自使用与当事人已经在中国注册的驰名商标相同或者近似的商标，容易误导公众，致使该驰名商标注册人的利益可能受到损害的，也构成商标侵权。

三、商标侵权行为的处理

（一）解决途径

因侵犯注册商标专用权行为引起纠纷的，由当事人协商解决；不愿协商或者协商不成的，商标注册人或者利害关系人可以向人民法院起诉，也可以请求工商行政管理部门处理。对侵犯注册商标专用权的行为，工商行政管理部门有权依法查处；涉嫌犯罪的，应当及时移送司法机关依法处理。

（二）法律责任

1．民事责任

侵犯商标专用权的赔偿数额，为侵权人在侵权期间因侵权所获得的利益，或者被侵权人在被侵权期间因被侵权所受到的损失，包括被侵权人为制止侵权行为所支付的合理开支。侵权人因侵权所得利益，或者被侵权人因被侵权所受损失难以确定的，由人民法院根据侵权行为的情节判决给予 50 万元以下的赔偿。销售不知道是侵犯注册商标专用权的商品，能证明该商品是自己合法取得的并说明提供者的，不承担赔偿责任。

2．行政责任

工商行政管理部门认定侵权行为成立的，责令立即停止侵权行为，没收、销毁侵权商品和专门用于制造侵权商品、伪造注册商标标识的工具，并可处以罚款。

3．刑事责任

下列情形之一，构成犯罪的，除赔偿被侵权人的损失外，依法追究刑事责任：①未经商标注册人许可，在同一种商品上使用与其注册商标相同的商标；②伪造、擅自制造他人注册商标标识或者销售伪造、擅自制造的注册商标标识；③销售明知是假冒注册商标的商品。

小结

商标是区分同类商品或服务的标志。商标专用权是指注册商标所有人依法对其注册商标所

享有的专用权、许可权、转让权、续展权和禁止权。我国商标注册采用自愿注册原则为主、强制注册为辅的商标注册原则。注册商标的专用权，以核准注册的商标和核定使用的商品为限。商标权的保护期限是 10 年，可以续展。商标侵权行为应依法承担民事责任和行政责任，构成犯罪的，追究刑事责任。

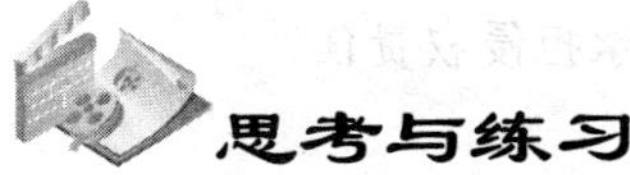

思考与练习

一、判断题

1. 任何能够将自然人、法人或者其他组织的商品与他人的商品区别开的可视性标志，包括文字、图形、字母、数字、三维标志和颜色组合，以及上述要素的组合，均可以作为商标申请注册。 (　　)

2. 我国商标注册采取使用在先的原则。 (　　)

3. 食品、药品必须使用注册商标。 (　　)

4. 熊猫不能作为商标使用。 (　　)

5. 经许可使用他人注册商标的，必须在使用该注册商标的商品上标明被许可人的名称和商品产地。 (　　)

二、不定项选择题

1. 注册商标有效期为 10 年，自（　　）之日起计算。

A. 申请　　B. 公告　　C. 核准　　D. 使用

2. 商标局接受了一批商标的注册申请。经初步审定，应依法驳回（　　）的申请。

A. 泰山牌苹果　　B. 长寿牌卷烟

C. OIS（Oh，I see）眼镜　　D. 和平牌钢琴

3. 甲公司使用经核准注册的“樱花”商标生产羽绒服。因（　　）原因，商标局可以撤销其注册商标。

A. 质量不合格

B. 自行在商标上加下汉语拼音

C. 自行转让该商标

D. 有效期满未提出续展申请

4. 下列不得作为商标使用的文字和图形包括（　　）。

A. 五星红旗　　B. 红十字

C. 巴黎　　D. TMD

5. 有权申请商标注册的有（　　）。

A. 个体户　　B. 企业

C. 政府　　D. 外国公司

三、案例分析题

某市大方食品厂自 2012 年以来，在该厂生产的儿童食品上使用“喜美滋”商标，但未进

行注册。2012 年该市另一家宏盛食品厂也在其生产的儿童食品上使用了“喜美滋”商标，并于 2013 年 3 月在国家商标局获准注册。大方食品厂发现后，认为宏盛食品厂使用了本厂的商标，使消费者对商品的来源发生混淆，直接导致了本厂利润的下降，于是状告宏盛食品厂侵犯其财产权益，而后者在案件审理中提出反诉，认为原告未经其同意在“喜美滋”商标注册后，仍在使用该商标，是侵权行为，要求原告承担侵权责任。

问题：本案谁享有“喜美滋”商标的专用权？在本案中谁应当承担侵权责任？

实训题——设计一枚商标

要求：符合《商标法》的规定，突出商标的特征，并配以简单的文字说明。

第七章 专 利 法

学习目标

知识目标

- 理解专利权的概念和特征
- 全面掌握专利权的主体和客体
- 了解专利权的内容

能力目标

- 能区别职务发明和非职务发明
- 能判断专利侵权行为

引导案例

张明作为一名研究能源的科技人员，提出新的设想：如果在太阳和地球之间建立一个直径为一万公里的圆壳体，就可以将太阳的能量反射到地球，这样地球的能量就会增加一百亿倍，就可以解决地球日益增长的能源危机。

请问这个构思申请专利可否获得通过？为什么？

第一节 概 述

一、专利与专利权

（一）专利

我国专利法中的专利一词有三种含义：①专利权的简称，指专利权人对发明创造享有的专利权，即国家依法在一定时期内授予发明创造者或者其权利的继受者独占使用其发明创造的权利；②指依法获得专利法保护的发明创造本身，通常被称为“专利技术”；③指专利局颁发的确认申请人对其发明创造享有的专利权的专利证书或记载发明创造内容的专利文献，指的是具体的物质文件。

专利是受法律规范保护的发明创造，它是指一项发明创造向国家审批机关提出专利申请，经依法审查合格后向专利申请人授予的在规定的时间内对该项发明创造享有的专有权。

（二）专利权

专利权是发明创造人或其权利受让人对特定的发明创造在一定期限内依法享有的独占实施权，是知识产权的重要组成部分。它具有以下三个特征：

1．排他性

排他性又称为独占性或专有性。专利权人对其拥有的专利权享有独占或排他的权利，未经其许可或者出现法律规定的特殊情况，任何人不得使用，否则即构成侵权。这是专利权最重要的法律特征之一。

2．时间性

时间性主要是指法律对专利权所有人的保护具有一定的时间限制，超过这一时间限制则不再予以保护，专利权成为人类共同财富，任何人都可以利用。

3．地域性

任何一项专利权，只有依据一定地域内的法律才得以产生并在该地域内受到法律的保护。根据这一特征，依一国法律取得的专利权只在该国领域内受到法律保护，而在其他国家则不受该国家的法律保护，除非两国之间有双边的知识产权保护协定，或共同参加了有关保护知识产权的国际公约。

二、专利法

专利法是指调整因发明创造的开发、实施及其保护等发生的各种社会关系的法律规范的总称。

专利法有广义和狭义之分。狭义的专利法仅指 1984 年 3 月 12 日第六届全国人民代表大会常务委员会第四次会议通过，根据 1992 年 9 月 4 日第七届全国人民代表大会常务委员会第二十七次会议《关于修改〈中华人民共和国专利法〉的决定》第一次修正，根据 2000 年 8 月 25 日第九届全国人民代表大会常务委员会第十七次会议《关于修改〈中华人民共和国专利法〉的决定》第二次修正，根据 2008 年 12 月 27 日第十一届全国人民代表大会常务委员会第六次会议《关于修改〈中华人民共和国专利法〉的决定》第三次修正的《中华人民专利法》（以下简称《专利法》）。广义的专利法除《专利法》外，还包括国家有关法律、行政法规和规章中关于专利的法律规范，如《专利法实施细则》、《专利代理条例》、《专利行政执法办法》等。我国参加缔结的有关专利权国际保护方面的条约、协定，经批准公布具有国内法效力的，也属于广义的专利法的范畴。

第二节　专利权法律关系

一、专利权的主体

专利权的主体是指依法享有专利权并承担相应义务的人。根据《专利法》的规定，发明人或者设计人、职务发明创造的单位、外国人和外国企业或者外国其他组织都可以成为专利权的主体。

（一）发明人或设计人

1．概念

专利法所称的发明人或者设计人，是指对发明创造的实质性特点做出创造性贡献的人，即在发明创造的过程中，对发明创造的构思以及构思的具体化提出了创造性意见的人为发明人。其中发明的完成人称为发明人，实用新型和外观设计的完成人称为设计人。在完成发明创造过程中，只负责组织工作的人、为物质技术条件的利用提供方便的人或者从事其他辅助工作的人，不是发明人或者设计人。

2. 特征

（1）发明人或者设计人只能是自然人，不能是法人或其他单位。

（2）发明人或者设计人的认定不受其民事行为能力的限制。由于发明创造行为是一种事实行为，不是法律行为，因此，不论从事发明创造的人作为法律上的主体是否具备完全行为能力，只要其完成了发明创造，都可以被认定为发明人或者设计人。

（3）发明人或者设计人必须是对发明创造的实质性特点做出创造性贡献的人。发明人或者设计人必须参与了发明创造活动，存在现实的智力投入，且其智力投入对发明创造的创造性实质特点的获得起了不可或缺的作用。

3. 发明人或者设计人的权利

发明人或者设计人依法享有以下权利：①署名权。发明人或者设计人有在专利文件中写明自己是发明人或者设计人的权利。②非职务发明创造中申请并获得专利的权利。非职务发明创造，申请专利的权利属于发明人或者设计人；申请被批准后，该发明人或者设计人为专利权人。③在职务发明创造中获得奖励和报酬的权利。被授予专利权的单位应当对职务发明创造的发明人或者设计人给予奖励。发明创造专利实施后，根据其推广应用的范围和取得的经济效益，对发明人或者设计人给予合理的报酬。

4. 共同发明人或者共同设计人

在一个发明创造中，两个或两个以上的人对同一发明创造共同构思，并对其实质性特点共同做出创造性贡献的，称为共同发明人或者共同设计人，其所完成的发明创造称为共同发明创造。

共同发明人或者共同设计人依法享有法律所规定的发明人或者设计人所享有的权利。共同发明人或者共同设计人在非职务发明创造中，共同行使专利申请权时应注意以下方面：①共同发明创造应由共同发明人或设计人共同提出专利申请，一方不同意申请专利的，另一方或者其他各方不得申请专利，任何人无权单独提出。②共同发明人或设计人有协议，明确约定其中一人或数人可以单独申请专利的，可以单独申请。③某一或某些共同发明人或者设计人声明放弃专利申请时，其余的共同发明人或设计人可以共同提出申请；申请人取得专利权的，放弃专利申请权的一方可以免费实施该专利。

（二）专利申请人

专利申请人也称为专利申请权人，是指有资格就发明创造向专利行政部门申请专利的人或者是已经向专利行政部门提出专利申请的自然人或法人。专利申请人可以是发明人、设计人，也可以不是发明人、设计人。职务发明创造的单位，发明创造的受让人、发明人或者设计人的合法继承人，都可成为专利申请人。

1. 职务发明——单位为申请人

发明人或者设计人执行本单位的任务或者主要是利用本单位的物质技术条件所完成的发明创造属于职务发明创造，职务发明创造申请专利的权利属于该单位。

根据法律的规定，在我国职务发明创造分为两类：一类是执行本单位的任务所完成的发明创造包括：①在本职工作中作出的发明创造。②履行本单位交付的本职工作之外的任务所作出的发明创造。③退职、退休或者调动工作后 1 年内作出的，与其在原单位承担的本职工作或者原单位分配的任务有关的发明创造。其中，本单位既包括正式工作单位，也包括临时工作单位。另一类主要是利用本单位的物质技术条件所完成的发明创造为职务发明创造。物质条件是指资金、设备、零部件、原料或者不对外公开的技术资料等。其中不对外公开的技术资料包括技术档案、设计图纸、新技术信息等。

例 7-1 李某是甲公司的研究人员，承担了一种冷藏机的研制任务，在研制成功前辞职开办乙公司。辞职近一年时，李某研制成功了该冷藏机，并以乙公司的名义申请并获得了专利。丙公司在李某研制成功之前已经研制出该冷藏机技术并开始生产产品。下列选项正确的是（　　）。

A. 该专利权应归甲公司享有，李某享有在专利文件中署名的权利

B. 该专利权应归甲公司享有，乙公司享有免费使用权

C. 该专利权应归乙公司享有，甲公司享有免费使用权

D. 在该专利授权后，丙公司应停止生产该冷藏机

【答案】A

【解析】《专利法》规定，执行本单位的任务或者主要是利用本单位的物质技术条件所完成的发明创造为职务发明创造。职务发明创造申请专利的权利属于该单位；申请被批准后，该单位为专利权人。

2. 非职务发明——发明人或者设计人为申请人

根据《专利法》第六条的规定，非职务发明创造，申请专利的权利属于发明人或者设计人；申请被批准后，该发明人或者设计人为专利权人。

例 7-2 甲厂质检车间工程师齐某自定项目，自购设备和科研资料，利用业余时间独立完成一种节能阀门的研制工作。齐某于 2013 年 7 月向专利局提出实用新型专利申请。该发明创造的专利申请权应当由谁享有？

【答案】齐某

【解析】由于齐某是自己利用业余时间完成技术成果，而且非本职工作，属于非职务发明，因此申请专利的权利属于发明人齐某。

3. 合作发明与委托发明按合同约定，无约定则归完成方

两个以上单位或者个人合作完成的发明创造、一个单位或者个人接受其他单位或者个人委托所完成的发明创造，除另有协议的以外，申请专利的权利属于完成或者共同完成的单位或者个人；申请被批准后，专利权人为申请的单位或者个人。

合作完成的发明创造，指两个以上单位或者个人合作完成的发明创造。在合作进行发明创造的过程中，一般是由合作各方就共同进行研究开发事宜签订合作开发合同，以确定各方在合作开发过程中的权利义务关系。

委托完成的发明创造，指某一单位或者个人接受其他单位或者个人委托所完成的发明的发明创造，除另有协议的以外，申请专利的权利属于完成或者共同完成的单位或者个人，即委托开发合同如果明确了专利申请权归属的，按当事人之间的约定来确定专利申请权的归属；如果当事人之间就专利申请权的归属没有约定或约定不明确的，申请专利的权利属于完成或者共同完成的单位或者个人也就是研究开发方所有。而申请被批准后，申请的单位或者个人即为专利权人。

例 7-3 甲单位接受乙单位委托的研究任务完成一项发明创造。在双方事前无协议约定

的情况下，对该成果的专利申请权属于（ ）。

A. 甲单位　　B. 乙单位

C. 甲乙共同拥有　　D. 两单位中先提出专利申请者

【答案】A

【解析】本题中的发明创造属于委托发明，根据《专利法》的规定，一个单位或者个人接受其他单位或者个人委托所完成的发明创造，除另有协议的以外，申请专利的权利属于完成或者共同完成的单位或者个人。

（三）外国人、外国企业或者外国其他组织

在中国有经常居所或者营业所的外国人、外国企业或者外国其他组织在中国申请专利的，根据《保护工业产权巴黎公约》的规定和国际惯例，享有与我国国民同等的待遇；在中国没有经常居所或者营业所的外国人、外国企业或者外国其他组织在中国申请专利的，依照其所属国同中国签订的协议或者共同参加的国际条约，或者依照互惠原则，根据《专利法》的规定处理；在中国没有经常居所或者营业所的外国人、外国企业或者外国其他组织在中国申请专利和办理其他专利事务的，应当委托依法设立的专利代理机构办理。

（四）专利权的继受主体

专利申请权是一种财产权，因此依法可以转让、赠予或者继承。专利申请人将该权利有偿转让或无偿赠予给他人的，其合法受让人可以享有申请专利和获得专利的权利。专利权的继受主体是指通过转让、继承或者赠与方式依法获得专利权的人。在继受取得中，继受主体只能取得专利申请权或专利权，发明人或设计人身份权不可以转让和继承，不适用继受取得。继受人申请专利时，应向专利局提供继受该发明创造的证明。

二、专利权的客体

专利权的客体，是指可以获得专利法保护的发明创造，也是专利法保护的对象，其中包括发明、实用新型和外观设计。

（一）发明

1．发明的概念及特征

发明是指对产品、方法或者其改进所提出的新的技术方案。

发明具有以下两个特征：①发明是利用自然规律而进行的创造。②发明是具体的技术方案。自然规律是脱离人的思维而独立存在的客观事物，发明则是在利用自然规律的基础上进行的一种创造。发明应能够解决特定的技术难题，必须产生一定的技术效果，具有一定的实用性。

2．发明的分类

发明一般分为产品发明和方法发明两类。产品发明是指人们通过研究开发出来的关于各种新产品、新材料、新物质等的技术方案，如纳米材料等。方法发明是指人们为制造产品或者解决某个技术课题而研究开发出来的操作方法、制造方法以及工艺流程等技术方案，如汉字输入方法等。

（二）实用新型

1．实用新型的概念和特征

实用新型是指对产品的形状、构造或者其结合所提出的适于实用的新的技术方案。

实用新型具有如下特征：①实用新型是一种新的技术方案。实用新型实质上是一种技术方案，也是发明的一部分。②实用新型仅限于产品，不包括方法。③实用新型要求产品必须是具有固定的形状、构造的产品。气态、液态、凝胶状或颗粒粉末状的物质或者材料，不属于实用新型的产品范围。

2．实用新型与发明的区别

实用新型与发明虽然同属于专利法保护的发明创造，两者又都是一种新的技术方案，但两者也存在许多区别：

（1）保护的范围不同。发明专利保护的范围要比实用新型专利范围广。发明既可以是产品，也可以是方法；而实用新型仅限于产品。发明的产品没有任何特殊要求；而实用新型的产品要求具有固定的形状或构造。

（2）对创造性要求不同。发明专利要求的创造性高于实用新型专利。《专利法》规定，发明专利的创造性是指与现有技术相比，具有突出的实质性特点和显著的进步；实用新型专利的创造性是指与现有技术相比，具有实质性特点和进步。

（3）审查程序不同。发明专利既要进行形式审查，还要对发明专利的内容进行实质审查；而实用新型专利采用形式审查制度，即只审查形式内容而不审查实质内容。

（4）保护期限不同。《专利法》规定，发明专利权的保护期限为20年；而实用新型专利的保护期限为10年。

（三）外观设计

外观设计是指对产品的形状、图案或者其结合以及色彩与形状、图案的结合所作出的富有美感并适于工业应用的新设计。外观设计要取得专利权必须符合以下要求：

1．外观设计必须与应用产品相结合

外观设计是产品的外观设计，外观设计必须以产品的外表为依托，构成产品与设计的组合。

2．外观设计富有美感，具有明显的外观特征

外观设计包含的是美术思想，即解决产品的视觉效果问题，而不是技术思想。这一点与实用新型相区别。

3．外观设计必须能在产业上应用、能够用于生产经营目的的制造或生产

如果设计不能用工业的方法复制出来，或者达不到批量生产的要求，就不是专利法意义上的外观设计。

三、专利权的内容

专利权的内容包括专利权人在专利保护期内依法享有的各项权利和依法应当承担的各项义务。

（一）专利权人的权利

专利权人的权利指专利权人作为权利人依法应该享有的权利，是国家依法授予专利权人对享有专利权的发明创造所拥有的垄断性权利，包括两方面的内容：一方面是人身权利，是指与发明人或设计人的人身不可分割且没有直接财产内容的权利。该权利基于发明人或设计人特定的身份形成，不可转让或继承。另一方面是财产权利，是指具有经济内容，能为专利权人带来经济或物质利益的权利。一般包括独占实施权、转让权、专利实施许可权、专利标记权、署名权、收益权和请求权等。

1．独占实施权

独占实施权是指专利权人对其专利产品或专利方法依法享有的进行制造、使用、许诺销售、销售、进口的专有权利。《专利法》第十一条规定：发明和实用新型专利权被授予后，除本法另有规定的以外，任何单位或者个人未经专利权人许可，都不得实施其专利，即不得为生产经营目的制造、使用、许诺销售、销售、进口其专利产品，或者使用其专利方法以及使用、许诺销售、销售、进口依照该专利方法直接获得的产品。外观设计专利权被授予后，任何单位或者个人未经专利权人许可，都不得实施其专利，即不得为生产经营目的制造、许诺销售、销售、进口其外观设计专利产品。可见，专利权人的独占实施权主要有以下内容：

（1）制造权。制造权是指专利权人享有的为生产经营目的制造专利产品，并禁止他人未经其许可制造相同或相似于专利产品的垄断权。在实践中判断相同或相似产品主要是依据专利申请文件中的专利说明书和专利权利要求书的内容为标准。

（2）使用权。使用权是指专利权人享有的使用专利产品或专利方法及依照专利方法直接获得的产品的专有权，包括对发明和实用新型专利产品的使用和对专利方法的使用。

（3）许诺销售权，又称“提供销售权”，是专利权人在实际销售之前，明确表示愿意出售具有权利要求书所述技术特征的专利产品以及禁止他人未经专利权人许可许诺销售专利产品的权利。许诺销售行为包括发送商业广告、在商店橱窗中陈列、在展销会上展出、上门推销、举行产品推荐会等方式的推销或促销行为。

（4）销售权。销售权是专利权人享有的销售专利产品、依照专利方法直接获得的产品、外观设计专利产品的权利。这里的销售是指专利产品的所有权的第一次转移。专利产品的所有权第一次转移后，他人再经销专利产品的行为无需经专利权人同意，也不构成侵权。

（5）进口权。进口权是专利权人享有独占地进口专利产品的权利，除法律另有规定的以外，专利权人享有为商业目的的自己进口或禁止他人未经其许可而进口专利产品的权利。

2．转让权

转让权是指专利权人享有的将自己的专利权依法转让给他人的权利。转让专利申请权或专利权，当事人应订立书面合同，并向国务院专利行政部门登记，由国务院专利行政部门予以公告。专利申请权或者专利权转让自登记之日起生效。

专利权转让与专利申请权转让有既有相同又有区别：

（1）相同点：①两者均属于技术权益转让，均受到专利法和技术合同法的调整；②转让的标的同为无形财产权；③转让行为均需要当事人订立书面合同，并且履行必要的手续。

（2）不同点：①合同标的不同。专利权转让中订立合同的标的是专利权；而专利申请权转让合同的标的是专利申请权。②转让时间不同。专利权转让发生在专利授权之后，转让人为专利权人；而专利申请权转让则发生在专利授权之前，转让人为专利申请人。③当事人的权利和义务也有较大的差异。

3. 专利实施许可权

实施许可权是指专利权人或其授权的人作为许可方，以订立专利实施许可合同的方式许可被许可方在一定范围内使用其专利，并支付使用费的一种许可。《专利法》第十二条规定：任何单位或者个人实施他人专利的，应当与专利权人订立实施许可合同，向专利权人支付专利使用费。被许可人无权允许合同规定以外的任何单位或者个人实施该专利。

（1）专利实施许可权特征包括：专利许可的许可方只能是专利权人；专利许可的标的是对有效专利的实施权；专利许可的被许可方所获得的只是对约定专利的实施权；专利许可通常有一定的范围限制；专利许可必须签订书面的专利实施许可合同。

（2）专利实施许可的种类有：①独占实施许可。独占许可是指在一定地域内，被许可方在合同有效期间对被许可使用的专利技术拥有独占的权利，许可方自己不能在该地域内使用其专利技术，也不得把该技术再许可第三方使用，但专利的所有权仍属于许可方。由于这种方式对专利权人限制太多，一般不轻易采用。②排他实施许可。这是指在一定时间内，在专利权的一定地域范围内，专利权人只许可一个被许可人实施其专利，但专利权人自己有权实施该专利。排他许可与独占许可的区别就在于排他许可中的专利权人自己享有实施该专利的权利，而独占许可中的专利权人自己也不能实施该专利。③普通实施许可。普通许可是指许可方允许被许可方在指定的地域内使用其专利技术，同时，许可方自己有权在该地域内使用该技术，也可以许可第三方使用。④交叉实施许可，也称作相互许可，是指两个专利权人互相许可对方实施自己的专利。交叉许可的性质，既可以是普通许可，也可以是独占许可或排他许可。⑤分实施许可。简称分许可，指许可方允许被许可方在指定的地域内使用其专利技术，以及允许被许可方在一定条件下再许可第三方使用该技术。

4. 专利标记权

标记权是指专利权人享有的在其专利产品或该产品包装上标明专利标记和专利号的权利。权利人可以行使，也可以不行使。

5. 署名权

署名权是指发明人或设计人享有在专利申请文件和专利文件中写明自己是发明人或设计人的权利。署名权是与发明人的人身不可分离的人格权，只能由发明人或设计人享有，不可转让和继承。

6. 收益权

专利权人可以通过自己实施其专利、许可他人实施其专利或转让其专利获得相应的收益。

7. 请求权

当专利权受到不法侵害时，专利权人或利害关系人可以请求国家依照法律的规定予以保护。

（二）专利权人的义务

1. 实施发明专利的义务

制造专利产品，使用专利方法是实现专利技术的推广应用的必经途径，所以专利权人应努力履行这一义务。我国专利法规定，专利权人有自己在中国制造其专利产品，使用其专利方法的义务。为了履行这一义务，专利权人就必须以生产经营为目的地在中国内实施，可以专利权人自己实施，也可以由专利权人许可他人在中国境内实施。

2. 缴纳专利年费的义务

专利权人应当自被授予专利权的当年开始缴纳年费。我国《专利法》第四十三条规定：专利权人应当自被授予专利权的当年开始缴纳年费。年费一般是预先缴纳，申请人办理登记手续时，除应当缴纳专利登记费用外，还应当缴纳授权当年的年费。《专利法实施细则》（2010修订）第九十八条规定：授予专利权当年以后的年费应当在上一年度期满前缴纳。专利权人未缴纳或者未缴足的，国务院专利行政部门应当通知专利权人自应当缴纳年费期满之日起 6 个月内补缴，同时缴纳滞纳金；滞纳金的金额按照每超过规定的缴费时间 1 个月，加收当年全额年费的 5%计算；期满未缴纳的，专利权自应当缴纳年费期满之日起终止。

3. 保证充分公开专利内容的义务

专利权人应当在专利说明书中将发明、实用新型、外观设计的内容按《专利法》的要求、详细、清楚而确切地加以阐明，以使同行业的技术人员能够理解和实施，这也是专利权人应当尽的一项义务。我国专利法规定，对不充分公开发明创造内容的专利，其他人有权提请专利复审委员会宣告该专利为无效。

第三节　专利权的取得

一、专利的申请原则

专利的申请是一项发明创造取得专利权的前提。专利申请要遵循的原则有：

1. 单一性原则

单一性原则是指一份专利申请文件只能就一项发明创造提出专利申请。但是属于一个总的发明构思的两项以上的发明或实用新型，可以作为一件提出；用于同一类别并且成套出售或者使用的产品的两项以上的外观设计，可以作为一件申请提出。同样的发明创造只能授予一项专利权。

2. 形式法定原则

申请专利的各项手续，都应当以书面形式或国家知识产权局专利局规定的其他形式办理，否则不产生效力。

3. 先申请原则

两个或两个以上的申请人分别就同样的发明创造申请专利的，专利权授予最先申请的人。对于专利申请日的确定，国务院专利行政部门收到完整专利申请文件的日期为专利申请日。如果申请文件是邮寄的，以寄出的邮戳日为申请日。邮戳日不清晰的，除当事人能够提供证明的外，以专利局收到专利申请文件的日期为申请日。专利申请人享有优先权的，以优先权日为申请日。

4. 优先权原则

申请人自发明或实用新型在外国第一次提出专利申请之日起 12 个月内，或者自外观设计在外国第一次提出专利申请之日起 6 个月内，又在中国就相同主题提出专利申请的，依照该外国同中国签订的协议或者共同参加的国际条约，或者依照相互承认优先权原则，可以享有优先权。申请人自发明或实用新型在中国第一次提出专利申请之日起12个月内，又向国务院专利行政部门就相同主题提出专利申请的，可以享有优先权。

例7-4 美国某公司于2011年12月1日在美国就某口服药品提出专利申请并被受理，2009年5月9日就同一药品向中国专利局提出专利申请，要求享有优先权并及时提交了相关证明文件。中国专利局于2015年4月1日授予其专利。关于该中国专利，下列选项正确的是（ ）。

A. 保护期从2011年12月1日起计算　　B. 保护期从2012年5月9日起计算

C. 保护期从2015年4月1日起计算　　D. 该专利的保护期是10年

【答案】A

【解析】《专利法》第二十九条规定：申请人自发明或者实用新型在外国第一次提出专利申请之日起12个月内，或者自外观设计在外国第一次提出专利申请之日起6个月内，又在中国就相同主题提出专利申请的，依照该外国同中国签订的协议或者共同参加的国际条约，或者依照相互承认优先权的原则，可以享有优先权。所以本题中保护期从2011年12月1日起计算。

二、专利权的取得条件

（一）授予发明、实用新型专利权的条件

1. 新颖性

新颖性是指在申请日以前没有同样的发明或者实用新型在国内外出版物上公开发表过、在国内公开使用过或者以其他方式为公众所知，也没有同样的发明或者实用新型由他人向国务院专利行政部门提出过申请并且记载在申请日以后公布的专利申请文件中。

申请专利的发明创造在申请日以前6个月内，有下列情形之一的，不丧失新颖性：①在中国政府主办或者承认的国际展览会上首次展出的；②在规定的学术会议或者技术会议上首次发表的；③他人未经申请人同意而泄露其内容的。

2. 创造性

创造性是指同申请日以前已有的技术相比，该发明有突出的实质性特点和显著的进步，该实用新型有实质性特点和进步。现有技术，是指申请日以前在国内外为公众所知的技术。

3. 实用性

实用性是指该发明或者实用新型能够制造或者使用，并且能够产生积极效果。

导入案例中，张明的新构思不能获得专利。因为它不具备授予专利的实质条件。

（二）授予外观设计专利权的条件

授予外观设计专利权的主要条件是新颖性。授予专利权的外观设计，应当不属于现有设计；也没有任何单位或者个人就同样的外观设计在申请日以前向国务院专利行政部门提出过申请，并记载在申请日以后公告的专利文件中。授予专利权的外观设计与现有设计或者现有设计特征的组合相比，应当具有明显区别。授予专利权的外观设计不得与他人在申请日以前已经取得的合法权利相冲突。

（三）不授予专利权的发明创造或项目

（1）违反国家法律、社会公德或者妨害公共利益的发明创造。

（2）科学发现。科学发现是指人们通过自己的智力活动对客观世界已经存在的但未被揭示出来的规律、性质和现象等的认识，它属于阐明自然现象或规律，是事物固有属性或自然存在，不是人为创造，不授予专利权。如发现某些物质具有超导性质，是不能授予专利权的，但利用超导物质制造产品或设备，则属于发明，可以授予专利权。发现自然界的一个新物质，属于发现，不授予专利权，而将这种物质分离的方法则属于发明，是可以授予专利权的。

（3）智力活动的规则和方法。智力活动的规则和方法是指人们进行推理、分析、判断、记忆等思维活动的规则和方法。如数学理论、计算方法、语言学习方法、交通规则、一般的计算机程序等许多智力活动规则和方法，不能授予专利权，可以通过著作权保护或版权保护。如果计算机程序能与硬件结合在一起，或计算机程序是完成工业自动化控制过程的一种技术方案，则可以申请专利保护。

（4）疾病的诊断和治疗方法。人和动物疾病的诊断和治疗方法，不能用工业的方法制造和使用，因此不授予专利权，但治疗疾病的各种药物和医用设备、仪器、试剂、材料等则可以申请专利保护。

（5）动物和植物品种。动物和植物品种分为天然生长和人工培养两种。天然生长的动、植物品种不是人工智力活动的发明创造，因此不能被授予专利权。人类培养的动、植物品种，虽然是人类智力活动的成果，但其不是用工业的方法进行制造、生产出来的，而是通过动、植物母体培养出来的，有其自身的发生和成长规律，套用产品发明的模式保护不太合适，因此我国专利法明确对动、植物品种不授予专利权。但是对动、植物品种的生产方法，可以依照专利法的规定授予专利权。

（6）用原子核变换方法获得的物质。原子核变换方法获得的物质，关系国防和国家重大利益，也涉及科研和公共生活的各个方面，不宜为人垄断，因此不授予专利权。但实现核变换的仪器、设备及零部件，可申请专利保护。

第四节 专利权的保护

一、专利权的保护期限

专利权的期限，又称专利保护期。根据《专利法》的规定，发明专利权的期限为20年，实用新型专利权和外观设计专利权的期限为10年，均自申请日起计算。

二、专利权的保护范围

专利权的保护范围，是指专利权法的效力所及范围。根据《专利法》的规定，发明或者实用新型专利权的保护范围以其权利要求的内容为准，说明书及附图可以用于解释权利要求的内容。外观设计专利权的保护范围以表示在图片或者照片中的该产品的外观设计为准，简要说明可以用于解释图片或者照片所表示的该产品的外观设计。

三、侵害专利权的行为

侵害专利权的行为表现为：①未经专利权人许可，实施其专利的行为，包括未经专利权人许可，为生产经营目的制造、使用、许诺销售、销售、进口其专利产品，或者使用其专利方法以及使用、许诺销售、销售、进口依照该专利方法直接获得的产品；未经专利权人许可，为生产经营目的制造、许诺销售、销售、进口其外观设计专利产品。②假冒专利的行为。专利权终止前依法在专利产品、依照专利方法直接获得的产品或者其包装上标注专利标志，在专利权终止后许诺销售、销售该产品的，不属于假冒专利行为。③以非专利产品冒充专利产品、以非专利方法冒充专利方法的行为。④侵夺发明人或者设计人的非职务发明创造专利申请权以及其他权益的行为。

四、法律责任

根据《专利法》的规定，侵犯专利权的诉讼时效为两年，自专利权人或者利害关系人得知或者应当得知侵权行为之日起计算。

1. 民事责任

民事责任主要包括：停止侵害、赔偿损失、消除影响、恢复名誉等。其中，根据《专利法》的规定，侵犯专利权的赔偿数额按照权利人因被侵权所受到的实际损失确定；实际损失难以确定的，可以按照侵权人因侵权所获得的利益确定；权利人的损失或者侵权人获得的利益难以确定的，参照该专利许可使用费的倍数合理确定。

2. 行政责任

行政责任主要包括：责令侵权人立即停止侵权行为、没收违法所得或侵权产品、罚款、给予有关责任人行政处分等。

3. 刑事责任

刑事责任只限于假冒他人专利且情节严重的情形。

小结

专利权是发明创造人或其权利受让人对特定的发明创造在一定期限内依法享有的独占实施权，具有排他性、时间性和地域性特征。专利权的主体包括发明人或者设计人、职务发明创造的单位、外国人和外国企业或者外国其他组织。专利权的客体，即是专利法保护的对象，包括发明、实用新型和外观设计。专利权人具有独占实施权、转移权、实施许可权等权利，承担实施发明专利、缴纳年费等义务。专利申请遵循单一性，形式法定，申请在先和优先权原则。授予专利权应具备新颖性、创造性、实用性的条件。违反专利权应承担相应的法律责任，即停止侵权、赔偿损失。

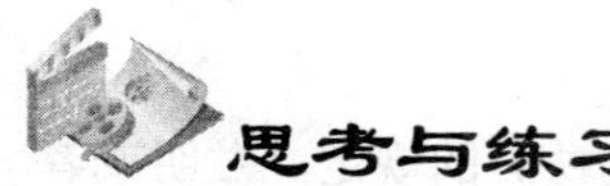

思考与练习

一、判断题

1. 专利权是发明创造人或其权利受让人对特定的发明创造在一定期限内依法享有的独占实施权。 （ ）

2. 共同发明创造应由共同发明人或设计人共同提出专利申请，一方不同意申请专利的，另一方或者其他各方不得申请专利，任何人无权单独提出。 ( )

3. 专利权人可以通过自己实施其专利、许可他人实施其专利或转让其专利获得相应的收益。 ( )

4. 专利权人未缴纳或者未缴足的，国务院专利行政部门应当通知专利权人自应当缴纳年费期满之日起6个月内补缴，不用缴纳滞纳金。 ( )

5. 在中国没有经常居所或者营业所的外国人、外国企业或者外国其他组织在中国申请专利和办理其他专利事务的，可以自己申请专利。 ( )

二、不定项选择题

1. 甲公司获得了某医用镊子的实用新型专利，不久后乙公司自行研制出相同的镊子，并通过丙公司销售给丁医院使用。乙、丙、丁都不知道甲已经获得该专利。下列选项正确的是( )。

A. 乙的制造行为不构成侵权

B. 丙的销售行为不构成侵权

C. 丁的使用行为不构成侵权

D. 丙和丁能证明其产品的合法来源，不承担赔偿责任

2. 依据《专利法》的有关规定，下列情况不授予专利权的是( )。

A. 甲发明了仿真伪钞机　　B. 乙发明了对糖尿病特有的治疗方法

C. 丙发现了某植物新品种　　D. 丁发明了某植物新品种的生产方法

3. 甲公司委托乙研究所进行一项技术开发。在研发过程中，由于工作需要，甲公司派员工张某参加了研发工作，并对研发成果的实质性特点作出了创造性贡献。甲、乙未就研发成果的权属进行约定，就该成果申请专利的权利属于( )。

A. 张某和乙研究所共有　　B. 甲公司

C. 乙研究所　　D. 甲公司和乙研究所共有

4. 甲研究所与刘某签订了一份技术开发合同，约定由刘某为甲研究所开发一套软件。3个月后，刘某按约定交付了技术成果，甲研究所未按约定支付报酬。由于没有约定技术成果的归属，双方发生争执。下列选项正确的是( )。

A. 申请专利的权利属于刘某，但刘某无权获得报酬

B. 申请专利的权利属于刘某，且刘某有权获得约定的报酬

C. 如果刘某转让专利申请权，甲研究所享有以同等条件优先受让的权利

D. 如果刘某取得专利权，甲研究所可以免费实施该专利

5. 下列属于外观设计专利保护的客体的是( )。

A. 竹凉席的图案设计　　B. 手机开机画面设计

C. 天然大理石的纹理　　D. 眼镜的形状设计

三、案例分析题

1. 2011 年年初，甲大学环境科研所环境化学研究室副主任张一，应某市环保局邀请，同意帮助研究有关印染污水处理技术。张一一直从事微量元素与健康研究工作，当时分管后勤工作。同年寒假，张一在甲大学实验室内利用废旧原料、工具及试纸，对有关厂家提供的印

染污水进行实验和测试，完成了“印染污水处理方法及工艺”的发明创造。此后，甲大学就该项发明创造向中国专利局申请了职务发明专利，并于2014年11月1日获得专利权。而张一认为该发明专利权归属有误，于2014年12月向某市中级人民法院提起诉讼，请求判令该发明专利为非职务发明。

请分析：（1）该发明的主体是个人还是单位？

（2）张一完成的“印染污水处理方法及工艺”发明创造是职务发明还是非职务发明？

2. 李某经过多年研究，配制出一种抗猪瘟的液态物质，命名为“猪瘟净”。李某与某生物制品厂签订一份技术开发合同。合同规定，由制品厂提供全部资金和场所，李某提供技术和药物制品，共同开发“猪瘟净”系列防止猪瘟的药品。实验分三批进行，第一批实验结果有效率为80%，但第二批和第三批的有效率只有10%～20%。

请分析：（1）“猪瘟净”能否获得发明专利？

（2）“猪瘟净”能否申请为实用新型？

实训题——模拟发明专利申请

申请文件包括：

（1）发明专利请求书，见表7-1。

（2）说明书（说明书内容需要指明所要解决的技术问题、解决其技术问题所采用的技术方案及其有益效果。说明书有附图的，应当提交说明书附图）。

（3）权利要求书。

（4）摘要（必要时应当有摘要附图）。

表7-1 发明专利请求书

<table>
<tr><td colspan="5">请按照“注意事项”正确填写本表各栏</td><td>此框内容由国家知识产权局填写</td></tr>
<tr><td rowspan="2">⑦发明名称</td><td colspan="4" rowspan="2"></td><td>①
申请号 （发明）</td></tr>
<tr><td>②分案
提交日</td></tr>
<tr><td rowspan="3">⑧发明人</td><td colspan="4" rowspan="3"></td><td>③申请日</td></tr>
<tr><td>④费减审批</td></tr>
<tr><td>⑤向外申请审批</td></tr>
<tr><td colspan="5">⑨第一发明人国籍 居民身份证件号码</td><td>⑥挂号号码</td></tr>
<tr><td rowspan="9">⑩申请人</td><td rowspan="4">申请人(1)</td><td colspan="3">姓名或名称</td><td>电话</td></tr>
<tr><td colspan="3">居民身份证件号码或组织机构代码</td><td>电子邮箱</td></tr>
<tr><td colspan="2">国籍或注册国家（地区）</td><td colspan="2">经常居所地或营业所所在地</td></tr>
<tr><td>邮政编码</td><td colspan="3">详细地址</td></tr>
<tr><td rowspan="4">申请人(2)</td><td colspan="3">姓名或名称</td><td>电话</td></tr>
<tr><td colspan="4">居民身份证件号码或组织机构代码</td></tr>
<tr><td colspan="2">国籍或注册国家（地区）</td><td colspan="2">经常居所地或营业所所在地</td></tr>
<tr><td>邮政编码</td><td colspan="3">详细地址</td></tr>
<tr><td>申请人(3)</td><td colspan="3">姓名或名称</td><td>电话</td></tr>
</table>

（续）

<table>
<tr><td rowspan="3">⑩申请人</td><td rowspan="3">申请人(3)</td><td colspan="3">居民身份证件号码或组织机构代码</td></tr>
<tr><td colspan="2">国籍或注册国家（地区）</td><td>经常居所地或营业所所在地</td></tr>
<tr><td>邮政编码</td><td colspan="2">详细地址</td></tr>
<tr><td rowspan="2">⑪联系人</td><td colspan="2">姓　名</td><td>电话</td><td>电子邮箱</td></tr>
<tr><td colspan="2">邮政编码</td><td colspan="2">详细地址</td></tr>
<tr><td colspan="3">⑫代表人为非第一署名申请人时声明</td><td colspan="2">特声明第____署名申请人为代表人</td></tr>
</table>

<table>
<tr><td rowspan="4">⑬专利代理</td><td colspan="3">名称</td><td colspan="2">机构代码</td></tr>
<tr><td rowspan="3">代理人（1）</td><td colspan="2">姓　名</td><td rowspan="3">代理人（2）</td><td>姓　名</td></tr>
<tr><td colspan="2">执业证号</td><td>执业证号</td></tr>
<tr><td colspan="2">电　话</td><td>电　话</td></tr>
<tr><td>⑭分案申请</td><td colspan="2">原申请号</td><td>针对的分案申请号</td><td colspan="2">原申请日　　年　月　日</td></tr>
<tr><td rowspan="2">⑮生物材料样品</td><td colspan="2">保藏单位</td><td colspan="3">地址</td></tr>
<tr><td colspan="2">保藏日期　　年　月　日</td><td>保藏编号</td><td colspan="2">分类命名</td></tr>
<tr><td>⑯序列</td><td colspan="2">□本专利申请涉及核苷酸或氨基酸序列表</td><td>⑰遗传</td><td colspan="2">□本专利申请涉及的发明创造是依赖于遗传资源完成的</td></tr>
</table>

<table>
<tr><td rowspan="4">⑱要求优先权声明</td><td>原受理机构名称</td><td>在先申请日</td><td>在先申请号</td><td colspan="2">⑲</td><td rowspan="2">□已在中国政府主办或承认的国际展览会上首次展出
□已在规定的学术会议或技术会议上首次发表
□他人未经申请人同意而泄露其内容</td></tr>
<tr><td rowspan="3"></td><td rowspan="3"></td><td rowspan="3"></td><td>不丧失新颖性</td><td>宽限期声明</td></tr>
<tr><td colspan="2">⑳保密请求</td><td>□本专利申请可能涉及国家重大利益，请求按保密申请处理
□已提交保密证明材料</td></tr>
<tr><td colspan="2"></td><td></td></tr>
<tr><td colspan="4">㉑□声明本申请人对同样的发明创造在申请本发明专利的同日申请了实用新型专利</td><td colspan="2">㉒提前公布</td><td>□请求早日公布该专利申请</td></tr>
</table>

<table>
<tr><td>㉓申请文件清单
1．请求书　　份　　页
2．说明书摘要　　份　　页
3．摘要附图　　份　　页
4．权利要求书　　份　　页
5．说明书　　份　　页
6．说明书附图　　份　　页
7．核苷酸或氨基酸序列表　　份　　页
8．计算机可读形式的序列表　　份
权利要求的项数　　项</td><td>㉔附加文件清单
□费用减缓请求书　　份 共　　页
□费用减缓请求证明　　份 共　　页
□实质审查请求书　　份 共　　页
□实质审查参考资料　　份 共　　页
□优先权转让证明　　份 共　　页
□保密证明材料　　份 共　　页
□专利代理委托书　　份 共　　页
总委托书（编号__________）
□在先申请文件副本　　份
□在先申请文件副本首页译文　　份
□向外国申请专利保密审查请求书　　份 共　　页
□其他证明文件（名称________）　　份 共　　页
□</td></tr>
<tr><td>㉕全体申请人或专利代理机构签字或者盖章

年　月　日</td><td>㉖国家知识产权局审核意见

年　月　日</td></tr>
</table>

模块四 企业运作

第八章 合同法

学习目标

知识目标

- 了解《合同法》的适用范围
- 理解并掌握合同的订立和生效
- 掌握合同履行的原则

能力目标

- 能订立简单的合同
- 能判断合同的效力
- 能妥善处理合同纠纷

引导案例

甲企业向乙企业发出传真订货，该传真列明了货物的种类、数量、质量、供货时间、交货方式等，并要求乙在10日内报价。乙接受甲发出传真列明的条件并按期报价，并要求甲在10日内回复；甲按期复电同意其价格，并要求签订书面合同。乙在未签订书面合同的情况下按甲提出的条件发货，甲收货后未提出异议，亦未付货款。后因市场发生变化，该货物价格下降，甲遂向乙提出，由于双方未签订书面合同，买卖关系不能成立，故乙应尽快取回货物。乙不同意甲的意见，要求其偿付货款。随后乙发现甲放弃其对关联企业的到期债权，并向其关联企业无偿转让财产，可能使自己的货款无法得到清偿，遂向人民法院提起诉讼。

试分析：（1）甲传真订货、乙报价、甲回复报价行为的法律性质。

（2）买卖合同是否成立？说明理由。

（3）对甲放弃到期债权、无偿转让财产的行为，乙可向人民法院提出何种权利请求，以保护其利益不受侵害？对乙行使该权利的期限，法律有何规定？

第一节 合同法概述

一、合同概述

（一）合同的概念

合同又称为契约，有广义和狭义之分。广义的合同包括民事合同、劳动合同、行政合同等；狭义的合同专指民事合同中的债权合同，不包括身份合同。《合同法》所称合同是平等主体的自然人、法人、其他组织之间设立、变更、终止民事权利义务关系的协议，即狭义的合同。

（二）合同的特征

1．合同是平等主体之间的法律关系

合同的主体法律地位平等，任何一方不因企业性质、经营规模、财产状况而享有特权，也不得将自己的意志强加于合同他方。

2．合同是平等主体之间意思表示一致而达成的协议

只有合同各方意思表示一致，合同才能成立。仅有一方的意思表示，或虽有各方的意思表示，但内容不一致，合同也不能成立。

3．合同是以设立、变更、终止民事权利义务关系为目的的民事法律行为

合同主体之间有目的的民事法律行为，受法律的保护；另一方面，合同各方也受他们所签订合同的制约。

（三）合同的分类

1．有偿合同和无偿合同

有偿合同和无偿合同是依据当事人是否需要支付相应的对价为标准而进行的分类。有偿合同是指当事人取得收益必须支付相应的对价的合同，如买卖合同；无偿合同则是当事人取得收益无需支付相应的对价的合同，如赠与合同。

2．单务合同和双务合同

单务合同和双务合同是依据当事人是否同时享有权利和承担义务为标准而进行的分类。单务合同是指一方当事人只负有义务，另一方当事人只享有权利的合同，如借用合同；双务合同是指当事人互享权利、互负义务的合同，如租赁合同。

3．要式合同和不要式合同

要式合同和不要式合同是以合同的成立是否需要采取一定的形式为标准而进行的分类。要式合同是必须具备一定的形式才能成立的合同，这种形式通常是法律规定的，也可以由当事人约定，如保险合同必须是书面形式；不要式合同是指合同的成立不需要采取特定的形式就可以成立的合同，如日用品的买卖合同。

4．诺成性合同和实践性合同

诺成性合同和实践性合同是以合同的成立是否需要交付标的物为标准而进行的分类。诺成性合同是当事人意思表示一致就能成立的合同，如仓储合同、公益性质的赠与合同；实践性合同是指当事人在意思表示一致之后，还必须实际交付标的物才能成立的合同，如保管合同、定金合同。

5．主合同和从合同

主合同和从合同是依据合同是否具有从属性为标准而进行的分类。主合同是可以单独存在的合同，如借款合同；从合同是依附于其他合同，以其他合同的存在为前提才存在的合同，如抵押合同。主合同无效，从合同也无效。所有的担保合同都是从合同。

6．有名合同和无名合同

有名合同和无名合同是以《合同法》是否赋予了一定的名称为标准而进行的分类。

《合同法》分则列举了15种有名合同，包括买卖合同，供用电、水、气、热力合同，赠与合同，借款合同，租赁合同，融资租赁合同，承揽合同，建设工程合同，运输合同，技术合同，保管合同，仓储合同，委托合同，行纪合同，居间合同。

无名合同是法律未规定其内容和名称，由当事人自由订立的合同，如旅游合同，借用合同。无名合同适用《合同法》总则的规定，并可以参照《合同法》分则或者其他法律最相类似的规定。

二、合同法概述

（一）合同法的概念

合同法是调整合同关系的法律规范的总称。1999年3月15日第九届全国人民代表大会第二次会议通过了《中华人民共和国合同法》（以下简称《合同法》），该法自1999年10月1日起施行。在此之前的《中华人民共和国经济合同法》、《中华人民共和国涉外经济合同法》、《中华人民共和国技术合同法》同时废止。

（二）合同法的调整范围

合同法调整的是平等主体的自然人、法人、其他组织之间的民事权利义务关系。合同法不调整婚姻、收养、监护等有关身份关系的协议，它们适用其他法律的规定；合同法不调整政府为依法维护社会秩序和行政管理相对人所签订的行政合同；也不调整劳动者与用人单位签订的劳动合同。

（三）合同法的基本原则

1．平等原则

合同当事人法律地位平等，一方不得将自己的意志强加给另一方，即当事人没有高低、强弱之分，也不存在命令与服从、管理与被管理关系。合同是当事人就合同的条款充分协商，达成一致意见的平等行为。

2．自愿原则

当事人依法享有自愿订立合同的权利，任何单位和个人不得非法干预。这一原则充分体现在当事人可以自主决定是否签订合同，与谁签订合同，签订什么内容的合同，通过什么方式解决合同纠纷，是否变更合同、解除合同。

3．公平原则

当事人应当遵循公平原则确定各方的权利和义务。合同在订立、履行过程中，都要依据公平的原则确定当事人的合同权利和合同义务，使之公平合理，大致相当。

4．诚实信用原则

当事人行使权利、履行义务应当遵循诚实信用原则。告知对方当事人与合同相关的真实情况，相互合作，努力促成合同的有效成立。合同履行中，按照合同的约定全面、适当地履行合同义务和附随义务，不做欺诈或其他违背诚实信用原则的行为。

5．合法与公序良俗原则

当事人订立、履行合同，应当遵守法律、行政法规，尊重社会公德，不得扰乱社会经济秩序，损害社会公共利益。合同虽然意思自治，但当事人在自由表达自己意思的同时，受法律法规和社会公德的约束。

第二节 合同的订立

一、合同订立的程序

当事人订立合同，采取要约、承诺方式。换而言之，合同的订立包括要约和承诺两个阶段。

（一）要约

1．要约和要约邀请

要约是希望和他人订立合同的意思表示。发出要约的一方称为要约人，要约所指向的对方当事人称为受要约人。要约应具备以下条件：内容具体确定；表明经受要约人承诺，要约人即受该意思表示约束。

要约邀请是希望他人向自己发出要约的意思表示。要约区别于要约邀请，体现在以下几个方面：

（1）受约的对象不同。要约一般是向特定的人发出，而要约邀请一般向不特定的多数人发出，如寄送的价目表、拍卖公告、招标公告、招股说明书、商业广告等为要约邀请。

（2）内容不同。要约的内容确定，而要约邀请无此要求。商业广告的内容符合要约规定的，视为要约。

（3）法律约束力不同。要约是订立合同的行为，属民事法律行为，要约人受自己要约的约束；而要约邀请只是属于订立合同的预备阶段，行为人不承担法律责任。

导入案例中，问题（1），甲传真订货行为的性质属于要约邀请。因该传真欠缺价格条款，邀请乙报价，故不具有要约的性质。乙报价的性质属于要约。根据合同法的规定，要约要具备两个条件：一是内容具体确定，二是表明经受要约人承诺，要约人即受该意思表示的约束。本案中，乙报价因同意甲方传真中的其他条件，并通过报价使合同条款内容具体确定，约定回复日期则表明其将受报价的约束，已具备要约的全部要件。

2．要约的生效

要约到达受要约人时生效。

采用数据电文形式订立合同，收件人指定特定系统接收数据电文的，该数据电文进入该特定系统的时间，视为到达时间；未指定特定系统的，该数据电文进入收件人的任何系统的首次时间，视为到达时间。

3. 要约的撤回和撤销

要约的撤回是要约生效前，受要约人作出的取消要约的意思表示。要约可以撤回，撤回要约的通知应当在要约到达受要约人之前或者与要约同时到达受要约人。

要约的撤销是指要约生效后，受要约人承诺前，使要约丧失法律约束力的意思表示。要约可以撤销。撤销要约的通知应当在受要约人发出承诺通知之前到达受要约人。为了充分保护受要约人的合法权益，有下列情形之一的，要约不得撤销：

（1）要约人确定了承诺期限或者以其他形式明示要约不可撤销。“其他形式”是指要约虽然没有确定承诺期限，但是要约中明确记载只有在受到对方拒绝承诺的书面通知时才失效，这就明确表示要约是不可撤销的，即要约人主动放弃了撤销要约的权利。

（2）受要约人有理由认为要约是不可撤销的，并已经为履行合同作了准备工作。“有理由认为”是指按照以往的交易习惯或者要约人曾经向受要约人表示自己所发出的要约都是不可撤销的，而且受要约人已经做了一些准备工作，如购买原材料等。

4. 要约的失效

要约的失效是指要约丧失法律约束力。有下列情形之一的，要约失效：

（1）拒绝要约的通知到达要约人；

（2）要约人依法撤销要约；

（3）承诺期限届满，受要约人未作出承诺；

（4）受要约人对要约的内容作出实质性变更。

（二）承诺

承诺是受要约人同意要约的意思表示。

1. 承诺应具备的条件

（1）承诺必须由受要约人作出。

（2）承诺应当以通知的方式作出，但根据交易习惯或者要约表明可以通过行为作出承诺的除外。

（3）承诺必须在有效期限内作出。承诺应当在要约确定的期限内到达要约人。要约没有确定承诺期限的，承诺应当依照下列规定到达：要约以对话方式作出的，应当即时作出承诺，但当事人另有约定的除外；要约以非对话方式作出的，承诺应当在合理期限内到达。

要约以信件或者电报作出的，承诺期限自信件载明的日期或者电报交发之日开始计算。信件未载明日期的，自投寄该信件的邮戳日期开始计算。要约以电话、传真等快速通信方式作出的，承诺期限自要约到达受要约人时开始计算。

受要约人超过承诺期限发出承诺的，除要约人及时通知受要约人该承诺有效的以外，为新要约。受要约人在承诺期限内发出承诺，按照通常情形能够及时到达要约人，但因其他原因承诺到达要约人时超过承诺期限的，除要约人及时通知受要约人因承诺超过期限不接受该承诺的以外，该承诺有效。

（4）承诺的内容必须与要约的内容一致。受要约人对要约的内容作出实质性变更的，为新要约。有关合同标的、数量、质量、价款或者报酬、履行期限、履行地点和方式、违约责任和解决争议方法等的变更，是对要约内容的实质性变更。承诺对要约的内容作出非实质性变更的，除要约人及时表示反对或者要约表明承诺不得对要约的内容作出任何变更的以外，该承诺有效，合同的内容以承诺的内容为准。

导入案例中，问题（1），甲回复报价的行为性质属于承诺。因其内容与要约一致，且在承诺期内作出。符合承诺应具备的条件。

2．承诺的生效

承诺通知到达要约人时生效。承诺不需要通知的，根据交易习惯或者要约的要求作出承诺的行为时生效。采用数据电文形式订立合同的，收件人指定特定系统接收数据电文的，该数据电文进入该特定系统的时间，视为承诺到达时间；未指定特定系统的，该数据电文进入收件人的任何系统的首次时间，视为承诺到达时间。

3．承诺的撤回

承诺可以撤回。撤回承诺的通知应当在承诺通知到达要约人之前或者与承诺通知同时到达要约人。

【举例】甲公司于2015年3月1日向乙公司发出函电："现有当年产玉米50吨，每吨1 000元，我公司负责送货，货到付款。如贵方需购，望于接到电报之日起一周内回复为盼"。3月3日，乙给甲复电称："接受贵方条件，但望以每吨800元成交"。

请问：（1）甲乙之间的合同关系是否成立？

（2）假设乙公司在3月15日复电称："完全接受贵方条件"，则甲乙之间的合同关系是否成立？

【答案】（1）不成立；（2）不成立。

【解析】（1）《合同法》第30条规定：承诺的内容应当与要约的内容一致。受要约人对要约的内容作出实质性变更的，为新要约。有关合同标的、数量、质量、价款或者报酬、履行期限、履行地点和方式、违约责任和解决争议方法等的变更，是对要约内容的实质性变更。本案中，价款发生了变更，故为新要约，无承诺，合同不成立。（2）《合同法》第28条规定：受要约人超过承诺期限发出承诺，除要约人及时通知受要约人该承诺有效的以外，为新要约。同理，无承诺，合同不成立。

二、合同成立的时间和地点

（一）合同成立的时间

承诺生效时合同成立。当事人采用合同书形式订立合同的，自双方当事人签字或者盖章时合同成立。当事人采用信件、数据电文等形式订立合同的，可以在合同成立之前要求签订确认书，签订确认书时合同成立。法律、行政法规规定或者当事人约定采用书面形式订立合同，当事人未采用书面形式但一方已经履行主要义务，对方接受的，该合同成立。采用合同书形式订立合同，在签字或者盖章之前，当事人一方已经履行主要义务，对方接受的，该合同成立。

导入案例中，问题（2），买卖合同依法成立。根据《合同法》规定，当事人约定采用书面形式订立合同，当事人未采用书面形式但一方已经履行主要义务，对方接受的，该合同成立。本案中，虽双方未按约定签订书面合同，但乙已实际履行合同义务，甲亦接受，未及时提出异议，故合同成立。

（二）合同成立的地点

承诺生效的地点为合同成立的地点。当事人采用合同书形式订立合同的，双方当事人签字或者盖章的地点为合同成立的地点。采用数据电文形式订立合同的，收件人的主营业地为合同成立的地点；没有主营业地的，其经常居住地为合同成立的地点。当事人另有约定的，按照其约定。

三、合同的内容

（一）合同的一般条款

合同的内容由当事人约定，一般包括以下条款：①当事人的名称或者姓名和住所；②标的；③数量；④质量；⑤价款或者报酬；⑥履行期限、地点和方式；⑦违约责任；⑧解决争议的方法。

当事人可以参照各类合同的示范文本订立合同。

（二）格式条款

1．格式条款的定义及要求

格式条款是当事人为了重复使用而预先拟定，并在订立合同时未与对方协商的条款。采用格式条款订立合同的，提供格式条款的一方应当遵循公平原则确定当事人之间的权利和义务，并采取合理的方式提请对方注意免除或者限制其责任的条款，按照对方的要求，对该条款予以说明。

2．格式条款的无效

（1）格式条款具有一方以欺诈、胁迫的手段订立合同，损害国家利益；恶意串通，损害国家、集体或者第三人利益；以合法形式掩盖非法目的；损害社会公共利益；违反法律、行政法规的强制性规定情形之一的，无效。

（2）格式条款约定造成对方人身伤害的；因故意或者重大过失造成对方财产损失的免责条款无效。

（3）提供格式条款一方免除其责任、加重对方责任、排除对方主要权利的，该条款无效。

3．格式条款的解释

对格式条款的理解发生争议的，应当按照通常理解予以解释。对格式条款有两种以上解释的，应当作出不利于提供格式条款一方的解释。格式条款和非格式条款不一致的，应当采用非格式条款。

相关问题咨询

张三委托快递公司运输货物，后者出具了托运单，标明运费为10元，运送件数为1件。物品品名、体积、计费重量、物品保价、保险费栏均空白。托运单的正面左侧红字写明“请务必阅读背面条款，您的签名即视同已接受背书协议条款”，该背面第四条写明“本公司拒绝收寄现金等贵重物品，如果丢失，本公司概不负责”，第六条写明“购买保险纯属自愿，运输过程中货件丢失，客户购买保险的，按保险公司规定赔偿，没有购买保险的，按照运费3倍最高不超过200元赔偿”。

后货物丢失，张三诉称货件为一台笔记本电脑，价值5000元，要求赔偿。快递公司不予认可。

咨询意见：本案快递公司已经在货运单上对背面条款做了特别提示，已经采取了合理的方式提请对方注意，应认定已经履行了必要的告之和说明义务。张三对于背面的条款完全有选择的自由权，可以预见到并可以通过购买保险以避免风险。本案不能认定快递公司存在恶意通过格式条款免除其责任等情况，该格式条款应当认定为有效。

四、合同的形式

当事人订立合同，有书面形式、口头形式和其他形式。

1. 书面形式

法律、行政法规规定采用书面形式的，应当采用书面形式。当事人约定采用书面形式的，应当采用书面形式。书面形式是指合同书、信件和数据电文（包括电报、电传、传真、电子数据交换和电子邮件）等可以有形地表现所载内容的形式。

2. 口头形式

口头形式是当事人只用语言不用文字来进行意思表示并订立合同的形式。口头形式合同简便易行，即时清结的、简单的合同通常采用口头形式，但在发生合同纠纷时难以举证。

3. 其他形式

其他形式是根据当事人的行为或特定情形推定当事人之间达成协议。

五、缔约过失责任

缔约过失责任是指当事人在订立合同的过程中，因违背诚实信用原则致使合同不能成立，给对方造成损失时应承担的法律责任。它与违约责任不同，违约责任以合同的有效成立为基础，而缔约过失责任发生在缔约过程中。

当事人在订立合同过程中有下列情形之一，给对方造成损失的，应当承担损害赔偿责任：①假借订立合同，恶意进行磋商；②故意隐瞒与订立合同有关的重要事实或者提供虚假情况；③有其他违背诚实信用原则的行为。

当事人在订立合同过程中知悉的商业秘密，无论合同是否成立，不得泄露或者不正当地使用。泄露或者不正当地使用该商业秘密给对方造成损失的，应当承担损害赔偿责任。

第三节 合同的效力

合同的效力是指依法成立的合同对当事人产生的约束力。合同一经生效，当事人就必须按照合同的约定享有权利和承担义务。合同成立后，可能因符合法律规定而生效；可能因违反法律规定而无效；可能因意思表示不完全，可变更或可撤销；可能因欠缺有效要件而效力待定。

一、有效合同

1. 合同的生效要件

合同的生效要件有：①行为人具有相应的民事行为能力；②意思表示真实；③不违反法律或损害社会公共利益。

2．合同的生效时间

（1）依法成立的合同，自成立时生效。法律、行政法规规定应当办理批准、登记等手续生效的，依照其规定；

（2）附条件的合同。附生效条件的合同，自条件成就时生效。附解除条件的合同，自条件成就时失效。当事人为自己的利益不正当地阻止条件成就的，视为条件已成就；不正当地促成条件成就的，视为条件不成就；

（3）附期限的合同。附生效期限的合同，自期限届至时生效。附终止期限的合同，自期限届满时失效。

二、无效合同

无效合同是指严重欠缺合同的生效要件，不发生当事人预期的后果，不受法律保护的合同。

（一）无效合同的种类

1．全部无效合同

有下列情形之一，合同全部无效：①一方以欺诈、胁迫的手段订立合同，损害国家利益；②恶意串通，损害国家、集体或者第三人利益；③以合法形式掩盖非法目的；④损害社会公共利益；⑤违反法律、行政法规的强制性规定。

2．部分无效合同

合同中的下列免责条款无效：①造成对方人身伤害的；②因故意或者重大过失造成对方财产损失的。

（二）无效合同的法律后果

无效的合同自始没有法律约束力。合同部分无效，不影响其他部分效力的，其他部分仍然有效。合同无效不影响合同中独立存在的有关解决争议方法的条款的效力。

（三）无效合同的处理

1．返还财产

合同无效，因该合同取得的财产，应当予以返还。当事人恶意串通，损害集体或者第三人利益的，因此取得的财产返还集体或第三人。不能返还或者没有必要返还的，应当折价补偿。

2．赔偿损失

合同无效，有过错的一方应当赔偿对方因此所受到的损失，双方都有过错的，应当各自承担相应的责任。

3．收归国有

当事人恶意串通，损害国家利益的，因此取得的财产收归国家。

“小产权房”热销背后的风险

“小产权房”存在诸多法律风险：①小产权房只具备普通商品房的使用性质，不具备普通商品房的法律性质。所以购房者的购房合同属于无效合同。②如果遇到国家征地拆迁，由于小产权房没有国家认可的合法产权，购房人实际只拥有房屋的永久使用权，所以其折迁补偿要比普通商品房低很多。③由于小产权房没有在房管部门备案，不在政府机构对商品房的统一管理范围内，这样在使用房屋的过程中，如果遇到一些房屋质量问题、公共设施维护问题，无法有效维护权利。④开发资金和建筑质量一般是需要银行和政府进行监管的，而小产权房在这方面比较薄弱，几乎没有得力的监管机构，主要依靠开发商自律进行开发建设。⑤房地产市场整顿风险。因为小产权房不属于商品房，而农村宅基地按照现在的法律规定，宅基地上面的住房不允许向城市居民出售，宅基地由村集体享有土地所有权，村民享有使用权、继承权，但是不能转卖。以新农村名义建设的住宅除了村民自住的部分，流向城市居民的部分目前还没有明确的处置和管理办法。

三、可变更可撤销合同

可变更可撤销合同是指欠缺当事人意思表示真实的有效要件，依当事人的请求，由人民法院或者仲裁机构变更或者撤销的合同。

1．可变更可撤销合同的种类

（1）因重大误解订立的合同。

重大误解是指当事人作出意思表示时，对涉及合同法律效果的重大事项存在着认识上的显著缺陷，其结果是误解一方遭受较大损失，以至不能达到缔约目的。重大误解主要包括：①对合同性质的误解，如将借用合同误以为赠与合同；②对当事人的误解；③对标的物的误解，包括质量、数量；④对履行时间、地间、方式的误解等。

（2）在订立合同时显失公平的合同。

显失公平是指合同当事人各方的权利义务明显不对等，对一方过分有利，而对另一方则过分不利。这类情况强调的是订立合同时，而非履行合同时。

（3）一方以欺诈、胁迫的手段或者乘人之危，使对方在违背真实意思的情况下订立的合同

若一方以欺诈、胁迫手段损害国家利益，则合同属于无效合同。

2．可变更可撤销合同的处理

当事人可以向人民法院或仲裁机构申请变更或撤销合同，合同当事人请求变更的，人民法院或者仲裁机构不得撤销。具有撤销权的当事人自知道或者应当知道撤销事由之日起一年内没有行使撤销权；或者当事人知道撤销事由后明确表示或者以自己的行为放弃撤销权，撤销权消灭。

3．可撤销合同的法律后果

被撤销的合同自始没有法律约束力，其法律后果及财产处理与无效合同相同。撤销权消灭的，当事人之间的合同属于有效合同。

四、效力待定合同

效力待定合同是指合同欠缺有效要件，是否有效处于不确定的状态，必须等有形成权的第三人同意或拒绝来确定效力的合同。

1．效力待定合同的种类

（1）限制民事行为能力人订立的合同。

限制民事行为能力人订立的合同，经法定代理人追认后，该合同有效，但纯获利益的合同或者与其年龄、智力、精神健康状况相适应而订立的合同，不必经法定代理人追认。

相对人可以催告法定代理人在一个月内予以追认。法定代理人未作表示的，视为拒绝追认。合同被追认之前，善意相对人有撤销的权利。撤销应当以通知的方式作出。

（2）无权代理的合同。

行为人没有代理权、超越代理权或者代理权终止后以被代理人名义订立的合同，未经被代理人追认，对被代理人不发生效力，由行为人承担责任。但相对人有理由相信行为人有代理权的，该代理行为有效。

相对人可以催告被代理人在一个月内予以追认。被代理人未作表示的，视为拒绝追认。合同被追认之前，善意相对人有撤销的权利。撤销应当以通知的方式作出。

（3）法人或者其他组织的法定代表人、负责人超越权限订立的合同。

法人或者其他组织的法定代表人、负责人超越权限订立的合同，除相对人知道或者应当知道其超越权限的以外，该代表行为有效。

（4）无处分权的人处分他人财产的合同。

无处分权的人处分他人财产，经权利人追认或者无处分权的人订立合同后取得处分权的，该合同有效。

2．效力待定合同的处理

对于效力待定的合同，如果第三人同意的，合同有效；如果第三人不同意的，合同则无效，其财产处理与无效合同相同。

第四节　合同的履行

合同的履行是指债务人全面地、适当地完成约定的义务，以使债权人的债权得到解决实现。在合同的履行过程中，当事人应当遵循诚实信用原则，根据合同的性质、目的和交易习惯履行通知、协助、保密等义务。

一、合同履行的规则

1．合同部分条款没有约定或约定不明确时的履行规则

合同生效后，当事人就质量、价款或者报酬、履行地点等内容没有约定或者约定不明确的，可以协议补充；不能达成补充协议的，按照合同有关条款或者交易习惯确定。如果按前两种方式仍不能确定的，通过下列法律补救来明确。

（1）质量要求不明确的，按照国家标准、行业标准履行；没有国家标准、行业标准的，按照通常标准或者符合合同目的的特定标准履行。

（2）价款或者报酬不明确的，按照订立合同时履行地的市场价格履行；依法应当执行政府定价或者政府指导价的，按照规定履行。

（3）履行地点不明确，给付货币的，在接受货币一方所在地履行；交付不动产的，在不动产所在地履行；其他标的，在履行义务一方所在地履行。

（4）履行期限不明确的，债务人可以随时履行，债权人也可以随时要求履行，但应当给对方必要的准备时间。

（5）履行方式不明确的，按照有利于实现合同目的的方式履行。

（6）履行费用的负担不明确的，由履行义务一方负担。

2．执行政府定价或者政府指导价遇价格调整时的履行规则

执行政府定价或者政府指导价的，在合同约定的交付期限内政府价格调整时，按照交付时的价格计价。逾期交付标的物的，遇价格上涨时，按照原价格执行；价格下降时，按照新价格执行。逾期提取标的物或者逾期付款的，遇价格上涨时，按照新价格执行；价格下降时，按照原价格执行。

3．当事人变化对合同履行的影响

合同生效后，当事人不得因姓名、名称的变更或者法定代表人、负责人、承办人的变动而不履行合同义务。

二、合同对第三人的效力

1．为第三人利益订立的合同

当事人约定由债务人向第三人履行债务的，债务人未向第三人履行债务或者履行债务不符合约定，应当向债权人承担违约责任。

2．第三人代为履行的合同

当事人约定由第三人向债权人履行债务的，第三人不履行债务或者履行债务不符合约定，债务人应当向债权人承担违约责任。

三、合同履行中的抗辩权

抗辩权又称异议权，是指对抗请示权或者否认他人权利主张的权利，其作用是使对方的权利受到阻碍或消灭。履行抗辩权是一种自助权，当事人在符合法定条件时，可以自己行使该权利，不必经人民法院或仲裁机构确认。双务合同的当事人互负对待给付义务，当事人一方所享有的合同权利，就是对方所承担的合同义务。在双务合同的履行过程中，当事人享有履行抗辩权。

（一）同时履行抗辩权

1．概念

同时履行抗辩权是指当事人互负债务，没有先后履行顺序的，应当同时履行。一方在对方履行之前有权拒绝其履行要求。一方在对方履行债务不符合约定时，有权拒绝其相应的履行要求。

2．适用条件

（1）当事人因同一双务合同而互负债务；

（2）双方当事人互负的债务没有先后顺序且均已到期；

（3）对方当事人未履行债务或未按约定履行债务；

（4）对方的对待给付是可能履行的。

3．法律效力

同时履行抗辩权属于延缓的抗辩权，只是暂时阻止对方当事人请求权的行使，不具有消灭对方请求权的效力。一旦对方当事人完全履行了合同义务，同时履行抗辩权消灭，当事人应当履行自己的义务。

（二）不安抗辩权

1．概念

不安抗辩权是指在有先后履行顺序的双务合同中，应当先履行债务的当事人有确切证据证明对方具备丧失或可能丧失履行债务能力的法定情形，而中止自己债务履行的权利。不安抗辩权制度的设立是为了保护先履行当事人一方的合法权益。

2．适用条件

（1）当事人因同一双务合同而互负债务。

（2）一方当事人应先履行债务。

（3）不安抗辩权的行使人是履行债务顺序在先的一方当事人。

（4）后履行一方有不能对待给付的现实危险。具体包括：①经营状况严重恶化；②转移财产、抽逃资金，以逃避债务；③丧失商业信誉；④有丧失或者可能丧失履行债务能力的其他情形。

3．法律效力

（1）中止履行。应当先履行债务的当事人，有确切证据证明对方有上述情形之一的，可以中止履行；对方提供适当担保时，应当恢复履行。

（2）解除合同。行使不安抗辩权的当事人中止履行后，对方在合理期限内未恢复履行能力并且未提供适当担保的，中止履行的一方可以解除合同。

值得注意的是主张不安抗辩权的当事人负有通知和举证的义务。当事人依法中止合同履行的，应当及时通知对方；没有确切证据中止履行的，应当承担违约责任。

（三）后履行抗辩权

1．概念

后履行抗辩权是指当事人互负债务，有先后履行顺序，先履行一方未履行的，后履行一方有权拒绝其履行要求。先履行一方履行债务不符合约定的，后履行一方有权拒绝其相应的履行要求。

2．适用条件

（1）当事人因同一双务合同而互负债务；

（2）合同债务的履行有先后履行顺序；

（3）先履行一方未履行债务或者履行债务不符合约定的；

（4）后履行抗辩权的行使人是履行债务顺序在后的一方当事人。

四、合同的保全

合同的保全，是指为防止债务人的财产不当减少而给债权人的债权带来危害，对合同关系之外的第三人所采取的保护债权的法律措施。它包括代位权和撤销权两种制度。

（一）代位权

1．代位权的概念

代位权是指因债务人怠于行使其对第三人的到期债权，对债权人造成损害，债权人可以向人民法院请求以自己的名义代位行使债务人的债权，以保全自己的债权。

2. 代位权的成立要件

（1）债权人对债务人的债权合法；

（2）债务人对第三人享有合法债权，且已到期，但该债权专属于债务人自身的除外。如基于抚养、扶养、赡养和继承关系产生的给付请求权；劳动报酬、退休金、养老金、抚恤金、安置费、人身伤害赔偿请求权等权利，债权人不能代为行使。

（3）债务人怠于行使对第三人的到期债权，损害到债权人利益。怠于行使指的是债务人客观上应行使而不行使。

（4）债权人和债务人的合同已到期，债务人已陷于迟延履行。

3. 代位权的行使

（1）行使代位权的主体是债权人；

（2）债权人必须以自己的名义行使；

（3）债权人必须以诉讼的方式行使；

（4）代位权的行使范围以债权人的债权为限；

（5）债权人行使代位权的必要费用，由债务人负担。

（二）撤销权

1. 撤销权的概念

撤销权是指因债务人放弃其到期债权或者无偿转让财产，对债权人造成损害的，债权人可以请求人民法院撤销债务人的行为。债务人以明显不合理的低价转让财产，对债权人造成损害，并且受让人知道该情形的，债权人也可以请求人民法院撤销债务人的行为。

2. 撤销权的成立要件

（1）必须有债务人的不当行为，包括放弃其到期债权、无偿转让财产、以明显不合理的低价转让财产等行为；

（2）债务人的行为必须害及债权，致使债权不能完全得到清偿；

（3）债务人主观上有恶意，明知与第三人的行为有害于债权人而故意为之。

3. 撤销权的行使

（1）行使撤销权的主体是债权人。

（2）债权人必须以诉讼的方式行使。

（3）撤销权的行使范围以债权人的债权为限；债权人行使撤销权的必要费用，由债务人负担。

（4）撤销权的行使应在法定期间内进行。撤销权自债权人知道或者应当知道撤销事由之日起 1 年内行使。自债务人的行为发生之日起 5 年内没有行使撤销权的，该撤销权消灭。

导入案例中的问题（3），乙可向人民法院提出形式撤销权的请求，撤销甲的放弃到期债权、无偿转让财产的行为，以维护其权益。对撤销权的行使期间，《合同法》规定，撤销权应自债权人知道或者应当知道撤销事由之日起 1 年内行使，自债务人的行为发生之日起 5 年内未行使撤销权的，该权利消灭。

第五节 合同的变更、转让及终止

一、合同的变更

依法订立的合同，即具有法律约束力，当事人必须全面履行合同规定的义务，任何一方不得擅自变更或者解除。但是，在合同履行过程中，由于主客观情况的变化，使原合同的履行已经不可能或不必要时，当事人可以依法变更合同。

1. 合同变更的概念

合同的变更，是指依法成立的合同没有履行或没有完全履行时，当事人根据客观情况的变化，依照法律规定的条件和程序，就合同内容进行修改和补充而达成的协议。

2. 合同变更的条件

合同变更的条件包括：①存在原有效合同关系。②合同内容已发生变化。合同内容的变化包括标的物品质的改变、数量的增减、价款或酬金的增减、履行期限、地点或方式的变更等，但不包括合同主体的变更。③合同的变更须经当事人协商一致，当事人对合同变更的内容约定不明确的，推定为未变更。④遵守法律规定的形式。法律、行政法规规定变更合同应当办理批准、登记等手续的，依照其规定。

二、合同的转让

合同的转让是指合同当事人一方依法将其合同的权利和义务全部或部分转让给第三人的行为。合同的转让是合同主体的变更，合同的内容不发生改变。

合同的转让可分为三种情况：债权转让、债务承担和债权债务的概括转移。

（一）债权转让

1. 债权转让的概念

债权转让是指债权人通过协议将其债权全部或部分转让给第三人的行为。原债权人为让与人，第三人为受让人。但有下列情形之一的除外：①根据合同性质不得转让；②按照当事人约定不得转让；③依照法律规定不得转让。

2. 债权转让的生效要件

债权人转让权利的，应当通知债务人。未经通知，该转让对债务人不发生效力。债权人转让权利的通知不得撤销，但经受让人同意的除外。

法律、行政法规规定转让权利应当办理批准、登记等手续的，依照其规定。

3. 债权转让的效力

（1）关于从权利。债权人转让权利的，受让人取得与债权有关的从权利，但该从权利专属于债权人自身的除外。

（2）关于抗辩权。债务人接到债权转让通知后，债务人对让与人的抗辩，可以向受让人主张。

（3）关于抵销权。债务人接到债权转让通知时，债务人对让与人享有债权，并且债务人的债权先于转让的债权到期或者同时到期的，债务人可以向受让人主张抵销。

（二）债务承担

1．债务承担的概念

债务承担是指债务人将合同的义务全部或部分转移给第三人的行为。在债务全部转移中，债务人脱离原来的合同关系而由第三人取代原债务人；在债务部分转移中，原债务人并没有脱离债的关系，而是第三人加入债的关系，与债务人一并向同一债权人承担合同责任。

2．债务承担应具备的条件

（1）合法有效的债务是债务承担的前提。

（2）债务具有可转移性。

（3）第三人与债务人达成承担债务的协议。

（4）须经债权人同意。债的关系建立在债权人对债务人履行能力的了解和信任的基础上，而债务承担涉及债务人能力的变化，对债权人权利的实现有重大影响。因此，债务人将合同的义务全部或者部分转移给第三人的，应当经债权人同意。法律、行政法规规定转移义务应当办理批准、登记等手续的，依照其规定。

3．债务承担的效力

债务人转移义务的，新债务人可以主张原债务人对债权人的抗辩。

债务人转移义务的，新债务人应当承担与主债务有关的从债务，但该从债务专属于原债务人自身的除外。

（三）债权债务的概括转移

1．债权债务的概括转移的概念

债权债务的概括转移是指合同中的权利和义务同时转移给第三人享有和承担的行为。

2．债权债务的概括转移的类型

（1）合同承受，是指当事人一方经对方同意，将自己在合同中的权利和义务一并转让给第三人。

（2）因当事人合并、分立而发生。当事人订立合同后合并的，由合并后的法人或者其他组织行使合同权利，履行合同义务。当事人订立合同后分立的，除债权人和债务人另有约定的以外，由分立的法人或者其他组织对合同的权利和义务享有连带债权，承担连带债务。

三、合同的终止

合同终止是指合同权利义务关系的消灭。导致合同权利义务关系终止有履行、解除、抵销、提存、免除、混同等情形。

（一）债务已经按照约定履行

合同因履行而终止，即当事人已经按照合同的约定全面履行了各自的义务，缔约目的已经实现，这是最为正常的情形。

（二）合同解除

合同的解除是指合同有效成立后，因当事人协商或当事人一方的意思表示，使合同的权利义务关系提前终止的行为。合同解除分约定解除和法定解除两种。

1．约定解除

（1）协议解除。

当事人协商一致，可以解除合同。即合同中没有约定解除条件，但在合同履行完毕前，经当事人协商一致而解除合同。

（2）约定解除权。

当事人在合同中约定一方解除合同的条件。解除合同的条件成立时，解除权人可以解除合同。法律规定或者当事人约定解除权行使期限，期限届满当事人不行使的，该权利消灭。法律没有规定或者当事人没有约定解除权行使期限，经对方催告后在合理期限内不行使的，该权利消灭。

2．法定解除

法定解除是由法律直接规定解除的条件，当条件具备时，当事人可以解除合同。

有下列情形之一的，当事人可以解除合同：①因不可抗力致使不能实现合同目的；②在履行期限届满之前，当事人一方明确表示或者以自己的行为表明不履行主要债务；③当事人一方迟延履行主要债务，经催告后在合理期限内仍未履行；④当事人一方迟延履行债务或者有其他违约行为致使不能实现合同目的；⑤法律规定的其他情形。

当事人主张解除合同的，应当通知对方。合同自通知到达对方时解除。对方有异议的，可以请求人民法院或者仲裁机构确认解除合同的效力。法律、行政法规规定解除合同应当办理批准、登记等手续的，依照其规定。

合同解除后，尚未履行的，终止履行；已经履行的，根据履行情况和合同性质，当事人可以要求恢复原状、采取其他补救措施，并有权要求赔偿损失。

（三）债务相互抵销

债务相互抵销是合同当事人互负债务，各以其债权冲抵债务，而使其债务与对方的债务在对等额内相互消灭。分法定抵销和约定抵销两种。

1．法定抵销

当事人互负到期债务，该债务的标的物种类、品质相同的，任何一方可以将自己的债务与对方的债务抵销，但依照法律规定或者按照合同性质不得抵销的除外。当事人主张抵销的，应当通知对方。通知自到达对方时生效。抵销不得附条件或者附期限。

2．约定抵销

当事人互负债务，标的物种类、品质不相同的，经双方协商一致，也可以抵销。

（四）债务人依法将标的物提存

提存是指因债权人的原因导致合同无法履行，债务人将履行的标的物交给人民法院或公证机关，以消灭债务的行为。提存制度解决了合同债权债务关系长期悬而不决的状态，维护了债务人的合法权益。

1．提存的条件

有下列情形之一，难以履行债务的，债务人可以将标的物提存：①债权人无正当理由拒绝受领；②债权人下落不明；③债权人死亡未确定继承人或者丧失民事行为能力未确定监护人；④法律规定的其他情形。

标的物不适于提存或者提存费用过高的，债务人依法可以拍卖或者变卖标的物，提存所得的价款。

2．提存后的通知义务

标的物提存后，除债权人下落不明的以外，债务人应当及时通知债权人或者债权人的继承人、监护人。

3．提存的法律后果

标的物提存后，毁损、灭失的风险由债权人承担。提存期间，标的物的孳息归债权人所有。提存费用由债权人负担。

4．提存物的受领

债权人可以随时领取提存物，但债权人对债务人负有到期债务的，在债权人未履行债务或者提供担保之前，提存部门根据债务人的要求应当拒绝其领取提存物。债权人领取提存物的权利，自提存之日起5年内不行使而消灭，提存物扣除提存费用后归国家所有。

（五）债权人免除债务

免除是指债权人以消灭债为目的而放弃债权的单方意思表示。债权人免除债务人部分或者全部债务的，合同的权利义务部分或者全部终止。

（六）债权债务同归于一人

债权和债务同归于一人，法律上称为混同。合同关系须有债权人和债务人同时存在才能成立，当事人合为一人时，合同关系自然终止。但涉及第三人利益的除外。

（七）法律规定或者当事人约定终止的其他情形

合同的权利义务终止后，当事人应当遵循诚实信用原则，根据交易习惯履行通知、协助、保密等义务。合同的权利义务终止，不影响合同中结算和清理条款的效力。

第六节 违 约 责 任

一、违约责任的概念

违约责任是指合同当事人不履行或履行合同不符合约定时应承担的民事责任。它以合同有效为前提。合同违约不论主观上是否存在过错，只要当事人有违约事实，就应当承担违约责任。但有些合同，法律又以当事人在主观上存在过错为承担违约责任的要件。故我国实行的是严格责任原则为主导，过错责任原则为补充的归责原则。因当事人一方的违约行为，侵害对方人身、财产权益的，受损害方有权选择依照合同法要求其承担违约责任或者依照其他法律要求其承担侵权责任。

违约行为表现为不履行和履行合同不符合约定。不履行包括不能履行和拒绝履行两种情形。不能履行又称给付不能，是债务人由于某种情形导致事实上已经不可能再履行债务，是客观上不能履行；拒绝履行是当事人一方明确表示或者以自己的行为表明不履行合同义务，是当事人有履约能力而不履行。履行合同不符合约定即不适当履行，由于债务人方面的原因导致没有完全按照债务的内容来履行，它包括不履行以外的一切违反合同义务的情形。

二、承担违约责任的方式

当事人一方不履行合同义务或者履行合同义务不符合约定的，应当承担继续履行、采取补救措施或者赔偿损失等违约责任。

1．继续履行

继续履行，是指当事人一方不履行合同义务或者履行义务不符合约定时，另一方认为仍有履行的必要，请求强制违约方按照合同的约定继续履行合同的义务。

继续履行分为金钱债务的继续履行和非金钱债务的继续履行。对金钱债务的履行由于不存在履行不能，法律规定：当事人一方未支付价款或者报酬的，对方可以要求其支付价款或者报酬。而非金钱债务的继续履行由于可能存在履行不能，因此，法律规定：当事人一方不履行非金钱债务或者履行非金钱债务不符合约定的，对方可以要求履行，但有下列情形之一的除外：①法律上或者事实上不能履行；②债务的标的不适于强制履行或者履行费用过高；③债权人在合理期限内未要求履行。

2．采取补救措施

补救措施主要针对质量违约，包括修理、更换、重作、退货、减少价款或者报酬等措施。

质量不符合约定的，应当按照当事人的约定承担违约责任。对违约责任没有约定或者约定不明确，依照《合同法》第六十一条的规定仍不能确定的，受损害方根据标的的性质以及损失的大小，可以合理选择要求对方承担修理、更换、重作、退货、减少价款或者报酬等违约责任。

3．支付赔偿金

当事人一方不履行合同义务或者履行合同义务不符合约定的，在履行义务或者采取补救措施后，对方还有其他损失的，应当赔偿损失。

赔偿损失是最常见的责任方式，以实际发生的损失为计算标准。按完全赔偿的原则，违约方应对违约行为所造成的全部损失负责，包括直接损失和间接损失。

当事人一方不履行合同义务或者履行合同义务不符合约定，给对方造成损失的，损失赔偿额应当相当于因违约所造成的损失，包括合同履行后可以获得的利益，但不得超过违反合同一方订立合同时预见到或者应当预见到的因违反合同可能造成的损失。当事人一方违约后，对方应当采取适当措施防止损失的扩大；没有采取适当措施致使损失扩大的，不得就扩大的损失要求赔偿。当事人因防止损失扩大而支出的合理费用，由违约方承担。

经营者对消费者提供商品或者服务有欺诈行为的，依照《中华人民共和国消费者权益保护法》的规定承担损害赔偿责任。

4．支付违约金

违约金是合同当事人一方由于不履行合同或者履行合同不符合约定时，按约向对方支付一定数额的货币。不论违约的当事人是否已给对方造成损失，都应当支付。它是一种带有惩罚性质的经济补偿手段，主要目的是为了补偿当事人一方因对方的违约行为所遭受的损失。因此，约定的违约金低于造成的损失的，当事人可以请求人民法院或者仲裁机构予以增加；

约定的违约金过分高于造成的损失的，当事人可以请求人民法院或者仲裁机构予以适当减少。当事人就迟延履行约定违约金的，违约方支付违约金后，还应当履行债务。

5. 定金制裁

定金是合同的一种担保方式，同时也是一种违约责任。

当事人可以依照《中华人民共和国担保法》约定一方向对方给付定金作为债权的担保。债务人履行债务后，定金应当抵作价款或者收回。给付定金的一方不履行约定的债务的，无权要求返还定金；收受定金的一方不履行约定的债务的，应当双倍返还定金。

当事人既约定违约金，又约定定金的，一方违约时，对方可以选择适用违约金或者定金条款。

三、违约责任的免除

（一）违约责任免除的概念

违约责任的免除是指在合同的履行过程中，由于法律规定或当事人约定的免责事由，致使当事人不能履行合同或履行不符合约定，当事人可能免于承担违约责任。

（二）违约责任的免除事由

1. 不可抗力

不可抗力，是指不能预见、不能避免并不能克服的客观情况。因不可抗力不能履行合同的，根据不可抗力的影响，部分或者全部免除责任，但法律另有规定的除外。当事人迟延履行后发生不可抗力的，不能免除责任。当事人一方因不可抗力不能履行合同的，应当及时通知对方，以减轻可能给对方造成的损失，并应当在合理期限内提供证明。

2. 法定免责事由

法律特别规定的免责事由如租赁合同中，承租人按照约定的方法或者租赁物的性质使用租赁物，致使租赁物受到损耗的，不承担赔偿责任；货物运输合同中，承运人能够证明货物的毁损、灭失是因货物本身的自然性质或者合理损耗及托运人、收货人的过错造成的，不承担损害赔偿责任。

3. 约定免责事由

约定免责事由是指当事人通过合同约定的免除承担违约责任的事由。由于当事人在合同中预先约定，旨在限制或免除其未来责任的条款。前提是免责条款合法。

需要注意的是，第三人的原因导致违约不能成为当事人免责的理由。当事人一方因第三人的原因造成违约的，应当向对方承担违约责任。当事人一方和第三人之间的纠纷，依照法律规定或者按照约定解决。

小结

合同是平等主体之间设立、变更、终止民事法律关系的协议。合同法遵循平等、自愿、公平、诚信、合法、遵守公序良俗的基本原则。当事人订立合同，采取要约、承诺方式；合同的内容包括当事人的名称或者姓名和住所、标的、数量、质量、价款或报酬、履行的期限、地点和方式、违约责任、解决争议的方法等条款；合同采用书面、口头或其他形式。合同根据效力分有效合同、无效合同、可变更或可撤销合同和效力待定合同。合同履行坚持全面履行、适当履行和协作履行的原则，当事人可行使合同履行中的抗辩权，合同保全包括代位权和撤销权。当事人协商一致，可以变更合同；合同转让包括债权转让、债务承担、债权债务的概括转移三种情形；合同的终止有履行、解除、抵销、提存、免除、混同等情形。承担违约责任的方式有继续履行、采取补救措施、支付赔偿金、支付违约金和定金制裁等，不可抗力免责。

思考与练习

一、判断题

1. 合同的当事人可以是任何自然人和法人。 （　　）
2. 合同依法成立即具有法律约束力，任何一方不得变更或解除。 （　　）
3. 无效合同从发现之日起不具有法律效力。 （　　）
4. 当事人一方迟延履行主要债务，经催告后在合理期限内仍未履行，当事人可以解除合同。 （　　）
5. 当事人既约定违约金，又约定定金的，一方违约时，对方可以合并使用两个条款。 （　　）

二、不定项选择题

1. 属于我国《合同法》调整范围的是（　　）。

A. 离婚合同　　B. 买卖合同
C. 保险合同　　D. 劳动合同

2. 以下情形中属于无效合同的是（　　）。

A. 乘人之危而订立的合同
B. 恶意串通，损害第三人利益的合同
C. 无权代理合同
D. 显失公平的合同

3. 甲企业与乙企业就手机购销协议进行洽谈，其间乙采取了保密措施的市场开发计划被甲得知，甲遂推迟与乙签约，开始有针对性地吸引乙的潜在客户，导致乙的市场份额锐减。下列说法正确的有（　　）。

A. 甲的行为属于正常的商业竞争行为
B. 甲的行为违反了先合同义务
C. 甲的行为侵犯了乙的商业秘密
D. 甲应承担缔约过失责任

4. 以下合同中属于可撤销合同的是（　　）。

A. 违反法律、行政法规强制性规定的合同

B. 因重大误解订立的合同

C. 损害公共利益的合同

D. 订立时显失公平的合同

5. 以下合同中属于效力待定合同的是（　　）。

A. 11 岁的王某到商店购买电子游戏机

B. 甲公司销售代理商在代理期限届满后继续销售甲公司的产品

C. 甲委托乙保管其电视，后又将该电视赠给乙，乙随后将电视出售给丙

D. 15 岁的中学生李某请同学到快餐店吃饭

三、案例分析题

1. 某工厂向某大学去函表示："本厂生产的 w 型电教室耳机，每副单价 30 元。如果贵校需要，请与我厂联系。"该大学回函："我校原向贵厂订购 w 型耳机 1 000 副，每副单价 30 元，但需在耳机上附加一个音量调节器。"2 个月后，该大学收到工厂发来的 1 000 副耳机，但这批耳机上没有音量调节器，于是拒收，为此该工厂以该大学违约为由起诉于法院。请回答该大学是否违约？为什么？

2. 李某的父亲生前是一个集邮爱好者，去世时还留有几本邮票。李某对邮票从不感兴趣，觉得这些邮票不好处理。一日，李某的朋友刘某来吃饭，无意间发现了这几本邮票，刘某也是一集邮爱好者，他随即表示愿意全部购买，最后以 5 000 元的价格将邮票全部拿走，李某对这一价格也比较满意。事过不久，李某从父亲生前的一朋友处得知，他父亲所留的邮票中，有 5 张相当珍贵，可能每张都值 5 000 元；同时另一同事告诉他，刘某正在寻找买主。李某立即找到刘某，要求退还刘某的 5 000 元钱，取回邮票，但刘某坚决不同意。双方协商不成，李某诉至法院，要求撤销合同，返还邮票。请问：李某与刘某间买卖邮票的行为的效力如何？

3. 甲经营饭店向乙借款 5 万元，借款期限为 1 年，利率与同期银行利率相同。双方约定的还款期限为 2014 年 12 月 5 日。由于甲经营管理不善，结果严重亏损。还款期限一到，乙向甲索要借款与利息。甲称无力还款，乙便让甲变卖饭店或向他人借款等方式清偿自己的债权。甲请求给自己一个月的时间筹款、想办法。在此期间，甲考虑到反正饭馆也保不住了，不如做个顺水人情，将饭馆无偿转让给他的侄子丙经营（整个饭馆可折价 2 万元）。甲还有一辆价值 1 万元的摩托车，以 2 000 元的价格卖给了饭店的厨师丁。2015 年 1 月 5 日，乙又来催甲还款。甲告之饭店和摩托车都不属于自己的财产，仅有 2 000 元用于还贷。乙该怎么办？

4. 某运输公司受农场委托长途运送生猪，途经某市遇酷热天气，运输公司派出的押运人员张某、杨某根据经验决定给生猪降温。他们从某农资公司购喷雾器，清洗后即灌入自来水向生猪喷水降温。运达后收货人某肉食公司发觉生猪异常，经检验生猪不同程度农药中毒。后查该喷雾器售前曾供给农户李某使用过，农药系李某使用后残留所致。

请问：（1）肉食公司可否拒收生猪？为什么？

（2）农场应向谁提出索赔要求？为什么？

（3）本案存在哪几个合同关系？试一一列举。

实训题——拟定合同

实训要求：参照合同范本，两人一组，签订一份房屋租赁合同。

房屋租赁合同

甲方（出租方）__________ 身份证号码____________________
乙方（承租方）__________ 身份证号码____________________
现经甲乙双方充分了解、协商，一致达成如下租房合同：
一、房屋的坐落、面积、装修及设施设备____。

二、租赁期限：____，即___年___月___日至___年___月___日。

三、租金及交纳时间：每月______元，乙方应每____月付一次，先付后住。第一次乙方应于甲方将房屋交付同时，将房租付给甲方；第二次及以后付租金，乙方应提前一个月付清。

四、租房押金：乙方应于签约同时付给甲方押金_____元，到期结算，多余归还。

五、租赁期间的其他约定事项：

1．甲乙双方应提供真实有效的房产证、身份证等证件。

2．甲方提供完好的房屋、设施、设备，乙方应注意爱护，不得破坏房屋装修、结构及设施、设备，否则应按价赔偿。

3．水、电、煤气、电话、网络、有线电视等的使用费及物业、电梯、卫生费等所有费用都由乙方支付。

入住日抄见：水______度，电______度，煤气______度。所有费用乙方应按时付清。

4．房屋只限乙方使用，乙方不得私自转租、改变使用性质或供非法用途。租下本房后，乙方应立即办好租赁登记、暂住人口登记等手续。若发生非法事件，乙方自负后果。

5．合同一经签订，双方都不得提前解除。租赁期内，如遇不可抗力因素导致无法继续履行本合同的，本合同自然终止，双方互不承担违约责任。

6．甲乙双方约定，乙方如需开具房租发票，因此产生的税费由乙方支付。

7．此合同未尽事宜，双方可协商解决，并作出补充条款，补充条款与本合同有同等效力。双方如果出现纠纷，先友好协商，协商不成的，可向人民法院起诉。

8．本合同经签字（盖章）生效，本次租赁中介即告成功，乙方应立即支付丙方中介费______元，逾期三天不付将被视作乙方违约，乙方除按约立即支付丙方中介费外，自愿另行支付丙方中介费等额的违约金，违约金不足以弥补丙方损失的，乙方须另行给予丙方赔偿。合同生效后，甲乙双方发生变更，中介费不得退回。

9．其他____。

六、违约责任：

甲乙双方中任一方有违约情况发生的，违约方应向守约方支付违约金，违约金为____________元，损失超过违约金时，须另行追加赔偿。

七、本合同一式三份，甲乙丙三方各执一份，具有同等法律效力。

甲方（签字）：__________ 乙方：（签字）：__________ 丙方：（盖章）__________
联系电话：__________ 联系电话：__________ 联系电话：__________
签约日期：

第九章 担保法及物权法之担保物权

学习目标

知识目标

- 全面掌握保证的法律规定
- 掌握抵押和质押的法律规定
- 掌握留置的法律规定
- 掌握定金罚则

能力目标

- 能针对不同的合同，采取适当的担保方式
- 能灵活运用一般保证责任和连带保证责任
- 能区分抵押和质押
- 正确行使留置权

引导案例

黄河公司以其房屋作抵押，先后向甲银行借款 100 万元，乙银行借款 300 万元，丙银行借款 500 万元，并依次办理了抵押登记。后丙银行与甲银行商定交换各自抵押权的顺位，并办理了变更登记，但乙银行并不知情。因黄河公司无力偿还三家银行的到期债务，银行拍卖其房屋，仅得价款 600 万元。三家银行对该价款应如何分配？

合同的担保是指依据法律规定或者当事人的约定，为保证合同履行或者债权实现而采取的法律保障措施。担保活动应当遵循平等、自愿、公平、诚实信用的原则。担保合同包括保证合同、抵押合同、质押合同、定金合同，它们可以是单独订立的书面合同，包括当事人之间的具有担保性质的信函、传真等，也可以是主合同中的担保条款。担保合同是主合同的从合同，主合同无效，担保合同无效。担保合同另有约定的，按照约定。我国现行的《中华人民共和国担保法》（以下简称《担保法》）是 1995 年 6 月 30 日第八届全国人民代表大会常务委员会第十四次会议通过，自 1995 年 10 月 1 日起施行的。2007 年 3 月 16 日第十届全国人民代表大会第五次会议通过了《中国人民共和国物权法》（以下简称《物权法》），自 2007 年 10 月 1 日起施行。《物权法》第四编为担保物权，《担保法》与《物权法》的规定不一致的，适用《物权法》的规定。

我国的担保方式有保证、抵押、质押、留置和定金。

第一节 保　证

一、保证的概念

保证，是指保证人和债权人约定，当债务人不履行债务时，保证人按照约定履行债务或者承担责任的行为。保证人承担保证责任后，有权向债务人追偿。人民法院受理债务人破产案件后，债权人未申报债权的，保证人可以参加破产财产分配，预先行使追偿权。

在保证关系中，涉及债权人、债务人和保证人三方主体。债权人与债务人之间的债权债务关系是保证关系存在的前提，他们之间的合同是主合同；保证人和债权人之间的保证关系是附属于主债权债务关系的，他们之间的合同是从合同。

二、保证人

1. 保证人的条件

具有代为清偿债务能力的法人、其他组织或者公民，可以作保证人。

2. 不能作为保证人的范围

（1）国家机关。国家机关不得为保证人，但经国务院批准为使用外国政府或者国际经济组织贷款进行转贷的除外。

（2）学校、幼儿园、医院等以公益为目的的事业单位、社会团体。

（3）企业法人的分支机构、职能部门。企业法人的分支机构有法人书面授权的，可以在授权范围内提供保证。企业法人的分支机构未经法人书面授权或者超出授权范围与债权人订立保证合同的，该合同无效或者超出授权范围的部分无效，债权人和企业法人有过错的，应当根据其过错各自承担相应的民事责任；债权人无过错的，由企业法人承担民事责任。

3. 共同保证人

同一债务有两个以上保证人的，保证人应当按照保证合同约定的保证份额，承担保证责任。没有约定保证份额的，保证人承担连带责任，债权人可以要求任何一个保证人承担全部保证责任，保证人都负有担保全部债权实现的义务。已经承担保证责任的保证人，有权向债务人追偿，或者要求承担连带责任的其他保证人清偿其应当承担的份额。

三、保证合同

保证人与债权人应当以书面形式订立保证合同。保证合同应当包括：①被保证的主债权种类、数额；②债务人履行债务的期限；③保证的方式；④保证担保的范围；⑤保证的期间；⑥双方认为需要约定的其他事项。

四、保证方式

保证的方式分为一般保证和连带责任保证。

1. 一般保证

当事人在保证合同中约定，债务人不能履行债务时，由保证人承担保证责任的，为一般保证。

一般保证的保证人在主合同纠纷未经审判或者仲裁，并就债务人财产依法强制执行仍不能履行债务前，对债权人可以拒绝承担保证责任。一般保证人所享有的这项权利在法律上称为先诉抗辩权。但下列情形除外：①债务人住所变更，致使债权人要求其履行债务发生重大困难的；②人民法院受理债务人破产案件，中止执行程序的；③保证人以书面形式放弃权利的。

2．连带责任保证

当事人在保证合同中约定保证人与债务人对债务承担连带责任的，为连带责任保证。

连带责任保证的债务人在主合同规定的债务履行期届满没有履行债务的，债权人可以要求债务人履行债务，也可以要求保证人在其保证范围内承担保证责任。

当事人对保证方式没有约定或者约定不明确的，按照连带责任保证承担保证责任。

五、保证责任

1．保证范围

保证担保的范围包括主债权及利息、违约金、损害赔偿金和实现债权的费用。保证合同另有约定的，按照约定。当事人对保证担保的范围没有约定或者约定不明确的，保证人应当对全部债务承担责任。

2．保证期间

保证人在与债权人约定的保证期间或法律规定的保证期间内承担保证责任。保证人与债权人未约定保证期间的，保证期间为主债务履行期届满之日起6个月。

3．保证担保和物权担保共存的处理

被担保的债权既有物的担保又有人的担保的，债务人不履行到期债务或者发生当事人约定的实现担保物权的情形，债权人应当按照约定实现债权；没有约定或者约定不明确，债务人自己提供物的担保的，债权人应当先就该物的担保实现债权；第三人提供物的担保的，债权人可以就物的担保实现债权，也可以要求保证人承担保证责任。

4．保证责任的消灭

（1）主债务消灭。保证合同属于从合同，由于所担保的主合同债务消灭，保证合同所担保的债务也自然消灭。

（2）保证期限届满。在合同约定或法律规定的保证期间，一般保证中的债权人未对债务人提起诉讼或者申请仲裁；连带责任保证中的债权人未要求保证人承担保证责任的，保证人免除保证责任。

（3）主债务转让。保证期间，债权人许可债务人转让债务的，应当取得保证人书面同意，保证人对未经其同意转让的债务，不再承担保证责任。部分转让的，保证人仍应当对未转让部分的债务承担保证责任。

（4）主债权转让。保证期间，债权人依法将主债权转让给第三人的，保证人在原保证担保的范围内继续承担保证责任。但是，保证人与债权人事先约定仅对特定的债权人承担保证责任或者禁止债权转让的，保证人不再承担保证责任。

（5）主合同变更。债权人与债务人协议变更主合同的，应当取得保证人书面同意，未经保证人书面同意的，保证人不再承担保证责任。保证合同另有约定的，按照约定。

5．保证责任的免除

主合同当事人双方串通，骗取保证人提供保证的；主合同债权人采取欺诈、胁迫等手段，使保证人在违背真实意思的情况下提供保证的，保证人不承担民事责任。

第二节 抵　押

抵押，是指为担保债务的履行，债务人或者第三人不转移财产的占有，将该财产作为债权的担保。债务人不履行到期债务或者发生当事人约定的实现抵押权的情形，债权人有权就该财产优先受偿。债务人或者第三人为抵押人，债权人为抵押权人，提供担保的财产为抵押物。

一、抵押物

1. 可以抵押的财产

债务人或者第三人有权处分的下列财产可以抵押：

（1）建筑物和其他土地附着物；

（2）建设用地使用权；

（3）以招标、拍卖、公开协商等方式取得的荒地等土地承包经营权；

（4）生产设备、原材料、半成品、产品；

（5）正在建造的建筑物、船舶、航空器；

（6）交通运输工具；

（7）法律、行政法规未禁止抵押的其他财产。

经当事人书面协议，企业、个体工商户、农业生产经营者可以将现有的以及将有的生产设备、原材料、半成品、产品抵押，债务人不履行到期债务或者发生当事人约定的实现抵押权的情形，债权人有权就实现抵押权时的动产优先受偿。

以建筑物抵押的，该建筑物占用范围内的建设用地使用权一并抵押。以建设用地使用权抵押的，该土地上的建筑物一并抵押。

乡镇、村企业的建设用地使用权不得单独抵押。以乡镇、村企业的厂房等建筑物抵押的，其占用范围内的建设用地使用权一并抵押。

2. 不得抵押的财产

（1）土地所有权；

（2）耕地、宅基地、自留地、自留山等集体所有的土地使用权，但法律规定可以抵押的除外；

（3）学校、幼儿园、医院等以公益为目的的事业单位、社会团体的教育设施、医疗卫生设施和其他社会公益设施；

（4）所有权、使用权不明或者有争议的财产；

（5）依法被查封、扣押、监管的财产；

（6）法律、行政法规规定不得抵押的其他财产。

二、抵押合同

设立抵押权，当事人应当采取书面形式订立抵押合同。抵押合同一般包括：①被担保债权的种类和数额；②债务人履行债务的期限；③抵押财产的名称、数量、质量、状况、所在地、所有权归属或者使用权归属；④担保的范围等条款。

抵押权人在债务履行期届满前，不得与抵押人约定债务人不履行到期债务时抵押财产归债权人所有。

三、抵押物登记

1. 法定登记

以建筑物和其他土地附着物，建设用地使用权，以及招标、拍卖、公开协商等方式取得的荒地等土地承包经营权，正在建造中的建筑物的抵押，应当办理抵押登记。抵押权自登记时设立。

2. 自愿登记

以生产设备、原材料、半成品、产品，交通运输工具，或者正在建造的船舶、飞行器抵押的，抵押权自抵押合同生效时发生效力；未经登记，不得对抗善意第三人。

以企业、个体工商户、农业生产经营者合法的动产抵押的，应当向抵押人住所地的工商行政管理部门办理登记。抵押权自抵押合同生效时设立；未经登记，不得对抗善意第三人。

四、抵押的效力

1. 对其他利害关系人的效力

抵押不得对抗正常经营活动中已支付合理价款并取得抵押财产的买受人。

抵押人将已出租的财产抵押的，应当书面告知承租人，原租赁合同继续有效，不受该抵押权的影响。抵押权设立后抵押财产出租的，该租赁关系不得对抗已登记的抵押权。

2. 对抵押物的处分

抵押期间，抵押人转让已办理登记的抵押物的，应当通知抵押权人并告知受让人转让物已经抵押的情况；抵押人未通知抵押权人或者未告知受让人的，转让行为无效。转让抵押物的价款明显低于其价值的，抵押权人可以要求抵押人提供相应的担保；抵押人不提供的，不得转让抵押物。抵押期间，抵押人经抵押权人同意转让抵押财产的，应当将转让所得的价款向抵押权人提前清偿债务或者提存。转让的价款超过债权数额的部分归抵押人所有，不足部分由债务人清偿。抵押期间，抵押人未经抵押权人同意，不得转让抵押财产，但受让人代为清偿债务消灭抵押权的除外。抵押权不得与债权分离而单独转让或者作为其他债权的担保。债权转让的，担保该债权的抵押权一并转让，但法律另有规定或者当事人另有约定的除外。

抵押人的行为足以使抵押财产价值减少的，抵押权人有权要求抵押人停止其行为。抵押财产价值减少的，抵押权人有权要求恢复抵押财产的价值，或者提供与减少的价值相应的担保。抵押人不恢复抵押财产的价值也不提供担保的，抵押权人有权要求债务人提前清偿债务。

3. 抵押权的放弃

抵押权人可以放弃抵押权或者抵押权的顺位。抵押权人与抵押人可以协议变更抵押权顺位以及被担保的债权数额等内容，但抵押权的变更，未经其他抵押权人书面同意，不得对其他抵押权人产生不利影响。债务人以自己的财产设定抵押，抵押权人放弃该抵押权、抵押权顺位或者变更抵押权的，其他担保人在抵押权人丧失优先受偿权益的范围内免除担保责任，但其他担保人承诺仍然提供担保的除外。

导入案例中，最终受偿顺序如下：丙银行的100万债权—— 乙银行的300万债权—— 丙银行的400万元债权—— 甲银行的100元万债权。根据《物权法》第一百九十四条规定，甲银行和丙银行协议变更抵押权的顺位，未经抵押权人乙银行的书面同意，不得对其产生不利影响。因此，虽然排在第一位的抵押权人丙银行有500万元的债权，但是其中只有100万元可以先于乙银行受偿，否则就对乙银行造成了不利影响，这是法律所不允许的。至于丙银行的其余400万元债权，只有乙银行受偿300万元之后，才可以受偿。因为黄河公司的房产只有600万元，所以最终实际上丙银行的200万元债权和甲银行的100万元债权无法得到清偿。

五、抵押权的实现

1. 抵押权的实现方式

债务人不履行到期债务或者发生当事人约定的实现抵押权的情形，抵押权人可以与抵押人协议以抵押财产折价或者以拍卖、变卖该抵押财产所得的价款优先受偿。协议损害其他债权人利益的，其他债权人可以在知道或者应当知道撤销事由之日起一年内请求人民法院撤销该协议。抵押权人与抵押人未就抵押权实现方式达成协议的，抵押权人可以请求人民法院拍卖、变卖抵押财产。抵押财产折价或者变卖的，应当参照市场价格。抵押财产折价或者拍卖、变卖后，其价款超过债权数额的部分归抵押人所有，不足部分由债务人清偿。

抵押权人应当在主债权诉讼时效期间行使抵押权；未行使的，人民法院不予保护。

2. 清偿顺序

同一财产向两个以上债权人抵押的，拍卖、变卖抵押财产所得的价款依照下列规定清偿：

（1）抵押权已登记的，按照登记的先后顺序清偿；顺序相同的，按照债权比例清偿。

（2）抵押权已登记的先于未登记的受偿。

（3）抵押权未登记的，按照债权比例清偿。

例 9-1 陈某向贺某借款20万元，借期2年。张某为该借款合同提供保证担保，担保条款约定，张某在陈某不能履行债务时承担保证责任，但未约定保证期间。陈某同时以自己的房屋提供抵押担保并办理了登记抵押期间，谢某向陈某表示愿意以50万元购买陈某的房屋。下列选项正确的是（　　）。

A. 陈某将该房屋卖给谢某应得到贺某的同意

B. 如陈某将该房屋卖给了谢某，则应将转让所得价款提前清偿债务或者提存

C. 如陈某另行提供担保，则陈某的转让行为无须得到贺某同意

D. 如谢某代为偿还20万元借款，则陈某的转让行为无须得到贺某同意

【答案】ABD

【解析】《物权法》第一百九十一条规定，抵押期间，抵押人经抵押权人同意转让抵押财产的，应当将转让所得的价款向抵押权人提前清偿债务或者提存。转让的价款超过债权数额的部分归抵押人所有，不足部分由债务人清偿。抵押期间，抵押人未经抵押权人同意，不得转让抵押财产，但受让人代为清偿债务消灭抵押权的除外。如果陈某另行提供担保，其另行提供担保和转让原担保物的行为都是需要经过贺某的同意的。

例 9-2 如果贺某打算放弃对陈某房屋的抵押权，并将这一情况通知了张某，张某表示反对，下列选项正确的是（　　）。

A. 贺某不得放弃抵押权，因为张某不同意

B. 若贺某放弃抵押权，张某仍应对全部债务承担保证责任

C. 若贺某放弃抵押权，则张某对全部债务免除保证责任

D. 若贺某放弃抵押权，则张某在贺某放弃权利的范围内免除保证责任

【答案】D

【解析】《物权法》第一百九十四条第二款规定，债务人以自己的财产设定抵押，抵押权人放弃该抵押权、抵押权顺位或者变更抵押权的，其他担保人在抵押权人丧失优先受偿权益的范围内免除担保责任，但其他担保人承诺仍然提供担保的除外。

例 9-3　关于贺某的抵押权存续期间及张某的保证期间，下列说法正确的是（　　）。

A. 贺某应当在主债权诉讼时效期间行使抵押权

B. 贺某在主债权诉讼时效结束后的 2 年内仍可行使抵押权

C. 张某的保证期间为主债务履行期届满之日起 6 个月

D. 张某的保证期间为主债务履行期届满之日起 2 年

【答案】AC

【解析】《物权法》第二百零二条抵押权人应当在主债权诉讼时效期间行使抵押权；未行使的，人民法院不予保护。由此 A 正确，当选；B 的说法错误，不当选；《担保法》第二十五条规定，一般保证的保证人与债权人未约定保证期间的，保证期间为主债务履行期届满之日起 6 个月。故 C 当选、D 不当选。

第三节　质　　押

质押是指债务人或者第三人将动产或权利移交债权人占有，作为债务履行的担保，债务人不履行到期债务或者发生当事人约定的实现质权的情形，债权人有权就该动产优先受偿。当事人应当采取书面形式订立质权合同。在质押法律关系中，享有质权的债权人为质权人或质押权人，将财产或权利移交给质权人占有的债务人或第三人为出质人。质押分为动产质押和权利质押。

一、动产质押

1. 质权合同

质权合同为实践合同，质权自出质人交付质押财产时设立。法律、行政法规禁止转让的动产不得出质。

质权合同一般包括下列条款：

（1）被担保债权的种类和数额；

（2）债务人履行债务的期限；

（3）质押财产的名称、数量、质量、状况；

（4）担保的范围，包括主债权及利息、违约金、损害赔偿金、质物保管费用和实现质权的费用；

（5）质押财产交付的时间。

质权人在债务履行期届满前，不得与出质人约定债务人不履行到期债务时质押财产归债权人所有。

2．质权人的权利

（1）留置质物。质权人有权留置质物并收取质押财产的孳息，但合同另有约定的除外。孳息应当先充抵收取孳息的费用。

（2）物上代位权。因不能归责于质权人的事由可能使质押财产毁损或者价值明显减少，足以危害质权人权利的，质权人有权要求出质人提供相应的担保；出质人不提供的，质权人可以拍卖、变卖质押财产，并与出质人通过协议将拍卖、变卖所得的价款提前清偿债务或者提存。

（3）实现质权。债务人不履行到期债务或者发生当事人约定的实现质权的情形，质权人可以与出质人协议以质押财产折价，也可以就拍卖、变卖质押财产所得的价款优先受偿。质押财产折价或者拍卖、变卖后，其价款超过债权数额的部分归出质人所有，不足部分由债务人清偿。

3．质权人的义务

（1）妥善保管质物。质权人负有妥善保管质押财产的义务，因保管不善致使质押财产毁损、灭失的，应当承担赔偿责任。质权人的行为可能使质押财产毁损、灭失的，出质人可以要求质权人将质押财产提存，或者要求提前清偿债务并返还质押财产。

（2）禁止擅自处分质物。质权人在质权存续期间，未经出质人同意，擅自使用、处分质押财产，给出质人造成损害的，应当承担赔偿责任。未经出质人同意转质，造成质押财产毁损、灭失的，应当向出质人承担赔偿责任。

（3）及时行使质权。出质人可以请求质权人在债务履行期届满后及时行使质权；质权人不行使的，出质人可以请求人民法院拍卖、变卖质押财产。出质人请求质权人及时行使质权，因质权人怠于行使权利造成损害的，由质权人承担赔偿责任。

（4）返还质物。债务人履行债务或者出质人提前清偿所担保的债权的，质权人应当返还质押财产。

二、权利质押

1．权利质押的范围

债务人或者第三人有权处分的下列权利可以出质：

（1）汇票、支票、本票；

（2）债券、存款单；

（3）仓单、提单；

（4）可以转让的基金份额、股权；

（5）可以转让的注册商标专用权、专利权、著作权等知识产权中的财产权；

（6）应收账款；

（7）法律、行政法规规定可以出质的其他财产权利。

2．权利质押合同的生效

（1）交付生效。以汇票、支票、本票、债券、存款单、仓单、提单出质的，质权自权利凭证交付质权人时设立；没有权利凭证的，质权自有关部门办理出质登记时设立。

汇票、支票、本票、债券、存款单、仓单、提单的兑现日期或者提货日期先于主债权到期的，质权人可以兑现或者提货，并与出质人协议将兑现的价款或者提取的货物提前清偿债务或者提存。

（2）登记生效。①以基金份额、证券登记结算机构登记的股权出质的，质权自证券登记结算机构办理出质登记时设立；以其他股权出质的，质权自工商行政管理部门办理出质登记时设立；②以注册商标专用权、专利权、著作权等知识产权中的财产权出质的，质权自有关主管部门办理出质登记时设立；③以应收账款出质的，质权自信贷征信机构办理出质登记时设立。

基金份额、股权、知识产权中的财产权、应收账款出质后，不得转让或者许可他人使用，但经出质人与质权人协商同意的除外。出质人转让或者许可他人使用所得的价款，应当向质权人提前清偿债务或者提存。

第四节 留 置

一、留置的概念

债权人按照合同约定占有债务人的动产，债务人不按照合同约定的期限履行债务的，债权人有权依法扣留该财产，以该财产折价或者以拍卖、变卖该财产的价款优先受偿。因保管合同、运输合同、加工承揽合同发生的债权，债务人不履行债务的，债权人有留置权。债权人为留置权人，占有的动产为留置财产。

二、留置的财产

债权人留置的动产，应当与债权属于同一法律关系，但企业之间留置的除外。法律规定或者当事人约定不得留置的动产，不得留置。留置财产为可分物的，留置财产的价值应当相当于债务的金额，包括主债权及利息、违约金、损害赔偿金，留置物保管费用和实现留置权的费用。

三、留置权人的权利和义务

1. 留置权人的权利

（1）收取孳息。留置权人有权收取留置财产的孳息，但应当先充抵收取孳息的费用。

（2）同一动产上已设立抵押权或者质权，该动产又被留置的，留置权人优先受偿。

（3）实现留置权。留置权人与债务人应当约定留置财产后的债务履行期间；没有约定或者约定不明确的，留置权人应当给债务人两个月以上履行债务的期间，但鲜活易腐等不易保管的动产除外。债务人逾期未履行的，留置权人可以与债务人协议以留置财产折价，也可以就拍卖、变卖留置财产所得的价款优先受偿。留置财产折价或者拍卖、变卖后，其价款超过债权数额的部分归债务人所有，不足部分由债务人清偿。

2. 留置权人的义务

（1）妥善保管留置物。留置权人负有妥善保管留置财产的义务；因保管不善致使留置财产毁损、灭失的，应当承担赔偿责任。

（2）行使留置权。债务人可以请求留置权人在债务履行期届满后行使留置权；留置权人不行使的，债务人可以请求人民法院拍卖、变卖留置财产。

四、留置权的消灭

留置权人对留置财产丧失占有或者留置权人接受债务人另行提供担保的，留置权消灭。

第五节　定　　金

一、定金的概念

定金是指合同当事人为确保合同的履行，依据法律规定或者当事人的约定，由一方当事人在合同履行前，预先支付对方一定数额的货币的担保方式。债务人履行债务后，定金应当抵作价款或者收回。

二、定金合同

定金合同是主合同的当事人以书面形式订立的。定金合同是实践合同，定金合同从实际交付定金之日起生效。

三、定金罚则

给付定金的一方不履行约定的债务的，无权要求返还定金；收受定金的一方不履行约定的债务的，应当双倍返还定金。定金的数额由当事人约定，但不得超过主合同标的额的20%。

小结

在借贷、买卖、货物运输、加工承揽等合同中，债权人可能设置保证、抵押、质押、留置和定金等担保方式保障债权的实现。担保合同必须采用书面形式，主合同无效，从合同也无效。保证是第三人的担保，保证人必须有清偿债务的能力且不在法律禁止的范围；保证有一般保证和连带责任保证。物的担保包括抵押、质押和留置。抵押担保中，抵押物可能是债务人的，也可以是第三人的，法律对抵押物的范围作了明确的规定。质押分动产质押和权利质押，质权设立因质物不同而异。留置是法定的担保方式，其前提和留置物法律都作了相应的规定。定金是货币形式的担保，是对合同当事人任何一方均有约束的担保方式。定金合同和质押合同都是实践合同。

思考与练习

一、判断题

1. 连带保证方式责任大于一般保证方式。　　(　　)
2. 不动产只能抵押，不能质押；动产既可抵押，也可质押。　　(　　)
3. 运输合同、保管合同的债权人可行使留置权保障合同的履行。　　(　　)
4. 定金是唯一对合同当事人双方都具有约束力的担保方式。　　(　　)

5. 学校设施不能作为抵押物。（　　）

二、不定项选择题

1. 无需当事人约定的担保形式包括（　　）。

A. 保证　B. 抵押　C. 质押

D. 留置　E. 定金

2. 定金的数额由当事人约定，但不得（　　）。

A. 少于合同标的额的 10%　B. 超过合同标的额的 10%

C. 少于合同标的额的 20%　D. 超过合同标的额的 20%

3. 甲向乙订购 15 万元货物，双方约定："乙收到甲的 5 万元定金后，即应交付全部货物。"合同订立后，乙在约定的时间内只收到甲的 2 万元定金。下列说法正确的是（　　）。

A. 实际交付的定金少于约定数额的，视为定金合同不成立

B. 实际交付的定金少于约定数额的，视为定金合同不生效

C. 实际交付的定金少于约定数额的，视为定金合同的变更

D. 约定的定金超过合同标的额 20%，定金合同无效

4. 甲公司将 10 台价值为 20 万元的笔记本电脑存放在乙仓库，约定存放期为 3 个月，保管费 1 万元。存放 3 个月后，甲因资金周转困难，要求仓库允许其先将 10 台电脑提走，一周内即付清保管费。乙不同意，并将 10 台电脑全部扣留。3 个月后，该仓库遭雷击失火，10 台电脑全部烧毁。甲无法向用户交货同，经法院判决支付给用户违约金 4 万元，关于甲的损失下列说法正确的是（　　）。

A. 乙合法留置保管物，留置期间留置物因不可抗力毁损，乙不承担责任，甲自行承担且应向乙支付保管费

B. 乙赔偿甲 10 台电脑的损失

C. 乙赔偿甲 9 台电脑的损失及 4 万元间接损失

D. 乙赔偿甲 9 台电脑的损失及 3.6 万元间接损失

5. 甲向乙借款 20 万元，以其价值 10 万元的房屋、5 万元的汽车作为抵押担保，以 1 万元的音响设备作质押担保，同时还由丙为其提供保证担保。其间汽车遇车祸损毁，获保险赔偿金 3 万元。如果上述担保均有效，丙应对借款本金承担保证责任（　　）万元。

A. 7　B. 6　C. 5　D. 4

三、案例分析题

1. A 房地产公司（下称 A 公司）与 B 建筑公司（下称 B 公司）达成一项协议，由 B 公司为 A 公司承建一栋商品房。合同约定，标的总额 6 000 万元，8 个月交工，任何一方违约，按合同总标的额 20%支付违约金。合同签订后，为筹集工程建设资金，A 公司用其建设用地使用权作抵押向甲银行贷款 3 000 万元，乙公司为此笔贷款承担保证责任，但对保证方式未作约定。B 公司未经 A 公司同意，将部分施工任务交给丙建筑企业施工，该企业由张、李、王三人合伙出资组成。施工中，工人刘某不慎掉落手中的砖头，将路过工地的行人陈某砸成重伤，花去医药费 2 万元。A 公司在施工开始后即进行商品房预售。丁某购买了 1 号楼 101 号房屋，预交了 5 万元房款，约定该笔款项作为定金。但不久，A 公司又与汪某签订了一份合同，将上述房屋卖给了汪某，并在房屋竣工后将该房的产权证办理给了汪某。汪某不知该

房已经卖给丁某的事实。汪某入住后，全家人出现皮肤瘙痒、流泪、头晕目眩等不适。经检测，发现室内甲醛等化学指标严重超标。但购房合同中未对化学指标作明确约定。因A公司不能偿还甲银行贷款，甲银行欲对A公司开发的商品房行使抵押权。

请问：

（1）若甲银行行使抵押权，其权利标的是什么？甲银行如何实现自己的抵押权？

（2）丁某在得知房屋卖给汪某后，向法院提起诉讼，要求A公司履行合同交付房屋，其主张应否得到支持？为什么？

（3）乙公司的保证责任如何界定？

（4）陈某的医药费由谁支付？

（5）丁某怎么办？

2. 某养鸡场为引进良种鸡急需资金20万元，遂向甲公司借款10万元，以其价值15万元的面包车作抵押，双方立有抵押字据，但未办理抵押登记。养鸡场又向乙公司借款10万元，以该面包车作了质押，双方立有质押字据，并将面包车交付乙公司占有。养鸡场得款后与县良种站签订了良种鸡引进合同。合同约定良种鸡总价款共计2万元，养鸡场付定金1万元，违约金按合同总额的30%计算，养鸡场以销售肉鸡的款项偿还良种站的货款，该合同未约定合同的履行地点。后来，良种站将良种鸡送交养鸡场，要求其支付运费被拒绝。因发生鸡瘟（未将此情况通知良种站），养鸡场预计的收入未能实现，致使养鸡场不能及时偿还借款和支付货款，而与甲、乙及良种站发生纠纷。而乙在占有面包车期间，不慎将车撞坏，送丙汽车修理部修理，因无力支付修理费1万元，该面包车被丙留置。

请问：本案该如何处理？

实训题—— 拟定保证合同

根据引导案例的资料，拟定一份保证合同。

模块五

企业市场秩序规制

第十章 产品质量法

学习目标

知识目标

- 掌握产品质量法的调整对象
- 明确我国产品质量的管理体制，掌握管理制度
- 掌握生产者和销售者的产品责任和义务
- 掌握损害赔偿责任
- 掌握违反产品质量法的行政责任和刑事责任

能力目标

- 能进行产品质量的申诉
- 能准确把握产品质量的法律责任

引入案例

刘某伙同王某从某电扇厂仓库盗窃未经检验的小型电扇两台。二人各分得一台。刘某将电扇以60元的价格卖给高某。高某在使用时，被飞出的扇叶削掉半截左耳。高某以扇叶及保护网设计及制造中有瑕疵为由向电扇厂提出索赔。请问：高某能否有权向电扇厂索赔？法律根据是什么？

第一节 概　述

一、产品与产品质量

1．产品

我国的《产品质量法》所称产品是指经过加工、制作，用于销售的产品。建设工程不

适用《产品质量法》规定；但是，建设工程使用的建筑材料、建筑构配件和设备，属于前款规定的产品范围的，适用《产品质量法》规定。军工产品质量监督管理办法，由国务院、中央军事委员会另行制定。这一规定说明我国的《产品质量法》不调整初级农产品和不动产，以及虽经加工、制作，但不用于销售的产品以及天然物品。其调整的产品范围相比其他国家而言是比较狭窄的。

2. 产品质量

产品质量是由各种要素组合而成的，这些要素被称为产品具有的特征和特性。根据国际标准化组织颁布的 ISO8402《质量术语》的规定，质量是指产品和服务满足规定或潜在需要的特性和特征的总和。产品特性往往指可用以区别不同类别产品的使用属性；产品特征则通常据以区别同类产品中的不同品种的属性。通俗地说，产品质量一般包括产品的可用性、安全性、可靠性、经济性、维修性等多方面的内容。

二、产品质量法

产品质量法是调整在生产、流通和消费过程中因产品质量所产生的经济关系的法律规范的总称。

我国现行的《产品质量法》是 1993 年 2 月 22 日第七届全国人民代表大会常务委员会第三十次会议通过，根据 2000 年 7 月 8 日第九届全国人民代表大会常务委员会第十六次会议《关于修改〈中华人民共和国产品质量法〉的决定》修正的，它是我国第一部全面、系统地规定产品质量方面的专门立法。此外，我国还制定和颁布了许多涉及产品质量的法律制度，如《计量法》、《标准化法》、《商标法》、《药品管理法》、《食品安全法》、《进出口商品检验法》、《反不正当竞争法》、《消费者权益保护法》、《民法通则》等，这些制度共同构成产品质量法律制度体系，对推动我国市场经注的良性发展具有十分重要的意义。

第二节 产品质量管理

一、产品质量管理体制

产品质量管理旨在通过产品质量法确定的国家管理机构的宏观调控，使产品的质量符合一定的标准或规格，并安全有效地进入消费和流通领域。

国务院产品质量监督部门主管全国产品质量监督工作。国务院有关部门在各自的职责范围内负责产品质量监督工作。县级以上地方产品质量监督部门主管本行政区域内的产品质量监督工作。县级以上地方人民政府有关部门在各自的职责范围内负责产品质量监督工作。法律对产品质量的监督部门另有规定的，依照有关法律的规定执行。

各级人民政府应当把提高产品质量纳入国民经济和社会发展规划，加强对产品质量工作的统筹规划和组织领导，引导、督促生产者、销售者加强产品质量管理，提高产品质量，组织各有关部门依法采取措施，制止产品生产、销售中违法行为，保障产品质量法的施行。

生产者、销售者应当建立健全内部产品质量管理制度，严格实施岗位质量规范、质量责任以及相应的考核办法。

二、产品质量管理制度

1．产品质量标准制度

《产品质量法》第六条规定，国家鼓励推行科学的质量管理方法，采用先进的科学技术，鼓励企业产品质量达到并且超过行业标准、国家标准和国际标准。对产品质量管理先进和产品质量达到国际先进水平、成绩显著的单位和个人，给予奖励。

2．企业质量体系认证制度

国家根据国际通用的质量管理标准，推行企业质量体系认证制度。企业根据自愿原则可以向国务院产品质量监督部门认可的或者国务院产品质量监督部门授权的部门认可的认证机构申请企业质量体系认证。经认证合格的，由认证机构颁发企业质量体系认证证书。

企业质量体系认证制度，主要是对企业的质量体系和质量保证能力进行认证，具体包括企业的资信程度、产品质量、市场信誉、管理水平等方面，是对企业整体的评价制度。由于采用了国际统一标准，所以该认证结果为国际所认可，是企业向外展示自己实力的一种重要方式。

3．产品质量认证制度

国家参照国际先进的产品标准和技术要求，推行产品质量认证制度。企业根据自愿原则可以向国务院产品质量监督部门认可的或者国务院产品质量监督部门授权的部门认可的认证机构申请产品质量认证。经认证合格的，由认证机构颁发产品质量认证证书，准许企业在产品或者其包装上使用产品质量认证标志。

从事认证的社会中介机构必须依法设立，不得与行政机关和其他国家机关存在隶属关系或者其他利益关系。

三、产品质量的监督检查

1．监督检查方式

国家对产品质量实行以抽查为主要方式的监督检查制度，对可能危及人体健康和人身、财产安全的产品，影响国计民生的重要工业产品以及消费者、有关组织反映有质量问题的产品进行抽查。抽查的样品应当在市场上或者企业成品仓库内的待销产品中随机抽取。监督抽查工作由国务院产品质量监督部门规划和组织。县级以上地方产品质量监督部门在本行政区域内也可以组织监督抽查。法律对产品质量的监督检查另有规定的，依照有关法律的规定执行。国家监督抽查的产品，地方不得另行重复抽查；上级监督抽查的产品，下级不得另行重复抽查。

国务院和省、自治区、直辖市人民政府的产品质量监督部门应当定期发布其监督抽查的产品的质量状况公告。

2．产品检验

根据监督抽查的需要，可以对产品进行检验。检验抽取样品的数量不得超过检验的合理需要，并不得向被检查人收取检验费用。监督抽查所需检验费用按照国务院规定列支。

产品质量检验机构必须具备相应的检测条件和能力，经省级以上人民政府产品质量监督部门或者其授权的部门考核合格后，方可承担产品质量检验工作。法律、行政法规对产品质量检验机构另有规定的，依照有关法律、行政法规的规定执行。从事产品质量检验的社会中介机构必须依法设立，不得与行政机关和其他国家机关存在隶属关系或者其他利益关系。

生产者、销售者对抽查检验的结果有异议的，可以自收到检验结果之日起15日内向实施监督抽查的产品质量监督部门或者其上级产品质量监督部门申请复检，由受理复检的产品质量监督部门作出复检结论。

3．职能部门的职权

县级以上产品质量监督部门根据已经取得的违法嫌疑证据或者举报，对涉嫌违法行为进行查处时，可以行使下列职权：对当事人涉嫌从事违反《产品质量法》的生产、销售活动的场所实施现场检查；向当事人的法定代表人、主要负责人和其他有关人员调查、了解与涉嫌从事违反《产品质量法》的生产、销售活动有关的情况；查阅、复制当事人有关的合同、发票、账簿以及其他有关资料；对有根据认为不符合保障人体健康和人身、财产安全的国家标准、行业标准的产品或者有其他严重质量问题的产品，以及直接用于生产、销售该项产品的原辅材料、包装物、生产工具，予以查封或者扣押。

县级以上工商行政管理部门按照国务院规定的职责范围，对涉嫌违反《产品质量法》规定的行为进行查处时，可以行使上述规定的职权。

第三节　产品质量义务

产品质量义务是指法律规定的产品质量法律关系主体应当做出或不做出一定行为的约束，分为积极义务和消极义务。这实际上是一个问题的两个方面，相互对应。

一、生产者的义务

（一）生产者的积极义务

1．产品质量的实质义务

生产者应当对其生产的产品质量负责。产品质量应当符合下列要求：①不存在危及人身、财产安全的不合理的危险，有保障人体健康和人身、财产安全的国家标准、行业标准的，应当符合该标准；②具备产品应当具备的使用性能，但是，对产品存在使用性能的瑕疵作出说明的除外；③符合在产品或者其包装上注明采用的产品标准，符合以产品说明、实物样品等方式表明的质量状况。

2．产品包装标志的义务

产品或者其包装上的标志必须真实，并符合下列要求：①有产品质量检验合格证明。②有中文标明的产品名称、生产厂厂名和厂址。③根据产品的特点和使用要求，需要标明产品规格、等级、所含主要成分的名称和含量的，用中文相应予以标明；需要事先让消费者知晓的，应当在外包装上标明，或者预先向消费者提供有关资料。④限期使用的产品，应当在显著位置清晰地标明生产日期和安全使用期或者失效日期。⑤使用不当，容易造成产品本身损坏或者可能危及人身、财产安全的产品，应当有警示标志或者中文警示说明。

裸装的食品和其他根据产品的特点难以附加标志的裸装产品，可以不附加产品标志。易碎、易燃、易爆、有毒、有腐蚀性、有放射性等危险物品以及储运中不能倒置和其他有特殊要求的产品，其包装质量必须符合相应要求，依照国家有关规定做出警示标志或者中文警示说明，标明储运注意事项。

专用校车安全国家标准

2012年4月10日，国家质量监督检验检疫总局、国家标准化管理委员会批准发布《专用校车安全技术条件》（GB24407—2012）和《专用校车学生座椅系统及其车辆固定件的强度》（GB24406—2012）两项强制性国家标准，两项标准于2012年5月1日正式实施。

这两项国标明确了校车及座椅系统的各项技术指标和试验方法，更加注重车辆安全性能、车辆配置的人性化、车辆安全管理的可操作性。比如标准要求，专用校车的踏步（台阶）不能太高，必须设置上下车扶手，通道必须平整防滑，座椅和隔板必须软化处理，车内空气质量必须达标等。标准同时对限速装置、乘员数量限制（幼儿校车的最大乘员数不超过45人；小学生校车和中小学生校车的最大乘员数应不超过56人）、急救箱配备、照管人员座椅配置、专用校车标志灯（校车应在车外顶部前后各安装两个黄色校车标志灯，前标志灯与车顶前部最边缘的距离应不大于40厘米；后标志灯与车顶后部最边缘的距离应不大于40厘米。灯具应有一个圆形透明灯罩且绕其垂直轴线360° 发光。校车标志灯安装后不应高出车顶蒙皮上表面20厘米）、停车指示牌（校车应在车后围板外表面、后方车辆接近时可以看到的区域，清晰标示“请停车等候”及“当停车指示牌伸出时”红色字样。“当停车指示牌伸出时”字样应在“请停车等候”字样的下方；“请停车等候”字样高度至少应为20厘米。“当停车指示牌伸出时”字样高度至少为13厘米）、行驶记录仪录像监控系统等做出了一系列规定。

资料来源于：www.aqsiq.gov.cn 国家质量监督检验检疫总局网站

（二）生产者的消极义务

生产者不得生产国家明令淘汰的产品；生产者不得伪造产地，不得伪造或者冒用他人的厂名、厂址；生产者不得伪造或者冒用认证标志等质量标志；生产者生产产品，不得掺杂、掺假，不得以假充真、以次充好，不得以不合格产品冒充合格产品。

二、销售者的义务

1．销售者的积极义务

销售者应当建立并执行进货检查验收制度，验明产品合格证明和其他标志；销售者应当采取措施，保持销售产品的质量。

2．销售者消极义务

销售者不得销售国家明令淘汰并停止销售的产品和失效、变质的产品；销售者不得伪造产地，不得伪造或者冒用他人的厂名、厂址；销售者不得伪造或者冒用认证标志等质量标志。销售者销售产品，不得掺杂、掺假，不得以假充真、以次充好，不得以不合格产品冒充合格产品。

第四节　产品质量责任

产品质量是指国家有关法律法规、质量标准以及合同规定的对产品适用、安全和其他特性的要求。产品质量责任是指产品的生产者、销售者违反了上述要求，给用户、消费者造成损害而应依法承担的法律后果，包括民事、行政和刑事责任。其中，承担民事责任分别指承担产品瑕疵担保责任和产品侵权赔偿责任。

一、民事责任

（一）产品瑕疵担保责任

售出的产品有下列情形之一的，销售者应当负责修理、更换、退货；给购买产品的消费者造成损失的，销售者应当赔偿损失：①不具备产品应当具备的使用性能而事先未作说明的；②不符合在产品或者其包装上注明采用的产品标准的；③不符合以产品说明、实物样品等方式表明的质量状况的。

销售者依照前款规定负责修理、更换、退货、赔偿损失后，属于生产者的责任或者属于向销售者提供产品的其他销售者（以下简称供货者）的责任的，销售者有权向生产者、供货者追偿。生产者之间，销售者之间，生产者与销售者之间订立的买卖合同、承揽合同有不同约定的，合同当事人按照合同约定执行。

销售者未按照前述规定给予修理、更换、退货或者赔偿损失的，由产品质量监督部门或者工商行政管理部门责令改正。

（二）产品缺陷的损害赔偿责任

1. 责任主体

生产者、销售者依法承担产品质量责任。因产品存在缺陷造成人身、他人财产损害的，受害人可以向产品的生产者要求赔偿，也可以向产品的销售者要求赔偿。属于产品的生产者的责任，产品的销售者赔偿的，产品的销售者有权向产品的生产者追偿。属于产品的销售者的责任，产品的生产者赔偿的，产品的生产者有权向产品的销售者追偿。缺陷，是指产品存在危及人身、他人财产安全的不合理的危险；产品有保障人体健康和人身、财产安全的国家标准、行业标准的，是指不符合该标准。

社会团体、社会中介机构对产品质量作出承诺、保证，而该产品又不符合其承诺、保证的质量要求，给消费者造成损失的，与产品的生产者、销售者承担连带责任；产品质量认证机构对因产品不符合认证标准给消费者造成的损失，与产品的生产者、销售者承担连带责任。

【举例】 甲从国外低价购得一项未获当地政府批准销售的专利产品“近视治疗仪”。甲将产品样品和技术资料提交给我国某市卫生局指定的医疗产品检验机构。该机构未作任何检验，按照甲书写的文稿出具了该产品的检验合格报告。随后，该市退休医师协会的秘书长乙又以该协会的名义出具了该产品的质量保证书。该产品投入市场后，连续造成多起青少年因使用该产品致眼睛严重受损的事件。现除要求追究甲的刑事责任外，受害人还可以采取的民事补救方法有（　　）。

A. 要求甲承担损害赔偿责任

B. 要求该卫生局承担连带赔偿责任

C. 要求该检验机构承担连带赔偿责任

D. 要求该退休医师协会承担连带赔偿责任

【答案】ACD

【解析】社会团体、社会中介机构对产品质量作出承诺、保证，而该产品又不符合其承诺、保证的质量要求，给消费者造成损失的，与产品的生产者、销售者承担连带责任；产品质量认证机构对因产品不符合认证标准给消费者造成的损失，与产品的生产者、销售者承担连带责任。

2. 责任原则

对生产者而言，实行的是严格责任原则。因产品存在缺陷造成人身、缺陷产品以外的其他财产（以下简称他人财产）损害的，生产者应当承担赔偿责任。对销售者而言，实行的是过错责任原则。由于销售者的过错使产品存在缺陷，造成人身、他人财产损害的，销售者应当承担赔偿责任。销售者不能指明缺陷产品的生产者也不能指明缺陷产品的供货者的，销售者应当承担赔偿责任。

3. 赔偿范围和保护期限

（1）人身伤害赔偿范围。因产品存在缺陷造成受害人人身伤害的，侵害人应当赔偿医疗费、治疗期间的护理费、因误工减少的收入等费用；造成残疾的，还应当支付残疾者生活自助具费、生活补助费、残疾赔偿金以及由其扶养的人所必需的生活费等费用；造成受害人死亡的，并应当支付丧葬费、死亡赔偿金以及由死者生前扶养的人所必需的生活费等费用。

（2）财产损失赔偿范围。因产品存在缺陷造成受害人财产损失的，侵害人应当恢复原状或者折价赔偿。受害人因此遭受其他重大损失的，侵害人应当赔偿损失。

因产品存在缺陷造成损害要求赔偿的诉讼时效期间为 2 年，自当事人知道或者应当知道其权益受到损害时起计算。因产品存在缺陷造成损害要求赔偿的请求权，在造成损害的缺陷产品交付最初消费者满 10 年丧失；但是，尚未超过明示的安全使用期的除外。

4. 免责情形

生产者能够证明有下列情形之一的，不承担赔偿责任：①未将产品投入流通的；②产品投入流通时，引起损害的缺陷尚不存在的；③将产品投入流通时的科学技术水平尚不能发现缺陷的存在的。

此外，在司法实践中也包括以下情形：①损害是由于消费者擅自改变产品性能、用途或者没有按照产品说明书使用，并且损害确因改变使用不当造成的；②由受害人故意行为造成的；③损害是由常识性的危险造成的；④损害由于使用者本身的特殊敏感所致；⑤产品已过有效期；⑥超过诉讼和赔偿请求时效。

导入案例中，高某无权向电扇厂索赔。因为生产者未将产品投入流通的，不承担赔偿责任。

二、行政责任

（一）行政处罚

1. 针对生产者和销售者的行政处罚

对于生产者和销售者违反产品质量法的行为，法律授权相应主管机关给予警告、责令改正、责令停业整顿、责令停止生产、没收违法所得、罚款、吊销营业执照等行政处罚。具体情形如下：

（1）生产、销售不符合保障人体健康和人身、财产安全的国家标准、行业标准的产品的，责令停止生产、销售，没收违法生产、销售的产品，并处违法生产、销售产品（包括已售出和未售出的产品，下同）货值金额等值以上 3 倍以下的罚款；有违法所得的，并处没收违法所得；情节严重的，吊销营业执照；构成犯罪的，依法追究刑事责任。

（2）在产品中掺杂、掺假，以假充真，以次充好，或者以不合格产品冒充合格产品的，责令停止生产、销售，没收违法生产、销售的产品，并处违法生产、销售产品货值金额 50%以上 3 倍以下的罚款；有违法所得的，并处没收违法所得；情节严重的，吊销营业执照；构成犯罪的，依法追究刑事责任。

（3）生产国家明令淘汰的产品的，销售国家明令淘汰并停止销售的产品的，责令停止生产、销售，没收违法生产、销售的产品，并处违法生产、销售产品货值金额等值以下的罚款；有违法所得的，并处没收违法所得；情节严重的，吊销营业执照。

（4）销售失效、变质的产品的，责令停止销售，没收违法销售的产品，并处违法销售产品货值金额 2 倍以下的罚款；有违法所得的，并处没收违法所得；情节严重的，吊销营业执照；构成犯罪的，依法追究刑事责任。

（5）伪造产品产地的，伪造或者冒用他人厂名、厂址的，伪造或者冒用认证标志等质量标志的，责令改正，没收违法生产、销售的产品，并处违法生产、销售产品货值金额等值以下的罚款；有违法所得的，并处没收违法所得；情节严重的，吊销营业执照。

销售者销售上述（1）至（5）规定禁止销售的产品，有充分证据证明其不知道该产品为禁止销售的产品并如实说明其进货来源的，可以从轻或者减轻处罚。

（6）产品标志不符合法律规定的，责令改正；有包装的产品标志不符合安全使用期或警示标志规定，情节严重的，责令停止生产、销售，并处违法生产、销售产品货值金额 30%以下的罚款；有违法所得的，并处没收违法所得。

（7）拒绝接受依法进行的产品质量监督检查的，给予警告，责令改正；拒不改正的，责令停业整顿；情节特别严重的，吊销营业执照。

（8）抽查的产品质量不合格的，由实施监督抽查的产品质量监督部门责令其生产者、销售者限期改正。逾期不改正的，由省级以上人民政府产品质量监督部门予以公告；公告后经复查仍不合格的，责令停业，限期整顿；整顿期满后经复查产品质量仍不合格的，吊销营业执照。监督抽查的产品有严重质量问题的，依照《产品质量法》的有关规定处罚。

（9）隐匿、转移、变卖、损毁被产品质量监督部门或者工商行政管理部门查封、扣押的物品的，处被隐匿、转移、变卖、损毁物品货值金额等值以上 3 倍以下的罚款；有违法所得的，并处没收违法所得。

（10）对生产者专门用于生产不安全、明令淘汰产品或者以假充真的产品的原辅材料、包装物、生产工具，应当予以没收。

（11）拒绝、阻碍产品质量监督部门或者工商行政管理部门的工作人员依法执行职务的，未使用暴力、威胁方法的，由公安机关依照《治安管理处罚法》的规定处罚。

2．针对其他经营主体的行政处罚

（1）知道或者应当知道属于《产品质量法》规定禁止生产、销售的产品而为其提供运输、保管、仓储等便利条件的，或者为以假充真的产品提供制假生产技术的，没收全部运输、保管、仓储或者提供制假生产技术的收入，并处违法收入50%以上3倍以下的罚款；构成犯罪的，依法追究刑事责任。

（2）服务业的经营者违法将禁止销售的产品用于经营性服务的，责令停止使用；对知道或者应当知道所使用的产品属于《产品质量法》规定禁止销售的产品的，按照违法使用的产品（包括已使用和尚未使用的产品）的货值金额，依照《产品质量法》对销售者的处罚规定处罚。

应当承担民事赔偿责任和缴纳罚款、罚金，其财产不足以同时支付时，先承担民事赔偿责任。

（二）行政处分

1．产品质量监督部门或者其他监管机关的责任

（1）产品质量监督部门在产品质量监督抽查中超过规定的数量索取样品或者向被检查人收取检验费用的，由上级产品质量监督部门或者监察机关责令退还；情节严重的，对直接负责的主管人员和其他直接责任人员依法给予行政处分。

（2）产品质量监督部门或者其他国家机关以及产品质量检验机构不得向社会推荐生产者的产品；不得以对产品进行监制、监销等方式参与产品经营活动。产品质量监督部门或者其他国家机关违反上述规定，向社会推荐生产者的产品或者以监制、监销等方式参与产品经营活动的，由其上级机关或者监察机关责令改正，消除影响，有违法收入的予以没收；情节严重的，对直接负责的主管人员和其他直接责任人员依法给予行政处分。

（3）产品质量监督部门或者工商行政管理部门的工作人员滥用职权、玩忽职守、徇私舞弊，尚不构成犯罪的，依法给予行政处分。

2．产品质量检验机构、认证机构的责任

（1）产品质量检验机构、认证机构伪造检验结果或者出具虚假证明的，责令改正，对单位处5万元以上10万元以下的罚款，对直接负责的主管人员和其他直接责任人员处1万元以上5万元以下的罚款；有违法所得的，并处没收违法所得；情节严重的，取消其检验资格、认证资格。产品质量检验机构、认证机构出具的检验结果或者证明不实，造成损失的，应当承担相应的赔偿责任；造成重大损失的，撤销其检验资格、认证资格。

（2）产品质量认证机构应当依照国家规定对准许使用认证标志的产品进行认证后的跟踪检查；对不符合认证标准而使用认证标志的，要求其改正；情节严重的，取消其使用认证标志的资格。产品质量认证机构违反上述规定，对不符合认证标准而使用认证标志的产品，未依法要求其改正或者取消其使用认证标志资格情节严重的，撤销其认证资格。

（3）产品质量检验机构违法向社会推荐生产者的产品或者以监制、监销等方式参与产品经营活动的，由产品质量监督部门责令改正，消除影响，有违法收入的予以没收，可以并处违法收入1倍以下的罚款；情节严重的，撤销其质量检验资格。

3．各级人民政府工作人员和其他国家机关工作人员的责任

各级人民政府工作人员和其他国家机关工作人员有下列情形之一的，依法给予行政处分：①包庇、放纵产品生产、销售中违反《产品质量法》规定行为的；②向从事违反《产品质量法》规定的生产、销售活动的当事人通风报信，帮助其逃避查处的；③阻挠、干预产品质量监督部门或者工商行政管理部门依法对产品生产、销售中违反《产品质量法》规定的行为进

行查处，造成严重后果的。

三、刑事责任

（1）生产、销售不符合保障人体健康和人身、财产安全的国家标准、行业标准的产品的；在产品中掺杂、掺假，以假充真，以次充好，或者以不合格产品冒充合格产品的；销售失效、变质的产品的；情节严重，构成犯罪的，依法追究刑事责任。

（2）知道或者应当知道属于《产品质量法》规定禁止生产、销售的产品而为其提供运输、保管、仓储等便利条件的，或者为以假充真的产品提供制假生产技术，情节严重，构成犯罪的，依法追究刑事责任。

（3）产品质量检验机构、认证机构伪造检验结果或者出具虚假证明的，情节严重，构成犯罪的，依法追究刑事责任。

（4）各级人民政府工作人员和其他国家机关工作人员有下列情形之一，构成犯罪的，依法追究刑事责任：①包庇、放纵产品生产、销售中违反《产品质量法》规定行为的；②向从事违反《产品质量法》规定的生产、销售活动的当事人通风报信，帮助其逃避查处的；③阻挠、干预产品质量监督部门或者工商行政管理部门依法对产品生产、销售中违反《产品质量法》规定的行为进行查处，造成严重后果的。

（5）以暴力、威胁方法阻碍产品质量监督部门或者工商行政管理部门的工作人员依法执行职务的，依法追究刑事责任。

小结

产品质量法所称产品是指经过加工、制作，用于销售的产品。国务院产品质量监督部门主管全国产品质量监督工作，国务院有关部门在各自的职责范围内负责产品质量监督工作。国家对产品质量实行以抽查为主要方式的监督检查制度，对可能危及人体健康和人身、财产安全的产品，影响国计民生的重要工业产品以及消费者、有关组织反映有质量问题的产品进行抽查。国务院和省、自治区、直辖市人民政府的产品质量监督部门应当定期发布其监督抽查的产品的质量状况公告。法律明确了生产者、销售者应依法承担的产品质量责任和义务，产品质量责任包括民事、行政和刑事责任。

思考与练习

一、判断题

1. 地沟油属于缺陷产品。（ ）
2. 凡是用作销售的产品均需附加产品标志。（ ）
3. 产品质量的受害人，只能向交付其产品的一方请求赔偿。（ ）
4. 对于失效变质的产品，销售者应低价销售。（ ）

5. 因产品存在缺陷造成损害要求赔偿的请求权，在造成损害的缺陷产品交付最初消费者满 10 年丧失；但是，尚未超过明示的安全使用期的除外。（　　）

二、不定项选择题

1. 因产品存在缺陷造成受害人伤亡的，经营者应赔偿（　　）。
   A. 医疗费、因误工减少的收入
   B. 残疾者生活补助费
   C. 医疗费，因误工减少的收入，残疾者生活补助费，以及支付死亡者的丧葬费、抚恤费、死亡者生前扶养人必要的生活费等费用
   D. 支付死者的丧葬费、抚恤费、死亡者生前扶养人必要的生活费
2. 下列产品的包装不符合《产品质量法》要求的有（　　）。
   A. 某商场销售的“三星”彩电只有韩文和英文的说明书
   B. 某厂生产的果冻没有标明厂址
   C. 某厂生产的香烟没有标明“吸烟有害身体健康”
   D. 某厂生产的瓶装米酒没有表明酒精度
3. 下列关于产品责任的表述中，正确的有（　　）。
   A. 缺陷产品的生产者对因该产品造成他人人身、财产损害承担无过错责任
   B. 缺陷产品造成他人人身、财产损害的，该产品的销售者和生产者承担连带责任
   C. 因缺陷产品造成损害要求赔偿的诉讼时效为 2 年
   D. 销售者不能指明缺陷产品的生产者也不能指明其供货者的，应承担赔偿责任
4. 销售者在产品质量方面承担民事责任的具体形式有（　　）。
   A. 修理　　B. 更换　　C. 退货　　D. 赔偿
5.《产品质量法》适用于（　　）。
   A. 经过加工、制作，用于销售的产品　B. 初级农产品
   C. 不动产　D. 建筑材料

三、案例分析题

上海某法院受理了一起化妆品损伤皮肤案。原告诉称：因使用了 B 化妆品厂的产品造成脸部皮肤严重损伤，要求被告赔偿经济损失。被告辩称：原告使用的化妆品确为本厂生产，但该产品是正在研制过程的实验品，并未投入市场。经法庭调查，原告使用的化妆品是身为 B 化妆品厂检验员的男友所送；经检验 B 化妆品厂的产品有以现代科学技术水平尚不能发现缺陷的存在；原告的皮肤属于特殊的过敏性皮肤，对该化妆品具有特殊的过敏性，从而导致皮肤损伤。

请问：（1）在什么情形下生产者可不承担赔偿责任？
　　　（2）B 厂是否要求承担产品责任？为什么？

实训题——模拟质量侵权的申诉和处理

1. 调查并分析发生在身边的质量侵权现象。
2. 阅读指南，模拟申诉和处理。

产品质量申诉指南

一、受理范围

属于《产品质量法》调整范围内的“经过加工、制作，用于销售的产品”。有下列情况之一者，不予受理：

1．未提供被申诉对象的名称的；

2．无法提供购货凭证的；

3．产品超过质量保证期的；

4．属购买时被明示是处理品、次品或等外品的产品；

5．属私下交易的；

6．因使用不当造成损坏的；

7．法院、仲裁机构和其他行政管理等部门已经受理或处理的；

8．对存在争议的产品无法实施质量检验、鉴定的；

9．不符合国家法律、法规及规章规定的。

二、受理要求

1．申诉内容必须实事求是；

2．应提供书面材料：材料中要写清申诉人姓名、地址、联系电话，被诉单位的名称、地址，购买日期，商品名称、牌号、规格、数量、价格及存在的质量问题、证明材料及申诉要求；并提供票证单据的复印件，有购买协议或合同的须提供协议或合同的复印件。

三、处理原则

1．以事实为依据，以法律为准绳；

2．保护当事人合法权益；

3．行政合法性和行政合理性相结合；

4．行政行为的高效和便民。

四、处理程序

（一）受理

1．申诉人可通过来电、来访、来函、上网方式进行质量申诉。

2．审核后对符合要求的予以受理。

（二）处理

根据受理的产品质量申诉，作出处理或不处理的决定。

1．处理

根据《产品质量申诉处理办法》的规定，对无需追究刑事、行政责任的产品质量申诉，根据申诉人或被申诉人的请求，采用产品质量争议调解方式予以处理。

产品质量争议的调解由被申诉人所在地的县、市级质量技术监督行政部门管辖。负责调解的质量技术监督部门征得申诉人和被申诉人的同意，调查核实申诉情况，认定有关事实。若经调解，双方能达成一致意见的，制作《产品质量争议调解书》，调解书由申诉人、被申诉人、调解人分别签字，《产品质量争议调解书》由申诉人和被申诉人自觉履行。调解不成，将及时终止调解，并告知申诉人和被申诉人。

2．不处理

凡属上述不受理范围的产品质量申诉不予处理。

五、处理期限

1．收到产品质量申诉后，在7日内做出处理、移送处理或不予处理的决定，并告知申诉人。

2．产品质量争议调解，自接到申诉人提供的书面材料之日起一般情况下30日内终结调解，对于复杂的产品质量争议可延长30日。

3．调解不成的，及时终止调解。

第十一章　消费者权益保护法

学习目标

知识目标

- 掌握消费者的权利
- 明确经营者的义务

能力目标

- 能明白消费，主动维权
- 能分清主体，正确维权

引导案例

钟某为其3岁儿子购买某品牌的奶粉，小孩喝后上吐下泻，住院7天才恢复健康。钟某之子从此见任何奶类制品都拒食。经鉴定，该品牌奶粉属劣质品。为此，钟某欲采取维权行为。你有何建议？

第一节　概　　述

一、消费者的概念

所谓消费者，是指为个人和家庭生活消费需要购买、使用商品或者接受服务的人。

消费者的定义具有如下的法律特征：

（1）消费者是购买、使用商品或者接受服务的自然人。

只有自然人才是最终消费的主体，它包括自己购买、自己使用商品或者接受服务的自然人，也包括他人付费而使用商品或接受服务的自然人。

（2）消费的目的是为生活需要。

消费分为生产消费和生活需要。生活消费包括衣、食、住、行、用等物质消费，以及文化教育、旅游等精神消费。生活消费不单指个人的生活消费，还包括家庭的生活消费。

（3）消费活动必须合法。

消费者消费的商品和服务是自己或他人通过一定的方式从经营者那里获得的，包括购买、接受赠与等。经营者是指为消费者提供其生产、销售的商品或者服务，以营利为目的的法人、其他经济组织和个人。

二、消费者权益保护法的概述

（一）消费者权益保护法的概念

消费者权益保护法有狭义和广义之分。狭义的消费者权益保护法是指 1993 年 10 月 31 日第八届全国人民代表大会常务委员会第四次会议通过，并于 1994 年 1 月 1 日起施行的《中华人民共和国消费者权益保护法》（以下简称《消费者权益保护法》）。该法根据 2009 年 8 月 27 日第十一届全国人民代表大会常务委员会第十次会议《关于修改部分法律的决定》第一次修正，根据 2013 年 10 月 25 日第十二届全国人民代表大会常务委员会第五次会议《关于修改<中华人民共和国消费者权益保护法>的决定》第二次修正，修正后的法律于自 2014 年 3 月 15 日起实施。广义的消费者权益保护法是指调整消费者与经营者因生活消费而发生的社会关系的法律规范的总称。除《消费者权益保护法》以外，还包括《产品质量法》、《食品安全法》等法律中涉及的保护消费者权益的相关条款，以及保护消费者权益的地方性法规。

（二）消费者权益保护法的适用范围

《消费者权益保护法》调整的是消费者与经营者因生活消费而发生的各种社会关系，不适用于因生产消费而发生的各种社会关系。但农民购买、使用直接用于农业生产的生产资料，参照《消费者权益保护法》执行。

（三）消费者权益保护法的原则

1．自愿、平等、公平、诚实信用原则

经营者与消费者进行交易，应当遵循自愿、平等、公平、诚实信用的原则。自愿是尊重消费者的消费意愿，不得强卖或强行提供服务；平等指的是法律地位上的完全平等，不因双方的实力悬殊、信息不对称等而在法律地位上区别对待；公平和诚信，则体现了普遍的商业道德要求。

2．国家给予消费者特别保护的原则

国家保护消费者的合法权益不受侵害。国家采取措施，保障消费者依法行使权利，维护消费者的合法权益，维护社会经济秩序，促进社会主义市场经济健康发展。

3．社会保护的原则

保护消费者的合法权益是全社会的共同责任。国家鼓励、支持一切组织和个人对损害消费者合法权益的行为进行社会监督。大众传播媒介应当做好维护消费者合法权益的宣传，对损害消费者合法权益的行为进行舆论监督。

第二节　消费者的权利和经营者的义务

一、消费者的权利

1．安全权

安全权是指消费者在购买、使用商品和接受服务时享有人身、财产安全不受损害的权利。消费者有权要求经营者提供的商品和服务，符合保障人身、财产安全的要求。

人身安全权包括生命健康权和隐私权等人格权；财产安全权就是消费者的财产不会遭受损失的权利，损失包括直接损失和间接损失。

在实际生活中，侵害消费者安全权的行为主要表现为：①在食品中添加有毒有害物质，食品安全没保障；②制造销售假药、劣药；③出售过期变质的食品、药品；④销售质量低劣的食品；⑤日用品及机电产品缺乏安全保障；⑥化妆品有毒有害；⑦营业场所不安全；⑧服务方式或商品包装不安全；⑨玩具质量不安全。此外，还有因个人信息泄露而带来的不安全感、网银服务或网购消费不安全等。

2．知悉真情权

知悉真情权，又称知情权，是指消费者享有知悉其购买、使用的商品或者接受的服务的真实情况的权利。它是消费者决定购买某种商品、接受某种服务的前提。

消费者有权根据商品或者服务的不同情况，要求经营者提供商品的价格、产地、生产者、用途、性能、规格、等级、主要成分、生产日期、有效期限、检验合格证明、使用方法说明书、售后服务，或者服务的内容、规格、费用等有关情况。经营者提供商品或服务的情况必须真实。如医疗消费中，手术病人在手术前必须亲自签名同意实施手术，就是知情权的一种体现。

法律规定：采用网络、电视、电话、邮购等方式提供商品或者服务的经营者，以及提供证券、保险、银行等金融服务的经营者，应当向消费者提供经营地址、联系方式、商品或者服务的数量和质量、价款或者费用、履行期限和方式、安全注意事项和风险警示、售后服务、民事责任等信息。该规定保障了消费者的知情权，有助于明确解决网购等非现场购物面临的突出问题。

3．自主选择权

自主选择权，是指消费者享有自主选择商品或者服务的权利。

自主选择权的主要内容有：消费者有权自主选择提供商品或者服务的经营者；自主选择商品品种或者服务方式；自主决定购买或者不购买任何一种商品、接受或者不接受任何一项服务；消费者在自主选择商品或者服务时，有权进行比较、鉴别和挑选。如货物运输合同中，托运人有权选择是否保价或是否投保。

4．公平交易权

消费者享有公平交易的权利。消费者在购买商品或者接受服务时，有权获得质量保障、价格合理、计量正确等公平交易条件，有权拒绝经营者的强制交易行为。

5．求偿权

求偿权是指消费者因购买、使用商品或者接受服务受到人身、财产损害的，享有依法获得赔偿的权利。

消费者人身及财产损害类型通常包括：由于经营者未采取必要的安全措施或未提供必要的安全设施而使消费者在购买商品或接受服务时人身受到伤害或财产遭受损失；由于服务时经营者采取的服务方式不当造成消费者的损害；由于不公平交易条件而使消费者蒙受经济损失；消费时遭受经营者的侮辱、殴打或其他不公平对待而导致的损害；由于商品瑕疵导致的损害；由于信息泄露而导致的财产损失等。

6．结社权

结社权是指消费者享有依法成立维护自身合法权益的社会团体的权利。目前，我国的社团组织主要是指中国消费者协会和地方各级消费者协会。我国于 1987 年 9 月被接纳为国际消费者联盟的正式会员。

7. 获取相关知识权

获取相关知识权是指消费者享有获得有关消费和消费者权益保护方面的知识的权利。其主要内容包括与商品或者服务有关的基本知识和使用技能，自我保护相关的知识。

8. 受尊重权

受尊重权是指消费者在购买、使用商品和接受服务时，享有其人格尊严、民族风俗习惯得到尊重的权利，其主要内容包括：人格尊严受尊重，经营者不得侵犯消费者的姓名权、名誉权、荣誉权和肖像权；民族风俗习惯包括饮食、服饰等受尊重。

9. 监督批评权

监督批评权是指消费者享有对商品和服务以及保护消费者权利工作进行监督的权利，具体包括：消费者有权检举、控告侵害消费者权益的行为和国家机关及其工作人员在保护消费者权益工作中的违法失职行为；有权对保护消费者权益工作提出批评、建议。

此外，经营者采用网络、电视、电话、邮购等方式销售商品，消费者有权自收到商品之日起7日内退货，且无需说明理由，但下列商品除外：①消费者定做的；②鲜活易腐的；③在线下载或者消费者拆封的音像制品、计算机软件等数字化商品；④交付的报纸、期刊。除前款所列商品外，其他根据商品性质并经消费者在购买时确认不宜退货的商品，不适用无理由退货。

二、经营者的义务

1. 依法定或约定履行义务

经营者向消费者提供商品或者服务，应当依照《中华人民共和国产品质量法》和其他有关法律、法规的规定履行义务。经营者和消费者有约定的，应当按照约定履行义务，但双方的约定不得违背法律、法规的规定。

2. 接受消费者监督的义务

经营者应当听取消费者对其提供的商品或者服务的意见，接受消费的监督。它与消费者的监督权相对应。

3. 保证商品和服务安全的义务

保证商品和服务安全的义务与消费者的安全权相对应。

经营者应当保证其提供的商品或者服务符合保障人身、财产安全的要求。对可能危及人身、财产安全的商品和服务，应当向消费者作出真实的说明和明确的警示，并说明和标明正确使用商品或者接受服务的方法以及防止危害发生的方法。经营者发现其提供的商品或者服务存在严重缺陷，即使正确使用商品或者接受服务仍然可能对人身、财产安全造成危害的，应当立即向有关行政部门报告和告知消费者，并采取防止危害发生的措施。

经营者收集、使用消费者个人信息，应当遵循合法、正当、必要的原则，明示收集、使用信息的目的、方式和范围，并经消费者同意。经营者收集、使用消费者个人信息，应当公开其收集、使用规则，不得违反法律、法规的规定和双方的约定收集、使用信息。经营者及其工作人员对收集的消费者个人信息必须严格保密，不得泄露、出售或者非法向他人提供。经营者应当采取技术措施和其他必要措施，确保信息安全，防止消费者个人信息泄露、丢失。在发生或者可能发生信息泄露、丢失的情况时，应当立即采取补救措施。经营者未经消费者同意或者请求，或者消费者明确表示拒绝的，不得向其发送商业性信息。

4. 提供商品和服务真实信息的义务

这项义务与知情权相对应。经营者应当向消费者提供有关商品或者服务的真实信息，不得作引人误解的虚假宣传。经营者对消费者就其提供的商品或者服务的质量和使用方法等问题提出的询问，应当作出真实、明确的答复。商店提供商品应当明码标价。这项义务与知情权相对应。

5. 标明真实名称和标记的义务

经营者应当标明其真实名称和标记。租赁他人柜台或者场地的经营者，应当标明其真实名称和标记。

6. 出具购货凭证或者服务单据的义务

购货凭证或者服务单据是消费者与经营者之间交易行为的依据。

经营者提供商品或者服务，应当按照国家有关规定或者商业惯例向消费者出具购货凭证或者服务单据；消费者索要购货凭证或者服务单据的，经营者必须出具。

7. 保证商品或服务质量的义务

经营者应当保证在正常使用商品或者接受服务的情况下其提供的商品或者服务应当具有的质量、性能、用途和有效期限；但消费者在购买该商品或者接受该服务前已经知道其存在瑕疵的除外。经营者以广告、产品说明、实物样品或者其他方式表明商品或者服务的质量状况的，应当保证其提供的商品或者服务的实际质量与表明的质量状况相符。

经营者提供的机动车、计算机、电视机、电冰箱、空调器、洗衣机等耐用商品或者装饰装修等服务，消费者自接受商品或者服务之日起 6 个月内发现瑕疵，发生争议的，由经营者承担有关瑕疵的举证责任。

8. 履行“三包”或其他责任的义务

经营者提供商品或者服务，按照国家规定或者与消费者的约定，承担包修、包换、包退或者其他责任的，应当按照国家规定或者约定履行，不得故意拖延或者无理拒绝。

9. 不得以格式合同等方式排除或者限制消费者权利的义务

经营者不得以格式合同、通知、声明、店堂告示等方式作出对消费者不公平、不合理的规定，或者减轻、免除其损害消费合法权益应当承担的民事责任。格式合同、通知、声明、店堂告示等含有上述所列内容的，其内容无效。

10. 不得侵犯消费者人格权的义务

经营者不得对消费者进行侮辱、诽谤，不得搜查消费者的身体及其携带的物品，不得侵犯消费者的人身自由。此项义务对应消费者的受尊重权。

相关问题咨询

1. “本中心有权根据市场价格情况酌情调整收费标准”的申明是否有效？

咨询意见：作为经营者，应对其所从事的行业市场价格变动情况有所掌握和预估，这也是经营者应当承担的经营风险。如果市场价格发生变化，经营者应当与消费者通过协商方式，变更或解除合同。而上述条款的约定，排除了消费者就合同变更或解除进行协商的权利，强行将自身的经营风险转嫁到消费者的身上，加重了消费者的责任。违反了《消费者权益保护法》第十条规定，消费者可以拒绝接受。

2. “本店商品售出一概不予退换”、“打折商品不退不换”或“奖品、赠品一律不实行三包”这些规定有效吗？

咨询意见：此条款一般以公告形式存在，多在商场打折、促销时使用。打折商品在商场未事先标明其质量缺陷的，不属于处理品，应按正品对待。一旦出了质量问题，商场应无条件为消费者包修、包换或包退。经营者也不能以打折商品、奖品、赠品等理由免除自身对所售商品应当承担的保证责任。

第三节　消费者权益的法律保护

一、国家对消费者合法权益的保护

1．立法保护

国家制定有关消费者权益的法律、法规和政策时，应当听取消费者的意见和要求。从立法层面保护消费者权益。

2．行政保护

各级人民政府应当加强领导，组织、协调、督促有关行政部门做好保护消费者合法权益的工作。各级人民政府应当加强监督，预防危害消费者人身、财产安全行为的发生，及时制止危害消费者人身、财产安全的行为。

各级人民政府工商行政管理部门和其他有关行政部门应当按照法律、法规的规定，在各自的职责范围内，采取措施，保护消费者的合法权益。有关行政部门应当听取消费者及其社会团体对经营者交易行为、商品和服务质量问题的意见，及时调查处理。

小资料

2011 年 6 月 8 日北京工商局首批公开的 10 类型 27 种霸王条款：

（一）经营者在消费合同格式条款中免除自己造成消费者人身伤害的责任

（1）请勿在海滨浴场内追逐、打闹，如发生伤亡事故，后果自负。

（2）在场地使用过程中，如有人身伤害，本公司不负责任。

（二）经营者在消费合同格式条款中免除自己因故意或者重大过失造成消费者财产损失的责任

（1）客户送洗衣物因天灾、火灾等不可抗拒因素，导致衣物损坏的，本店恕不负责。

（2）公司不承担任何情况下可能造成的跑水、漏电、煤气泄漏等事故造成的损失。

（3）装饰工程所在区域如果存在环境污染现象，则乙方有权拒绝检测，对甲方自行检测的结果，乙方不承担任何责任。

（4）“本会所对于会员在所内遗失或遭窃的物品不承担赔偿责任。”或“酒店对个人贵重物品的丢失不负任何法律责任。”或“贵重物品妥善保管，遗失概不负责。”

（5）在停车场停放自行车每月每户 ××元，摩托车××元，轿车××元，车辆损坏或丢失以及车内物品的损坏或者丢失均由车主自己承担责任。

（6）在1个月内提取衣物，逾期则本店不负保管责任。

（7）所有赔偿要求必须在提取衣服时提出，出门恕不负责。

（三）经营者在消费合同格式条款中免除自己对提供的商品或者服务依法应当承担的保证责任

（1）“本店商品售出一概不予退换”或“打折商品不退不换”或“奖品、赠品一律不实行三包”。

（2）消费者在验收合格后的10日内未结清工程款，将失去免费保修的资格。

（3）购买后3天内将质保书寄回本厂，否则本厂不负保修责任。

（4）我们建议您将发票开具为商品明细，否则您将无法享受产品厂商或“××商城”的正常质保。

（四）经营者在消费合同格式条款中免除自己因违约依法应当承担的违约责任

（1）如遇不可抗力或××汽车公司对我店的发车计划做出临时调整及运输车延期送车时间等造成交车时间的延误，本店不负违约责任。

（2）“违约责任，你有我无”，即在格式条款中仅规定消费者的违约责任，而对经营者自身的违约责任只字不提。

（3）本店承接一切送洗衣物，但对洗熨结果，如褪色、缩小，本店不负赔偿责任。

（五）经营者在消费合同格式条款中设定消费者应该承担的违约金或者损害赔偿金超过法定数额或者合理数额

（1）会员因故意造成健身器械损坏的，应按原价的双倍赔偿；会员穿鞋造成地面损坏，双倍价值赔偿。

（2）买车人违约时，已付的购车款不予退回。

（3）双方提前解除合同的，按未履行租期全部租金的50%作为违约赔偿金。

（4）甲乙双方私自完成买卖交易的，双方按居间服务费双倍赔偿给丙方。

（六）经营者在消费合同格式条款中设定消费者承担应当由格式条款提供方承担的经营风险责任

本中心有权根据市场价格情况酌情调整收费标准。

（七）经营者在消费合同格式条款中设定消费者承担其他依照法律法规不应由消费者承担的责任

购货方在签订此订货合同的同时，应向供货方交付不少于订货总数额的80%作为预订金。

（八）经营者在消费合同格式条款中排除消费者依法变更或者解除合同的权利

（1）“该商品一经售出，概不退换”或“特价、降价、处理、打折商品，不予退换”或“促销商品，售出概不退换”。

（2）“本超市保留修改和调整使用手册中各项条款及中止本卡使用的权利”或“管理层有权酌情决定，随时修正、改变、删除或增订此会所守则”。

（3）甲乙双方不得拒绝丙方服务或要求退费。

（九）经营者在消费合同格式条款中排除消费者解释格式条款的权利

“该条款（章程）的最终解释权归我公司所有”、“该活动的最终解释权归我公司所有”以及“我公司依据合同法、消费者权益保护法等法律法规对该合同进行解释”等。

（十）经营者在消费合同格式条款中排除消费者依法应当享有的其他权利
请客人在本单开出之日起1个月内来本店提取衣物，逾期本店有权自行处理。

3．司法保护

有关国家机关应当依照法律、法规的规定，惩处经营者在提供商品和服务中侵害消费者合法权益的违法犯罪行为。

人民法院应当采取措施，方便消费者提起诉讼。对符合《中华人民共和国民事诉讼法》起诉条件的消费者权益争议，必须受理，及时审理。

二、消费者协会对消费者合法权益的保护

1．消费者协会的设置

消费者协会和其他消费者组织是依法成立的对商品和服务进行社会监督的保护消费者合法权益的社会团体。消费者组织不得从事商品经营和营利性服务，不得以收取费用或者其他牟取利益的方式向消费者推荐商品和服务。

2．消费者协会的职能

消费者协会履行下列公益性职责：

（1）向消费者提供消费信息和咨询服务，提高消费者维护自身合法权益的能力，引导文明、健康、节约资源和保护环境的消费方式；

（2）参与制定有关消费者权益的法律、法规、规章和强制性标准；

（3）参与有关行政部门对商品和服务的监督、检查；

（4）就有关消费者合法权益的问题，向有关部门反映、查询，提出建议；

（5）受理消费者的投诉，并对投诉事项进行调查、调解；

（6）投诉事项涉及商品和服务质量问题的，可以委托具备资格的鉴定人鉴定，鉴定人应当告知鉴定意见；

（7）就损害消费者合法权益的行为，支持受损害的消费者提起诉讼或者依照本法提起诉讼；

（8）对损害消费者合法权益的行为，通过大众传播媒介予以揭露、批评。

各级人民政府对消费者协会履行职责应当予以必要的经费等支持。

消费者协会应当认真履行保护消费者合法权益的职责，听取消费者的意见和建议，接受社会监督。

第四节　侵犯消费者合法权益的法律责任

一、解决消费者权益争议的途径

消费者和经营者发生消费者权益争议的，可以通过下列途径解决：①与经营者协商和解；②请求消费者协会调解；③向有关行政部门申诉；④根据与经营者达成的仲裁协议提请仲裁机构仲裁；⑤向人民法院提起诉讼。

导入案例中，钟某可向出售该奶粉的商场或生产厂家索赔；也可要求工商管理机关严肃查处；还可直接起诉，要求商场赔偿医疗费、护理费、误工费、交通费等。

二、承担法律责任的主体

（一）一般情况

1. 销售者或服务者

消费者在购买、使用商品时，其合法权益受到损害的，可以向销售者要求赔偿。销售者赔偿后，属于生产者的责任或者属于向销售者提供商品的其他销售者的责任的，销售者有权向生产者或者其他销售者追偿。消费者在接受服务时，其合法权益受到损害的，可以向服务者要求赔偿。

2. 销售者或生产者

消费者或者其他受害人因商品缺陷造成人身、财产损害的，可以向销售者要求赔偿，也可以向生产者要求赔偿。属于生产者责任的，销售者赔偿后，有权向生产者追偿。属于销售者责任的，生产者赔偿后，有权向销售者追偿。

（二）特殊情况

1. 变更后的企业

消费者在购买、使用商品或者接受服务时，其合法权益受到损害，因原企业分立、合并的，可以向变更后承受其权利义务的企业要求赔偿。

2. 营业执照的持有人

使用他人营业执照的违法经营者提供商品或者服务，损害消费者合法权益，消费者可以向其要求赔偿，也可以向营业执照的持有人要求赔偿。

3. 展销会的举办者、柜台的出租者

消费者在展销会、租赁柜台购买商品或者接受服务，其合法权益受到损害的，可以向销售者或者服务者要求赔偿。展销会结束或者柜台租赁期满后，也可以向展销会的举办者、柜台的出租者要求赔偿。展销会的举办者、柜台的出租者赔偿后，有权向销售者或者服务者追偿。

4. 广告经营者

消费者因经营者利用虚假广告或者其他虚假宣传方式提供商品或者服务，其合法权益受到损害的，可以向经营者要求赔偿。广告经营者、发布者发布虚假广告的，消费者可以请求行政主管部门予以惩处。广告经营者、发布者不能提供经营者的真实名称、地址和有效联系方式的，应当承担赔偿责任。

广告经营者、发布者设计、制作、发布关系消费者生命健康商品或者服务的虚假广告，造成消费者损害的，应当与提供该商品或者服务的经营者承担连带责任。

社会团体或者其他组织、个人在关系消费者生命健康商品或者服务的虚假广告或者其他虚假宣传中向消费者推荐商品或者服务，造成消费者损害的，应当与提供该商品或者服务的经营者承担连带责任。

5. 网络交易平台提供者

消费者通过网络交易平台购买商品或者接受服务，其合法权益受到损害的，可以向销售者或者服务者要求赔偿。网络交易平台提供者不能提供销售者或者服务者的真实名称、地址和有效联系方式的，消费者也可以向网络交易平台提供者要求赔偿；网络交易平台提供者作出更有利于消

费者的承诺的，应当履行承诺。网络交易平台提供者赔偿后，有权向销售者或者服务者追偿。

网络交易平台提供者明知或者应知销售者或者服务者利用其平台侵害消费者合法权益，未采取必要措施的，依法与该销售者或者服务者承担连带责任。

三、法律责任形式

（一）民事责任

1. 承担民事责任的情形

经营者提供商品或者服务有下列情况之一的，除《消费者权益保护法》另有规定外，应当依照《产品质量法》和其他有关法律、法规的规定，承担民事责任：

（1）商品存在缺陷的；

（2）不具备商品应当具备的使用性能而出售时未作说明的；

（3）不符合在商品或者其包装上注明采用的商品标准的；

（4）不符合商品说明、实物样品等方式表明的质量状况的；

（5）生产国家明令淘汰的商品或者销售失效、变质的商品的；

（6）销售的商品数量不足的；

（7）服务的内容和费用违反约定的；

（8）对消费者提出的修理、重作、更换、退货、补足商品数量、退还货款和服务费用或者赔偿损失的要求，故意拖延或者无理拒绝的；

（9）法律、法规规定的其他损害消费者权益的情形。

2. 承担民事责任的形式

（1）人身损害的民事责任：

①经营者提供商品或者服务，造成消费者或者其他受害人人身伤害的，应当支付医疗费、治疗期间的护理费、因误工减少的收入等费用，造成残疾的，还应当支付残疾者生活自助具费、生活补助费、残疾赔偿金以及由其扶养的人所必需的生活费等费用。②经营者提供商品或者服务，造成消费者或者其他受害人的死亡的，应当支付丧葬费、死亡赔偿金以及由死者生前扶养的人所必需的生活费等费用。③侵害消费者的人格尊严或者侵犯消费者人身自由的，应当停止侵害、恢复名誉、消除影响、赔礼道歉，并赔偿损失。

（2）财产损害的民事责任：

①经营者提供商品或者服务，造成消费者财产损害的，应当按照消费者的要求，以修理、重作、更换、退货、补足商品数量、退还货款和服务费用或者赔偿损失等方式承担民事责任。消费者与经营者另有约定的，按照约定履行。②对国家规定或者经营者与消费者约定包修、包换、包退的商品，经营者应当负责修理、更换或者退货。在保修期内两次修理仍不能正常使用的，经营者应当负责更换或者退货。对包修、包换、包退的大件商品，消费者要求经营者修理、更换、退货的，经营者应当承担运输等合理费用。③经营者以邮购方式提供商品的，应当按照约定提供。未按照约定提供的，应当按照消费者的要求履行约定或者退回货款；并应当承担消费者必须支付的合理费用。④经营者以预收款方式提供商品或者服务的，应当按照约定提供。未按照约定提供的，应当按照消费者的要求履行约定或者退回预付款；并应当承担预付款的利息、消费者必须支付的合理费用。⑤依法经有关行政部门认定为不合格的商

品，消费者要求退货的，经营者应当负责退货。

经营者提供商品或者服务有欺诈行为的，应当按照消费者的要求增加赔偿其受到的损失，增加赔偿的金额为消费者购买商品的价款或者接受服务的费用的 1 倍。

（3）惩罚性赔偿

经营者提供商品或者服务有欺诈行为的，应当按照消费者的要求增加赔偿其受到的损失，增加赔偿的金额为消费者购买商品的价款或者接受服务的费用的 3 倍；增加赔偿的金额不足 500 元的，为 500 元。法律另有规定的，依照其规定。

经营者明知商品或者服务存在缺陷，仍然向消费者提供，造成消费者或者其他受害人死亡或者健康严重损害的，受害人有权要求经营者依法赔偿损失，并有权要求所受损失 2 倍以下的惩罚性赔偿。

（二）行政责任

1．承担行政责任的情形

（1）生产、销售的商品不符合保障人身、财产安全要求的；

（2）在商品掺杂、掺假，以假充真，以次充好，或者以不合格商品冒充合格商品的；

（3）生产国家明令淘汰的商品或者销售失效、变质的商品的；

（4）伪造商品的产地，伪造或者冒用他人的厂名、厂址、伪造或者冒用认证标志、名优标志等质量标志的；

（5）销售的商品应当检验、检疫而未检验、检疫或者伪造检验、检疫结果的；

（6）对商品或者服务作引人误解的虚假宣传的；

（7）对消费者提出的修理、重作、更换、退货、补足商品数量、退还货款和服务费用或者赔偿损失的要求，故意拖延或者无理拒绝的；

（8）侵害消费者人格尊严或者侵犯消费者人身自由的；

（9）法律、法规规定的对损害消费者权益应当予以处罚的其他情形。

2．承担行政责任的方式

承担行政责任的方式包括警告、没收违法所得、罚款，责令停业整顿、吊销营业执照。

经营者对行政处罚决定不服的，可以自收到处罚决定之日起 15 日内向上一级机关申请复议，对复议决定不服的，可以自收到复议决定书之日起 15 日内向人民法院提起诉讼；也可以直接向人民法院提起诉讼。

（三）刑事责任

经营者提供商品或者服务，造成消费者或者其他受害人人身伤害或死亡，如果构成犯罪，依法追究刑事责任。以暴力、威胁等方法阻碍有关行政部门工作人员依法执行职务的，依法追究刑事责任；国家机关工作人员玩忽职守或者包庇经营者侵害消费者合法权益的行为，情节严重，构成犯罪的，依法追究刑事责任。

小结

消费者，是指为个人和家庭生活消费需要购买、使用商品或者接受服务的人。本章重点分析了消费者的九大权利包括安全权、知悉真情权、自主选择权、公平交易权、求偿权、结社权、获取相关知识权、受尊重权和监督批评权；阐明了经营者的十大义务包括依法定或约定履行义务、接受消费者监督的义务、保证商品和服务安全的义务、提供商品和服务真实信息的义务、标明真实名称和标记的义务、出具购货凭证或服务单据的义务、保证商品或服务质量的义务、履行“三包”或其他责任的义务、不得以格式合同等方式排除或限制消费者权利的义务、不得侵犯消费者人格权的义务。国家和消费者协会依法保护消费者权益，经营者因侵权行为需承担相应的民事责任或行政责任，情节严重，构成犯罪的，依法承担刑事责任。

思考与练习

一、判断题

1. 我国的消费者协会属于事业单位；消协的处理决定具有法律效力。（ ）

2. 张三买了一辆车跑运输，张三属于消费者。（ ）

3. 农民购买农药、种子等农资商品，可参照《消费者权益保护法》执行。（ ）

4. 短斤少两行为，侵害了消费者的公平交易权。（ ）

5. 消费者因商品缺陷造成人身、财产损害的，可以向销售者要求赔偿，也可以向生产者要求赔偿。（ ）

二、不定项选择题

1. 经营者提供商品或服务有欺诈行为的，应当按照消费者的要求增加赔偿其受到的损失，增加赔偿的金额为消费者购买商品的价款或者接受服务的费用的（ ）倍。

A. 1　　B. 2　　C. 3　　D. 4

2. 经营者的“三包”义务是指（ ）。

A. 包修　　B. 包换　　C. 包送货　　D. 包退

3. 在“三包”有效期内，修理过（ ）次，仍不能正常使用的产品，凭修理者提供的修理记录和证明，由销售者负责为消费者免费调换同规格同型号的产品或者退货，然后依法向生产者、供货者追偿。

A. 1　　B. 2　　C. 3　　D. N

4. 某消费者因容貌而烦恼，当她看了某一美容广告后，便花上万元消费。结果不仅没有改善，反而引起面瘫。该消费者可以向经营者主张的合法权益主要是有（ ）。

A. 安全权　　B. 知情权　　C. 自主选择权　　D. 求偿权

5. 按照《消费者权益保护法》的规定，消费争议的解决途径有（ ）。

A. 协商　　B. 调解　　C. 申请仲裁　　D. 诉讼

三、案例分析题

1. 吴某一家到某商场购物，见商场一皮衣柜台推出“买一赠一”促销活动，遂购买了一件皮衣，挑选了一件赠品“纯羊毛衫”。吴某当时对挂有纯羊毛标志的毛衣是否为纯羊毛表示怀疑，售货员明确回答是纯羊毛，并说作为本商场出售的商品，绝无假冒。吴某回家穿后，发觉羊毛衫不是纯羊毛的，于是10天后到商场要求退货或更换一件纯羊毛的。到商场找到出售皮衣的柜台时，发现经营者已经换了人，原来出售皮衣搞“买一赠一”活动的是承租柜台的个体户，该个体户已在3天前因租赁期满离开商场。吴某向商场提出退货或更换要求（经检测赠品羊毛衫的羊毛含量仅为10%），商场提出对出租柜台商场有内部规定，即因购买出租柜台的商品出现纠纷，商场概不负责，并向吴某出示了这一规定。

问：（1）本案中承租柜台个体户与商场是否有违反法律规定的行为？

（2）赠品的质量问题是否应由经营者承担责任？

（3）可否认定以挂纯羊毛标志销售非纯羊毛羊毛衫的行为为欺诈？对欺诈行为应适用什么规定？

2. 王某到某超市购物，超市工作人员怀疑其偷拿了物品，遂将王某强行带到保安室，并说如果王某想证明自己是清白的并没有偷拿物品，应自愿让商场保安人员搜身。王某为证明自己是清白的，同意保安人员搜身。保安人员搜身后没有发现王某身上有偷拿的物品。王某回家后，气羞难当，遂于第二天向法院起诉。

问：（1）超市的行为有无侵犯王某的权利？《消费者权益保护法》对此是如何规定的？

（2）你如果是王某该如何制止超市侵犯行为？

（3）如超市有确定的证据证明某个消费者有偷盗行为，正确的做法是什么？

实训题——拟定投诉书

结合自身消费实际，上网查找相关资料，拟定一份投诉书，准确填写和递交。

第十二章　反不正当竞争法

学习目标

知识目标

- 掌握不正当竞争行为的类型
- 着重掌握假冒仿冒行为、商业贿赂、侵犯商业秘密等不正当竞争行为

能力目标

- 能界定不正当竞争行为
- 能正确维权

引导案例

客户黄先生到一家国有大银行网点咨询首套房贷标准，该行在2012年春节后对客户享受房贷优惠利率作出分级规定：客户在该行的金融资产超过50万元，则可以享受85折利率优惠；金融资产在30万～40万元，则可以享受9折利率优惠；金融资产在10万～30万元，则可以享受9.5折利率优惠；而金融资产在10万以下，则客户不能享受房贷利率优惠，至少按基准利率执行。该行对金融资产的定义是包括存款、理财产品和基金等。黄先生遭遇房贷搭售，陷入申请房贷优惠利率就要搭售理财产品或附加存款条件的两难境地。

2012年2月9日银监会发布关于整治银行业金融机构不规范经营的通知，七不准之一就是不得借贷搭售。它是指银行业金融机构不得在发放贷款或以其他方式提供融资时强制捆绑、搭售理财、保险、基金等金融产品。

第一节　概　　述

一、不正当竞争的概念

竞争，是指两个或两个以上的经营者在市场上以比较有利的价格、质量、数量、服务或其他条件争取交易机会的行为。

经营者在市场交易中，应当遵循自愿、平等、公平、诚实信用的原则，遵守公认的商业道德。经营者违反《反不正当竞争法》的规定，损害其他经营者的合法权益，扰乱社会经济秩序的行为构成不正当竞争。经营者是指从事商品经营或者营利性服务的法人、其他经济组织和个人。政府及其所属职能部门滥用行政权力，妨碍经营者的正当竞争行为，视为不正当竞争行为。

二、反不正当竞争法的概念

反不正当竞争法是调整在反不正当竞争行为过程中发生的经济关系的法律规范的总称。

它有狭义和广义之分。狭义的反不正当竞争法是指1993年9月2日第八届全国人民代表大会常务委员会第三次会议通过，自1993年12月1日起施行的《中华人民共和国反不正当竞争法》（以下简称《反不正当竞争法》）。广义的反不正当竞争法除了全国人大颁布的《反不正当竞争法》外，还包括与之相配套的规章和行政解释。

第二节　不正当竞争行为

一、欺骗性市场交易行为

经营者采用不正当手段从事市场交易，损害竞争对手的行为构成欺骗性市场交易行为。

（一）假冒他人的注册商标

注册商标是经商标局核准注册，受《商标法》保护的商标。注册商标所有人对其注册商标享有商标专用权。未经其许可，任何人不得在相同商品或服务、类似商品或服务上使用与其注册商标相同或相近似的商标。否则，构成商标侵权行为。假冒他人注册商标，既为我国《商标法》所禁止，也为我国《反不正当竞争法》所禁止。

（二）仿冒知名商品

仿冒行为是指擅自使用知名商品特有的名称、包装、装潢，或者使用与知名商品近似的名称、包装、装潢，造成和他人的知名商品相混淆，使购买者误认为是该知名商品的不正当竞争行为。

仿冒行为构成要件包括：

1. 仿冒的对象是知名商品所特有的名称、包装、装潢

知名商品是指在市场上具有一定知名度，为相关公众所知悉的商品。特有的名称、包装、装潢是指具有区别商品来源的显著特征或经过使用取得显著特征的商品的名称、包装、装潢。装潢是指由经营者营业场所的装饰、营业用具的式样、营业人员的服饰等构成的具有独特风格的整体营业形象。

2. 仿冒的行为表现擅自使用或使用近似的名称、包装、装潢

使用是指在中国境内进行商业使用，包括将知名商品特有的名称、包装、装潢用于商品、商品包装以及商品交易文书上，或者用于广告宣传、展览以及其他商业活动中。

3. 仿冒的后果是造成和他人的知名商品相混淆，使购买者误认为是该知名商品

足以使相关公众对商品的来源产生误认，包括误认为与知名商品的经营者具有许可使用、关联企业关系等特定联系的，属于造成和他人的知名商品相混淆，使购买者误认为是该知名商品。在相同商品上使用相同或者视觉上基本无差别的商品名称、包装、装潢，应当视为足以造成和他人知名商品相混淆。

（三）擅自使用他人的企业名称或者姓名，引人误认为是他人的商品

企业名称是指企业登记主管机关依法登记注册的企业名称，以及在中国境内进行商业使用的外国（地区）企业名称，包括具有一定的市场知名度、为相关公众所知悉的企业名称的

字号。姓名是指在商品经营中使用的自然人的姓名，包括具有一定的市场知名度、为相关公众所知悉的自然人的笔名、艺名等。

企业名称或者姓名属于经营者的无形资产，保护企业名称或者姓名主要是保护附随于企业名称或者姓名中的商誉。实践中突出反映为经营者未经许可，擅自以"联营"、"特约经销"、"指定经销"、"总代理"等名义，从事生产和销售活动。另有一些经营者在商品转让许可和联营中，不标注自己的企业名称，仅标注原企业或联营企业的企业名称，以误导消费者。

（四）质量误导行为

质量误导行为主要表现为：

1. 伪造或者冒用认证标志、名优标志等质量标志

认证标志是质量认证机构准许经认证产品质量合格的企业在产品或其包装上使用的质量标志；名优标志是经国际或国内有关机构或社会组织评定为名优产品而发给经营者的一种质量荣誉标志。

2. 伪造产地

商品的产地是指商品的制造地、加工地或商品生产者的所在地。被伪造的产地通常是具有较好商业信誉、较高科技水平或者特殊地理优势的地区。

3. 对商品质量作引人误解的虚假表示

对商品质量作引人误解的虚假表示，是指经营者在商品上对反映商品质量的各种内容作不真实的或令人误解的标注，使消费者或用户无法或难以了解商品的真实情况，从而发生误认、误购的行为。具体包括对商品的安全标准、计量单位、生产日期、有效期限、使用方法、生产者等内容作作引人误解的虚假表示。

二、商业贿赂行为

1. 商业贿赂的概念

商业贿赂是指经营者为销售或者购买商品而采用财物或者其他手段贿赂对方单位或者个人的行为。商业贿赂中的"财物"，是指现金和实物，包括经营者为销售或者购买商品，假借促销费、宣传费、赞助费、科研费、劳务费、咨询费、佣金等名义，或者以报销各种费用等方式，给付对方单位或者个人的财物。其他手段，是指提供国内外各种名义的旅游、考察等给付财物以外的其他利益的手段。

2. 回扣、折扣和佣金

商业贿赂涉及回扣、折扣和佣金等规定。回扣是违法的行为，它指在市场交易中，经营者一方从交易所得的价款中提取一定比例的现金或额外以定额的报酬或者有价证券，在账外暗中给付给对方单位或个人的不正当竞争行为。折扣是合法的商业行为，它指商品购销活动中经营者在成交的价款上给对方以一定比例的减让而返还给对方的一种交易上的优惠，即商品购销中的让利，它如实入账。佣金是经营者在市场交易中给予为其提供服务的具有合法经营资格的中间人的劳务报酬。

经营者不得采用财物或者其他手段进行贿赂以销售或者购买商品。在账外暗中给予对方单位或者个人回扣的，以行贿论处；对方单位或者个人在账外暗中收受回扣的，以受贿论处。

经营者销售或者购买商品，可以以明示方式给对方折扣，可以给中间人佣金。经营者给对方折扣、给中间人佣金的，必须如实入账。接受折扣、佣金的经营者必须如实入账。

相关问题咨询

2010年4月15日、2010年8月4日，广茂科技有限公司与某医学院签订了销售血凝仪和分析仪协议书，分别以5.6万美元、3.9万美元的价格成交。该成交价格除了血凝仪和分析仪外，协议内容还包括免费赠送联想品牌电脑1台、中文报告处理软件1套、激光打印机、彩色喷墨打印机、医药试剂等物品。广源科技有限公司销售血凝仪和分析仪的行为是否属商业贿赂行为？

咨询意见：广茂科技有限公司销售血凝仪和分析仪的行为构成商业贿赂行为。广源科技有限公司为击败竞争对手，未按照将血凝仪、分析仪及相应附属设备配套销售的行业惯例销售，而是采取承诺免费赠送电脑、电源、打印机等方式获得交易机会。但电脑、软件、打印机、试剂等是血凝仪、分析仪正常使用所需要的配套设备，广源科技有限公司将其作为赠品免费赠送某医学院，而未作为配套设备销售，不符合“折扣”行为构成要件，也不属于按照商业惯例赠送小额广告礼品，其行为违反了《反不正当竞争法》的第八条“经营者不得采用财物或者其他手段进行贿赂以销售或者购买商品。在账外暗中给予对方单位或者个人回扣的，以行贿论处；对方单位或者个人在账外暗中收受回扣的，以受贿论处。经营者销售或者购买商品，可以以明示方式给对方折扣，可以给中间人佣金。经营者给对方折扣、给中间人佣金的，必须如实入账。接受折扣、佣金的经营者必须如实入账”和《关于禁止商业贿赂行为的暂行规定》的第八条“经营者在商品交易中不得向对方单位或者其个人附赠现金或者物品。但按照商业惯例赠送小额广告礼品的除外。违反前款规定的，视为商业贿赂行为”的规定，构成了商业贿赂行为。

三、虚假宣传行为

《反不正当竞争法》第九条规定：“经营者不得利用广告或者其他方法，对商品的质量、制作成分、性能、用途、生产者、有效期限、产地等作引人误解的虚假宣传。广告的经营者不得在明知或者应知的情况下，代理、设计、制作、发布虚假广告。”

1. 虚假宣传行为的定义

所谓虚假宣传是指商品宣传的内容与商品的实际情况不相符合。所谓引人误解的宣传是指就一般的社会公众的合理判断而言，宣传的内容会使接受宣传的人或受宣传影响的人对被宣传的商品产生错误的认识，从而影响其购买决策的商品宣传。

2. 虚假宣传行为的认定

经营者具有下列行为之一，足以造成相关公众误解的，可以认定为引人误解的虚假宣传行为：对商品作片面的宣传或者对比的；将科学上未定论的观点、现象等当作定论的事实用于商品宣传的；以歧义性语言或者其他引人误解的方式进行商品宣传的。以明显的夸张方式宣传商品，不足以造成相关公众误解的，不属于引人误解的虚假宣传行为。

对引人误解的虚假宣传行为，由人民法院根据日常生活经验、相关公众一般注意力、发生误解的事实和被宣传对象的实际情况等因素进行认定。

四、侵犯商业秘密的行为

（一）商业秘密的概念

所谓商业秘密，是指不为公众所知悉、能为权利人带来经济利益、具有实用性并经权利人采取保密措施的技术信息和经营信息，包括设计、程序、产品配方、制作工艺、制作方法、管理诀窍、客户名单、货源情报、产销策略、招投标中的标底及标书内容等信息。

（二）商业秘密的基本特征和认定

1. 秘密性

秘密性即技术信息和经营信息不为公众知悉。有关信息不为其所属领域的相关人员普遍知悉和容易获得，应当认定为不为公众所知悉。

具有下列情形之一的，可以认定有关信息不构成不为公众所知悉：①该信息为其所属技术或者经济领域的人的一般常识或者行业惯例；②该信息仅涉及产品的尺寸、结构、材料、部件的简单组合等内容，进入市场后相关公众通过观察产品即可直接获得；③该信息已经在公开出版物或者其他媒体上公开披露；④该信息已通过公开的报告会、展览等方式公开；⑤该信息从其他公开渠道可以获得；⑥该信息无需付出一定的代价而容易获得。

2. 实用性

实用性即技术信息和经营信息能给权利人带来实际的或潜在的经济利益或竞争优势。有关信息具有现实的或者潜在的商业价值，能为权利人带来竞争优势的，应当认定为能为权利人带来经济利益、具有实用性。

3. 保密性

保密性即为防止信息泄漏，权利人采取与其商业价值等具体情况相适应的合理保护措施，包括订立保密协议，建立保密制度及其他合理的保密措施。

具有下列情形之一，在正常情况下足以防止涉密信息泄漏的，应当认定权利人采取了保密措施：①限定涉密信息的知悉范围，只对必须知悉的相关人员告知其内容；②对于涉密信息载体采取加锁等防范措施；③在涉密信息的载体上标有保密标志；④对于涉密信息采用密码或者代码等；⑤签订保密协议；⑥对于涉密的机器、厂房、车间等场所限制来访者或者提出保密要求；⑦确保信息秘密的其他合理措施。

权利人是否采取了保密措施，由人民法院根据所涉信息载体的特性、权利人保密的意愿、保密措施的可识别程度、他人通过正当方式获得的难易程度等因素认定。

（三）侵犯商业秘密的情形

（1）以盗窃、利诱、胁迫或者其他不正当手段获取权利人的商业秘密。

（2）披露、使用或者允许他人使用以前项手段获取的权利人的商业秘密。

（3）违反约定或者违反权利人有关保守商业秘密的要求，披露、使用或者允许他人使用其所掌握的商业秘密。

第三人明知或者应知前款所列违法行为，获取、使用或者披露他人的商业秘密，视为侵犯商业秘密。

例 12-1　甲旅行社的欧洲部经理王某，辞职到乙旅行社工作。他将甲的欧洲合作伙伴情况、旅游线路设计、报价方案和客户资料等信息带到乙，使乙成为甲的有力竞争对手。现甲起诉乙和王某侵犯商业秘密。如法院认定此情况成立，须审查（　　）事实。

A. 甲所称的“商业秘密”是否属于从公开渠道不能获得的

B. 乙的欧洲客户资料是否有合法来源

C. 甲所称的“商业秘密”是否向有关部门申报到“密级”

D. 乙在聘用王某时是否明知或应知其掌握甲的上述业务信息

【答案】ABD

【解析】认定商业秘密侵权必须符合一定的条件：第一，该经营信息是否为公众所知悉；第二，必须具有侵害他人商业秘密的行为；最后，行为人主观上有过错。故选 ABD。

五、商品倾销行为

商品倾销行为是指经营者以排挤竞争对手为目的，以低于成本的价格销售商品。其构成要件包括：①存在以排挤竞争对手为目的主观故意；②客观上采取了低于成本价销售的手段。

销售鲜活商品，处理有效期限即将到期的商品或者其他积压的商品，季节性降价，因清偿债务、转产、歇业降价销售商品，不属于不正当竞争行为。

六、搭售或者附加不合理条件销售商品的行为

搭售或者附加不合理条件销售商品的行为是指经营者利用其经济优势，在提供（或接受）商品或服务时，违背交易相对人的意愿，附条件交易的行为。这种行为违反了诚实信用、平等自愿的商业准则。

七、不正当的有奖销售行为

有奖销售是指经营者销售商品或提供服务时，附带性地向购买者提供金钱、物品或者其他利益以奖励购买者的行为，主要包括附赠式的有奖销售和抽奖式的有奖销售两种形式。它是市场竞争的商业性行为，在国际上均予以认可。有奖销售必须遵守公认的商业道德，符合法律规范的要求，不正当的有奖销售为法律禁止。

1. 欺骗性的有奖销售

采用谎称有奖或者故意让内定人员中奖的欺骗方式进行有奖销售。

2. 利用有奖销售的手段推销质次价高的商品

质次价高的商品包括质价不符商品和劣质商品。它由工商行政管理机关根据同期市场同类商品的价格、质量和购买者的投诉进行认定，必要时会同有关部门认定。

3. 巨奖销售行为

抽奖式的有奖销售，最高奖的金额超过 5 000 元的行为为巨奖销售行为。抽奖式的有奖销售是指经营者以抽签、摇号或其他带有偶然性的方式确定购买者是否中奖的有奖销售行为。最高奖的金额是指在一项有奖销售活动中所设的最高一个档次的金额。

经政府或者政府有关部门依法批准的有奖募捐及其他彩票发售活动，不适用本规定。

八、商业诋毁行为

商业诋毁行为是指经营者捏造、散布虚伪事实，损害竞争对手的商业信誉和商品声誉的行为。商业信誉包括经营者的信用情况、资产状况、经营能力和经营作风等；商品声誉主要包括商品的性能、用途、质量和效果等。

例 12-2　某市甲、乙两厂均生产一种"记忆增强器"产品。甲厂产品的质量好过乙厂，因此其市场占有率远远高于乙厂。王某是甲厂技术人员，乙厂付给其一笔"技术咨询费"，获取其提供的甲厂的技术秘密，并在此基础上对其产品进行了技术改进。同时，在本市电视台发布广告，声称本厂生产的记忆增强器功效迅速，质量可靠；其他厂家的同类产品质量无保证，呼吁消费者当心。另外，乙厂还以高额回扣诱使本市大型商场的采购员不再购买甲厂产品。乙厂的（　　）构成了不正当竞争行为。

A. 向甲厂的技术人员行贿以获取其技术秘密

B. 给予商场的采购员回扣，构成商业贿赂

C. 在电视台发布使人误解的虚假宣传

D. 在电视广告中散布虚假事实，损害竞争者的商品声誉

【答案】ABCD

【解析】上述四种行为，分别符合侵犯商业秘密、商业贿赂、虚假宣传和商业诋毁的构成要件，属于不正当竞争行为。

九、串通招投标行为

招标和投标是一种公开、平等、竞价的交易方式，一般适用于建设工程承包、成套设备或者其他商品的购买、企业承包经营和租赁经营、土地使用权出让、经营场所出租等项目。

1．投标者串通投标，抬高标价或者压低标价

这类行为的主体是所有参加投标的投标者，其目的是避免相互间的竞争，或协议轮流在类似项目中中标；或投标者之间先进行内部竞价，内定中标人，然后再参加投标。

2．投标者和招标者相互勾结

为了排挤竞争对手，投标者和招标者相互勾结，使招标投标流于形式，损害其他投标人的利益。

十、公用企业或者其他依法具有独占地位的经营者强制交易的行为

《反不正当竞争法》第六条规定："公用企业或者其他依法具有独占地位的经营者，不得限定他人购买其指定的经营者的商品，以排挤其他经营者的公平竞争。"

1．概念

公用企业是指涉及公用事业的经营者，包括供水、供电、供热、邮政、电信、交通运输等行业的经营者。其他依法具有独占地位的经营者主要包括专营专卖行业如烟草、盐业等；为国民经济提供基础性条件的行业，如商业银行业、保险业、证券业；以及国家需要特别管制的行业或产品，如石油、石化、电视台、殡葬、新华书店（中小学生教材发行）等。

2．强制交易的行为表现

（1）限定用户、消费者只能购买和使用其附带提供的相关商品，而不得购买和使用其他

经营者提供的符合技术标准要求的同类商品；

（2）限定用户、消费者只能购买和使用其指定的经营者生产或者经销的商品，而不得购买和使用其他经营者其他经营者提供的符合技术标准要求的同类商品；

（3）强制用户、消费者购买其提供的不必要的商品或配件；

（4）强制用户、消费者购买其指定的经营者提供的不必要的商品；

（5）以检验商品质量、性能等为借口，阻碍用户、消费者购买、使用其他经营者提供的符合技术标准要求的其他商品；

（6）对不接受其不合理条件的用户、消费者拒绝、中断或者削减供应相关商品，或者滥收费用；

（7）其他限制竞争的行为。

十一、行政垄断和地区封锁行为

1．行政垄断行为

行政垄断是指政府及其所属部门滥用行政权力，限定他人购买其指定的经营者的商品，限制其他经营者正当的经营活动。

行政垄断的表现形式有：以政府文件、会议纪要、规定等形式，限定或变相限定单位或个人只能经营、购买、使用本地生产的产品或者只能接受本地企业、指定企业、其他经济组织或者个人提供的服务；以不正当的或者歧视性的质检、准销证、前置审批、加收费用以及所谓“联合执法”等方式，实行歧视性待遇，抬高外地商品进入本地的门槛，阻碍外地商品或者服务进入本地；以拒绝给予行政许可等方式强制他人购买其指定的商品或服务。

2．地区封锁行为

地区封锁行为是指政府及其所属部门滥用行政权力，限制外地商品进入本地市场，或者本地商品流向外地市场。

现实经济生活中，地方政府及所属部门实行地区封锁、地方保护的商品除了烟、酒等能给地方带来高利税的商品外，还涉及化肥、汽车、医药、煤炭、农业生产资料等。

第三节　监督检查和法律责任

一、对不正当竞争行为进行的监督检查

1．监督检查的职能部门

我国县级以上人民政府工商行政管理部门及法律、法规规定的其他部门是对不正当竞争行为进行监督检查的部门。工商行政管理部门是最主要的执行机关，承担着反不正当竞争的主要职责。其他部门如中国人民银行、建设行政主管部门、卫生行政管理部门、价格主管部门等分别依照《商业银行法》、《建筑法》、《药品管理法》、《价格法》等对不正当竞争行为进行各行业的监督管理。

2．监督检查部门的职权

监督检查部门在监督检查不正当竞争行为时，有权行使下列职权：

（1）按照规定程序询问被检查的经营者、利害关系人、证明人，并要求提供证明材料或者与不正当竞争行为有关的其他资料；

（2）查询、复制与不正当竞争行为有关的协议、账册、单据、文件、记录、业务函电和其他资料；

（3）检查与假冒仿冒的不正当竞争行为有关的财物，必要时可以责令被检查的经营者说明该商品的来源和数量，暂停销售，听候检查，不得转移、隐匿、销毁该财物。

监督检查部门工作人员监督检查不正当竞争行为时，应当出示检查证件。监督检查部门在监督检查不正当竞争行为时，被检查的经营者、利害关系人和证明人应当如实提供有关资料或者情况。

二、法律责任

（一）民事责任

经营者违反《反不正当竞争法》规定，给被侵害的经营者造成损害的，应当承担损害赔偿责任，被侵害的经营者的损失难以计算的，赔偿额为侵权人在侵权期间因侵权所获得的利润，并应当承担被侵害的经营者因调查该经营者侵害其合法权益的不正当竞争行为所支付的合理费用。

例 12-3 例 12-1 中，如法院判定乙和王某侵权成立，确定其赔偿责任可以采用的办法有（ ）。

A. 按照甲在侵权期间的利润损失进行赔偿，乙和王某承担连带赔偿责任

B. 甲在侵权期间的利润无法计算时，按照乙所获利润进行赔偿，王某承担连带赔偿责任

C. 对王某按照其在甲工作时的工资标准乘以侵权持续时间确定赔偿额，对乙按其实际所得利润确定赔偿额

D. 按甲请求的数额确定赔偿额

【答案】AB

【解析】经营者违反本法规定，给被侵害的经营者造成损害的，应当承担损害赔偿责任，被侵害的经营者的损失难以计算的，赔偿额为侵权人在侵权期间因侵权所获得的利润。

（二）行政责任和刑事责任

1．经营者的行政责任和刑事责任

（1）欺骗性市场交易行为。

经营者假冒他人的注册商标，擅自使用他人的企业名称或者姓名，伪造或者冒用认证标志、名优标志等质量标志，伪造产地，对商品质量作引人误解的虚假表示的，依照《商标法》、《产品质量法》的规定处罚。

经营者擅自使用知名商品特有的名称、包装、装潢，或者使用与知名商品近似的名称、包装、装潢，造成和他人的知名商品相混淆，使购买者误认为是该知名商品的，监督检查部门应当责令停止违法行为，没收违法所得，可以根据情节处以违法所得 1 倍以上 3 倍以下的

罚款；情节严重的，可以吊销营业执照；销售伪劣商品，构成犯罪的，依法追究刑事责任。

（2）商业贿赂行为。

经营者采用财物或者其他手段进行贿赂以销售或者购买商品，构成犯罪的，依法追究刑事责任；不构成犯罪的，监督检查部门可以根据情节处以 1 万元以上 20 万元以下的罚款，有违法所得的，予以没收。

（3）强制交易行为。

公用企业或者其他依法具有独占地位的经营者，限定他人购买其指定的经营者的商品，以排挤其他经营者的公平竞争的，省级或者设区的市的监督检查部门应当责令停止违法行为，可以根据情节处以 5 万元以上 20 万元以下的罚款。被指定的经营者借此销售质次价高商品或者滥收费用的，监督检查部门应当没收违法所得，可以根据情节处以违法所得 1 倍以上 3 倍以下的罚款。

（4）虚假宣传行为。

经营者利用广告或者其他方法，对商品作引人误解的虚假宣传的，监督检查部门应当责令停止违法行为，消除影响，可以根据情节处以 1 万元以上 20 万元以下的罚款。

广告的经营者，在明知或者应知的情况下，代理、设计、制作、发布虚假广告的，监督检查部门应当责令停止违法行为，没收违法所得，并依法处以罚款。

（5）侵犯商业秘密行为。

侵犯商业秘密的，监督检查部门应当责令停止违法行为，可以根据情节处以 1 万元以上 20 万元以下的罚款。

（6）不正当的有奖销售行为。

经营者违法进行有奖销售的，监督检查部门应当责令停止违法行为，可以根据情节处以 1 万元以上 10 万元以下的罚款。

（7）串通招投标行为。

投标者串通投标，抬高标价或者压低标价；投标者和招标者相互勾结，以排挤竞争对手的公平竞争的，其中标无效。监督检查部门可以根据情节处以 1 万元以上 20 万元以下的罚款。

另外，经营者有违反被责令暂停销售，不得转移、隐匿、销毁与不正当竞争行为有关的财物的行为的，监督检查部门可以根据情节处以被销售、转移、隐匿、销毁财物的价款的 1 倍以上 3 倍以下的罚款。

当事人对监督检查部门作出的处罚决定不服的，可以自收到处罚决定之日起 15 日内向上一级主管机关申请复议；对复议决定不服的，可以自收到复议决定书之日起 15 日内向人民法院提起诉讼；也可以直接向人民法院提起诉讼。

2．政府部门的行政责任和刑事责任

政府及其所属部门违法限定他人购买其指定的经营者的商品、限制其他经营者正当的经营活动，或者限制商品在地区之间正常流通的，由上级机关责令其改正；情节严重的，由同级或者上级机关对直接责任人员给予行政处分。被指定的经营者借此销售质次价高商品或者滥收费用的，监督检查部门应当没收违法所得，可以根据情节处以违法所得 1 倍以上 3 倍以下的罚款。

监督检查不正当竞争行为的国家机关工作人员滥用职权、玩忽职守，构成犯罪的，依法追究刑事责任；不构成犯罪的，给予行政处分。监督检查不正当竞争行为的国家机关工作人员徇私舞弊，对明知构成犯罪的经营者故意包庇不使他受追诉的，依法追究刑事责任。

小结

本章重点分析了不正当竞争行为的11种表现形式，包括欺骗性市场交易行为、商业贿赂行为、虚假宣传行为、侵犯商业秘密的行为、商品倾销行为、搭售或附加不合理条件销售商品的行为、不正当的有奖销售行为、商业诋毁行为、串通招投标行为、公用企业或其他依法具有独占地位的经营者强制交易的行为、行政垄断和地区封锁行为。经营者违反有关法规，应承担民事责任、行政责任和刑事责任。

思考与练习

一、判断题（下列行为是否属于不正当竞争行为？属于哪一种具体的不正当竞争行为？）

1. 将注册商标“剑尚春”的“尚”字草写成“南”字，使人看上去以为是“剑南春”。（ ）

2. 某食品厂在其生产的豆沙月饼外包装上标明“莲蓉风味”。（ ）

3. 旅游定点单位以支付导游、司机“人头费”、“停车费”方式，诱使旅行社带旅行团到这些旅游定点单位购物，甚至还与旅行社约定：游客如有购物，商场按成交额的5%到30%支付给旅行社。（ ）

4. 某市电信局在收取电话费时，限定电话用户使用中国工商银行某市支行的牡丹卡交费，否则不予办理交费手续。（ ）

5. 保险公司要求车主到指定汽车维修点接受服务。（ ）

二、不定项选择题

1. 甲娱乐城向该市的出租车司机承诺，为该娱乐城介绍一位客人，娱乐城向其支付20元作为奖励。经调查：甲娱乐城给付的奖励在公司的账面上皆有明确、详细的记录。请问该酒店的行为是（ ）。

A. 正当的竞争行为　　B. 商业贿赂行为
C. 限制竞争行为　　D. 低价倾销行为

2. 某市自来水公司发布一个文件，称以后凡需要安装自来水管的建筑工程，须到易达机电公司购买自来水管道所需的水龙头等设备，然后拿着购买单据到自来水公司申请供水。对此不正当竞争行为，（ ）有权对其进行行政处罚。

A. 税务部门　　B. 县级以上工商行政管理部门
C. 技术监督部门　　D. 省级或设区的市的工商行政管理机关

3. 某机场只允许自己与其他企业共同出资设立的甲出租车公司的出租车进入机场运送乘客，不允许其他出租车进入机场，以下说法正确的是（ ）。

A. 机场的行为构成了限制竞争行为

B. 甲出租车公司构成了限制竞争行为

C. 有关监督检查部门应当责令机场停止违法行为，可以并处罚款

D. 有关监督检查部门应当没收甲出租车公司的违法所得

4. 四海公司是某市生产化妆品的公司，为招揽生意，遂请好运广告公司为其产品制作广告，而广告的内容与实际产品不符。下列说法正确的是（ ）。

A. 四海公司的行为构成不正当竞争行为

B. 任何一家生产化妆品公司都可到法院起诉四海公司，要求其承担不正当竞争行为

C. 好运广告公司只有明知或应知四海公司宣传不实的情况下，才承担法律责任

D. 监督管理部门应当责令四海公司停止违法行为，消除影响，可以并处罚款

5. 下列不属于低价倾销行为的有（ ）。

A. 销售生鲜水果　　B. 处理积压的床上用品

C. 夏季销售皮衣　　D. 因清偿债务低价销售皮鞋

三、案例分析题

1. 2000 年 3 月，湖南省长沙市工商局对旅游行业进行检查时发现：湖南省旅游局利用行政权力将经国家旅游局批准的，有权在湖南全省范围内为其组团社招徕自费出国旅游者的代办点的湖南省中国旅行社、湖南省中国青年旅行社、湖南省华天国际旅行社的代办区域由湖南省限定为长沙市，并规定这 3 家招徕长沙以外的出国旅游者必须交省国旅出境二部办理报批手续，方能向省公安厅申办护照。省旅游局的行为属于滥用行政权力限制竞争行为，属于不正当竞争行为。省国旅出境二部在办理报批手续中，对每份《审批证明》收取人民币 250 元（《审核证明》是国家旅游局无偿核发给组团社，对出境游人数进行配额管理的。它应用于自用，不得转让，也不允许买卖）。省国旅二部借助省旅游局的行政权力，向 3 家旅行社收取不应当收取的费用，属于滥收费用的行为。2000 年 7 月 17 日，长沙市工商局对省国旅作出行政处罚：责令改正违法行为，没收其违法所得过且 1 146 161.62 元；对省旅游局作出行政告诫，建议其改正违法行为。

请对本案例进行分析。

实训题——撰写调查报告

根据在市场中的亲身经历，以小组的形式，写一份有关不正当竞争行为的调查报告。

模块六

企业纠纷的解决

第十三章 民事诉讼法

学习目标

知识目标

- 掌握民事诉讼的级别管辖和地域管辖
- 熟悉民事诉讼的第一审普遍程序
- 了解诉讼时效

能力目标

- 能撰写起诉书
- 能运用民事诉讼法的基本知识解决简单的民事纠纷

导入案例

某市 A 区的甲公司，为扩大经营范围，向同区乙公司租用三间仓库，后因该仓库多处漏雨，又难以修复，所以甲公司向乙公司提起退房。双方协商未果，甲企业决定起诉。但是听说 A 区法院院长是乙公司董事长的哥哥，甲企业怕在 A 区法院起诉对自己不利，于是向本市 B 区法院提起诉讼。请分析：B 区法院有管辖权吗？为什么？

第一节 概　　述

一、民事纠纷

（一）民事纠纷的概念

民事纠纷，又称民事争议，是发生在平等主体之间，以民事权利义务为内容的可处分性的社会纠纷。根据民事纠纷特点和内容，可将其分为两大类：一类是财产关系方面的民事纠纷，包括财产所有关系的民事纠纷和财产流转关系的民事纠纷；另一类是人身关系的民事纠纷，包括人格权关系民事纠纷和身份关系的民事纠纷。

（二）解决民事纠纷的方式

1. 自力救济

自力救济，包括自决与和解。它是指纠纷主体依靠自身力量解决纠纷，维护自己的权益，无需第三方的参与，也不受任何规范的制约。

2. 社会救济

社会救济，包括调解和仲裁。调解是由第三者（调解机构或调解人）出面对纠纷的双方当事人进行调停说和，用一定的法律规范和道德规范劝导冲突双方，促使他们达成解决纠纷的协议。调解协议不具有法律上的强制力，但具有合同意义上的效力。仲裁是由双方当事人选定的仲裁机构对纠纷进行审理并作出裁决，仲裁裁决对双方当事人有法律上的拘束力。仲裁与调解一样，也是以双方当事人的自愿为前提条件的，只有纠纷的双方达成仲裁协议，一致同意将纠纷交付裁决，仲裁才能够开始。

3. 公力救济

公力救济是指诉讼。民事诉讼是指法院在当事人和其他诉讼参与人的参加下，以审理、判决、执行等方式解决民事纠纷的活动，以及由这些活动产生的各种诉讼关系的总和。

二、民事诉讼的概念和特征

（一）诉讼的定义和本质

诉讼俗称打官司。一般的理解，是指国家司法机关按照一定程序和方式解决纠纷的活动。诉讼的本质是国家对解决社会成员之间争议的一种干预，目的在于制止对他人权益的侵害，建立正常的社会秩序。因此，诉讼对于国家而言是一种职能，对于纠纷当事人而言是维护其合法权益的一种手段。根据国家解决当事人之间争议的内容和方式的区别，通常把诉讼分为刑事诉讼、民事诉讼和行政诉讼三种类型。

（二）民事诉讼的概念和特征

民事诉讼是指法院和当事人在其他诉讼参与人的参加下，按照法定程序解决民事纠纷所进行的各种诉讼活动。

民事诉讼具有以下特征：

1. 民事诉讼具有公权性

民事诉讼不同于其他解决纠纷方式，它是在国家审判权力介入之下，对民事纠纷通过国家的司法程序进行解决。即由法院代表国家行使审判权，以司法方式解决平等主体之间的纠纷。

2. 民事诉讼具有严格的规范性

民事诉讼活动必须依法进行。依法的含义包括：①依照民事实体法；②依照程序法。无论是法院还是当事人和其他诉讼参与人，都应当按照民事诉讼法设定的程序实施诉讼行为。

3. 民事诉讼具有明显的阶段性

根据《中华人民共和国民事诉讼法》（以下简称《民事诉讼法》）的规定，民事诉讼活动分为：一审阶段、二审阶段、审判监督阶段和执行阶段。

三、民事诉讼的基本原则

民事诉讼的基本原则，是指贯穿于民事诉讼全过程，对民事诉讼法律关系主体和整个诉讼活动起指导作用的根本性准则。

（一）当事人诉讼权利平等原则

当事人诉讼权利平等原则，是指在民事诉讼中，当事人平等地享有和行使诉讼权利。根据民事诉讼法的规定，当事人诉讼权利平等原则，包括以下三项基本内容：

1．当事人在诉讼中的诉讼地位平等

当事人在诉讼中的诉讼地位是平等的，不因当事人的社会地位、经济状况、文化程度、民族等因素不同而存在差别。当事人诉讼地位平等，不但是平等地享有诉讼权利，同时也是平等地承担诉讼义务，并且对行使诉讼权利给予平等的机会。

2．当事人平等地享有诉讼权利

当事人在民事诉讼中享有相同的诉讼权利，任何一方不得享有比对方更优越或更多的诉讼权利，只有赋予双方当事人平等的权利、均等的机会，才能维系民事诉讼活动中当事人双方的平等地位。

3．保障和便利当事人平等地行使诉讼权利

首先，作为立法的指导原则，诉讼权利平等原则应当体现在民事诉讼法的相关制度和具体规范中，使这一原则具体化，为当事人实际平等地享有和行使诉讼权利提供法律依据。其次在司法实践中，人民法院应当为当事人平等地行使诉讼权利提供保障和便利。依法保障当事人双方平等地行使诉讼权利，并且为他们行使诉讼创造和提供平等的机会和条件，是人民法院应当履行的职责，也是诉讼权利平等原则实现的重要保证。

知识点提示

民事诉讼当事人有平等的诉讼权利。人民法院审理民事案件，应当保障和便利当事人行使诉讼权利，对当事人在适用法律上一律平等。

外国人、无国籍人、外国企业和组织在人民法院起诉、应诉，同中华人民共和国公民、法人和其他组织有同等的诉讼权利义务。外国法院对中华人民共和国公民、法人和其他组织的民事诉讼权利加以限制的，中华人民共和国人民法院对该国公民、企业和组织的民事诉讼权利，实行对等原则。

（二）人民法院依法独立行使职权原则

人民法院依法独立行使职权原则，是指对于各种诉讼案件，人民法院行使审判权，在法律规定的职责范围内是独立的，不受任何行政机关、社会团体和个人的干涉。人民法院行使审判权必须严格遵守宪法和法律的各项规定，在宪法和法律规定的权限范围内行使职权，必须严格遵守法律的规定行使职权。

（三）辩论原则

辩论原则是指在民事诉讼中当事人就争议的事实问题和法律问题有权在法院主持下进行

辩论，说明论证本方主张的真实性、合法性，并反驳对方当事人的意见与主张，以维护其合法权益的原则。当事人的辩论权的行使并不局限于法庭辩论，而是贯彻民事诉讼的整个过程。而辩论的内容，既可以是程序方面的问题，也可以是实体方面的问题。辩论的方式既可以通过口头，也可以通过书面方式进行。

（四）处分原则

处分原则是指民事诉讼的当事人有权在法律规定的范围内，处分自己的民事权利和诉讼权利。处分即自由支配，对于权利可以行使，也可以放弃。其中实体权利的处分主要是指在起诉时可以自由确定请求司法保护的范围和选择保护的方法。在诉讼开始后，原告可以变更诉讼请求。在诉讼中，原告可以放弃诉讼请求，被告可以部分或者全部承认原告的诉讼请求。当事人双方可以达成或者拒绝达成调解协议，在判决未执行完毕之前，双方当事人随时可以就实体问题自行和解。诉讼权利的处分主要体现为“不告不理”，是否撤诉、上诉均由当事人自己决定。

（五）法院调解自愿和合法的原则

法院调解是我国民事审判工作的优良传统和成功经验，民事诉讼把法院调解用法律条文固定下来，并将自愿、合法进行调解确定为一项基本原则。《民事诉讼法》第九条规定：“人民法院审理民事案件，应当根据自愿和合法的原则进行调解；调解不成的，应当及时判决。”根据这一规定，人民法院审理民事案件时，要多做说服教育和疏导工作，促使双方达成协议，解决纠纷。

例 13-1 关于民事诉讼的基本原则，下列选项正确的是（　　）。

A. 当事人诉讼权利平等原则意味着当事人拥有相同的诉讼权利

B. 处分原则意味着法院无权干涉当事人诉讼权利的行使

C. 原告提起诉讼与被告进行答辩是辩论原则的表现

D. 调解原则适用于民事审判程序和民事执行程序

【答案】C

【解析】当事人诉讼权利平等原则是指双方当事人的诉讼地位平等；双方当事人有平等地行使诉讼权利的手段，同时，人民法院平等地保障双方当事人行使诉讼权利；对当事人在适用法律上一律平等。诉讼权利平等并不意味着双方当事人的诉讼权利相同，故 A 项说法错误。处分原则是指民事诉讼当事人有权在法律规定的范围内，处分自己的民事权利和诉讼权利。这里强调“法律规定的范围内”，意味着当事人行使处分权并不是完全没有限制的，需要在法律规定的范围内进行，因此选项 B 说法错误。辩论原则是指诉讼当事人有权对争议的问题进行辩论，具体是指在人民法院主持下，当事人有权就案件事实和争议问题，各自陈述自己的主张和根据，互相进行反驳和答辩，以维持自己的合法权益。原告起诉和被告答辩都是辩论原则的体现，故 C 项说法正确。调解原则是指人民法院在审理民事案件的时候，可以根据自愿和合法的原则进行调解。也就是说调解原则只适用于审判程序中，并不包括执行程序，故 D 项说法错误。

四、民事诉讼的基本制度

民事诉讼的基本制度是指在民事诉讼的一定阶段或重大环节上起着基本作用的准则，是人民法院与当事人及其他诉讼参与人进行民事诉讼的基本规程。

（一）合议制度

合议制度，是指由三名以上的法官或法官与陪审员组成合议庭，对案件进行审理并作出裁判的法律制度。实行合议制，目的是为了发挥集体的智慧，弥补个人能力上的不足，以保证案件的审判质量。合议庭的评议，实行少数服从多数，且少数意见应当如实记入评议笔录。并非所有案件都采用合议庭审理，一审简易程序采用独任制审理。独任制审理只适用于事实清楚，权利义务关系明确，争议不大的简单民事案件。

合议制度的适用

根据民事诉讼法的规定，合议制度适用范围是：①就适用的案件而言，合议制适用于审理除简单的诉讼案件外的各种民事案件，包括一般、重大、复杂和疑难的案件。②就适用的法院而言，我国四级法院都可以采用合议制。其中，中级以上法院审判民事案件，只能采用合议制。③就适用的程序而言，合议制既适用于一审程序，也适用于二审程序。具体包括一审普通程序、二审程序以及重审和再审程序，应当采用合议制。特别程序中的选民资格案件和重大疑难的非诉讼案件以及企业法人破产还债程序，应当采用合议制。

（二）回避制度

回避制度是指为了保证案件的公正审判，要求与案件有一定利害关系的审判人员或其他有关人员，不得参与本案的审理或其他诉讼活动的审判制度。

1. 回避制度适用的对象

根据民事诉讼法的规定，适用回避的人员包括审判人员（包括审判员和人民陪审员）、书记员、翻译人员、鉴定人、勘验人员等。

2. 回避的事由

根据《民事诉讼法》第四十四条的规定，具有下列情形之一的，应予以回避：①是本案当事人或者当事人、诉讼代理人近亲属的。②与本案有利害关系的。③与本案当事人、诉讼代理人有其他关系，可能影响对案件公正审理的；审判人员接受当事人、诉讼代理人请客送礼，或者违反规定会见当事人、诉讼代理人的。

3. 回避的程序

回避的提出有两种方式：一是申请回避；二是可以自行回避。当事人申请回避，可采用口头或书面形式，但应当说明申请回避的理由。法官和其他有关人员自行回避的，应当向审判长、院长或审判委员会提出并说明理由。

回避应当在案件开始审理时提出，回避事由在案件开始审理后知道的，可以在法庭辩论终结前提出。提出回避申请应当说明理由。回避申请提出后，是否准许申请，由法院决定，院长担任审判长时的回避，由审判委员会决定；审判人员的回避，由院长决定；其他人员的回避，由审判长决定。

4. 回避的法律后果

在当事人提出回避申请到法院作出是否同意申请的决定期间，除案件需要采取紧急措施的外，被申请回避的人员应暂停执行有关本案的职务。法院决定回避的，被申请回避的人员应退出本案审理；驳回回避申请的，被申请回避的人员应继续本案的审理。民事诉讼法对不服驳回回避申请的决定设置了救济程序，即申请人对决定不服的，可以在接到决定时申请复议一次。复议期间，被申请回避的人员，不停止参与本案的工作。法院对复议申请应当在3日内作出复议决定，并通知复议申请人。

（三）公开审判制度

公开审判制度是指人民法院审理民事案件，除了法律规定的情况以外，审判过程及结果应当向群众、社会公开的制度。它有两方面的基本要求：一方面，公开审判形式上要求，向群众公开，允许群众旁听案件的审判活动；向社会公开，允许大众传媒对案件的审判情况进行采访和报道。另一方面，公开审判内容上要求，案件审理除法律明确规定不公开审理的外，一律公开进行；不论是否公开审理的案件，宣判时一律公开进行。

知识点提示

应当不公开审理的案件，具体包括以下三种：第一，涉及国家秘密的案件；第二，涉及个人隐私的案件；第三，法律另有规定的案件。这是指除上述两种案件外，凡是法律另有专门规定不公开审理的案件，均应当不公开审理。

可以不公开审理的案件，具体包括以下两种：第一，离婚案件；第二，涉及商业秘密的案件。

（四）两审终审制度

两审终审制度是指一个民事案件经过两级人民法院审判后即告终结的制度。根据两审终审制度，当事人不服一审的判决、裁定，可以上诉至二审人民法院。二审为终审，从二审判决、裁定作出之日起，即发生法律效力。

以下情况不适用两审终审制：一审判决、裁定作出后，当事人不上诉或在法定期限内未上诉以及一审经过调解结案，不发生二审程序，一审判决、裁定即发生法律效力；最高人民法院所作出的一审判决、裁定，为终审判决、裁定，当事人不得上诉；根据《民事诉讼法》的规定，适用特别程序、督促程序、公示催告程序和破产程序审理的案件，实行一审终审制。

五、民事诉讼法的概述

民事诉讼法是调整法院和其他诉讼参与人在审理民事案件过程中所进行的各种诉讼活动以及由此而产生的各种诉讼关系法律规范的总和。

民事诉讼法有狭义和广义之分：狭义的民事诉讼法是指1991年4月9日第七届全国人民代表大会第四次会议通过，根据2007年10月28日第十届全国人民代表大会常务委员会第三十次会议《关于修改〈中华人民共和国民事诉讼法〉的决定》第一次修正，根据2012年8月31日第十一届全国人民代表大会常务委员会第二十八次会议《关于修改〈中华人民共和国民事诉讼法〉的决定》第二次修正的《中华人民共和国民事诉讼法》；广义的民事诉讼法除法典以外，还包括国家宪法和其他法律中有关民事诉讼的规定。此外，最高人民法院发布的有关民事诉讼的解答、批复、意见等司法解释性的文件，也属于广义的民事诉讼法范围。

第二节 民事诉讼的受案范围和管辖

一、民事诉讼的受案范围

民事诉讼的受案范围是指人民法院依法受理和解决一定范围内民事纠纷的权限，其实质是确定人民法院行使民事审判权的范围和权限。

根据法律的规定，人民法院受理公民之间、法人之间、其他组织之间以及他们相互之间因财产关系和人身关系提起的民事诉讼。民事诉讼的受案范围主要有三类：第一类是由受民法调整的民事主体间的财产关系和人身关系所引起的纠纷；第二类是由受劳动法调整的劳动关系所引起的依法应适用《民事诉讼法》审理的劳动争议纠纷；第三类是法律规定的适用《民事诉讼法》审理的其他纠纷或事项，例如：选民资格案件，宣告失踪死亡，认定公民无行为能力，限制行为能力案件，认定财产无主案件，公示催告，督促程序。

二、民事诉讼管辖

民事诉讼的管辖是指确定各级人民法院之间和同级人民法院之间受理第一审民事案件的分工和权限。民事诉讼管辖的意义在于便于各级各地法院确定管辖权限，也便于当事人行使诉权。

（一）级别管辖

级别管辖，是指上、下级人民法院之间受理第一审民事案件的分工和权限。确定级别管辖的主要依据包括案件的性质、案件的繁简程度、案件影响的大小、诉讼标的的金额大小等。

基层人民法院管辖除法律规定由中级人民法院、高级人民法院和最高人民法院管辖以外的民事案件；中级人民法院管辖三类民事案件：一是重大涉外案件，二是在本辖区有重大影响案件，三是最高人民法院确定由中级人民法院管辖的案件；高级人民法院管辖在本辖区内有重大影响的第一审民事案件；最高人民法院管辖在全国有重大影响和认为应当由最高人民法院审理的两类案件。

例 13-2 关于民事案件的级别管辖，下列选项正确的是（ ）。

A. 第一审民事案件原则上由基层法院管辖

B. 涉外案件的管辖权全部属于中级法院

C. 高级法院管辖的一审民事案件包括在本辖区内有重大影响的民事案件和它认为应当由自己审理的案件

D. 最高法院仅管辖在全国有重大影响的民事案件

【答案】A

【解析】本题考核民诉案件的级别管辖。《民事诉讼法》第十七条规定，基层人民法院管辖第一审民事案件，但本法另有规定的除外。因此，A 项正确。

（二）地域管辖

地域管辖，是指同级人民法院之间受理第一审民事案件的分工和权限，是以法院的辖区和案件的隶属关系确定诉讼管辖。

1．一般地域管辖

一般地域管辖采用“原告就被告”的原则，即民事诉讼由被告所在地人民法院管辖。但是也有例外的情况，《民事诉讼法》第二十二条规定：下列民事诉讼，由原告住所地人民法院管辖；原告住所地与经常居住地不一致的，由原告经常居住地人民法院管辖：①对不在中华人民共和国领域内居住的人提起的有关身份关系的诉讼；②对下落不明或者宣告失踪的人提起的有关身份关系的诉讼；③对被采取强制性教育措施的人提起的诉讼；④对被监禁的人提起的诉讼。

2．特殊地域管辖

特殊地域管辖，又称特别管辖，是指以诉讼标的所在地或者引起诉讼的法律事实所在地为标准确定的管辖。具体规定如下：

（1）因合同纠纷提起的诉讼，由被告住所地或者合同履行地人民法院管辖；

（2）因保险合同纠纷提起的诉讼，由被告住所地或者保险标的物所在地人民法院管辖；

（3）因票据纠纷提起的诉讼，由票据支付地或者被告住所地人民法院管辖；

（4）因公司设立、确认股东资格、分配利润、解散等纠纷提起的诉讼，由公司住所地人民法院管辖；

（5）因铁路、公路、水上、航空运输和联合运输合同纠纷提起的诉讼，由运输始发地、目的地或者被告住所地人民法院管辖；

（6）因侵权行为提起的诉讼，由侵权行为地或者被告住所地人民法院管辖；

（7）因铁路、公路、水上和航空事故请求损害赔偿提起的诉讼，由事故发生地或者车辆船舶最先到达地、航空器最先降落地或者被告住所地人民法院管辖；

（8）因船舶碰撞或者其他海事损害事故请求损害赔偿提起的诉讼，由碰撞发生地、碰撞船舶最先到达地、加害船舶被扣留地或者被告住所地人民法院管辖；

（9）因海难救助费用提起的诉讼，由救助地或者被救助船舶最先到达地人民法院管辖；

（10）因共同海损提起的诉讼，由船舶最先到达地、共同海损理算地或者航程终止地人民法院管辖。

3．专属管辖

专属管辖，是指法律规定某些特殊类型的民事案件必须由特定的人民法院管辖。

（1）因不动产纠纷提起的诉讼，由不动产所在地人民法院管辖；

（2）因港口作业中发生纠纷提起的诉讼，由港口所在地人民法院管辖；

（3）因继承遗产纠纷提起的诉讼，由被继承人死亡时住所地或者主要遗产所在地人民法院管辖。

4．共同管辖

共同管辖，是指依照法律规定两个或两个以上的人民法院对同一诉讼案件都有管辖权。两个以上人民法院都有管辖权的诉讼，原告可以向其中一个人民法院起诉；原告向两个以上有管辖权的人民法院起诉的，由最先立案的人民法院管辖。

5．协议管辖

协议管辖又称合意管辖或者约定管辖，是指双方当事人在纠纷发生之前或发生之后，依法约定解决他们之间纠纷的管辖法院。

《民事诉讼法》第三十四条规定：合同或者其他财产权益纠纷的当事人可以书面协议选择被告住所地、合同履行地、合同签订地、原告住所地、标的物所在地等与争议有实际联系的地点的人民法院管辖，但不得违反本法对级别管辖和专属管辖的规定。

导入案例中，B区法院没有管辖权。因为原、被告都属于A区，本案属于租赁合同纠纷，双方对合同纠纷管辖没有协议进行约定。即便有，B区法院它不是被告住所地、合同履行地、合同签订地、原告住所地、标的物所在地等与争议有实际联系的地点的人民法院，不属于被选择的范围。

例 13-3 下列案件可以由被告住所地法院管辖的是（ ）。

A. 专利侵权案件 B. 海难救助费用案件

C. 共同海损案件 D. 遗产继承案件

【答案】A

【解析】《民事诉讼法》第二十一条规定，对公民提起的民事诉讼，由被告住所地人民法院管辖；被告住所地与经常居住地不一致的，由经常居住地人民法院管辖。因此，只要法律没有特殊规定，对于一般案件都适用被告住所地法院管辖。《民事诉讼法》第三十一条规定，因海难救助费用提起的诉讼，由救助地或者被救助船舶最先到达地人民法院管辖。第三十二条规定，因共同海损提起的诉讼，由船舶最先到达地、共同海损理算地或者航程终止地的人民法院管辖。第三十三条第（三）项规定，因继承遗产纠纷提起的诉讼，由被继承人死亡时住所地或者主要遗产所在地人民法院管辖。因此，B、C两项属于特殊地域管辖，D项属于专属管辖，三者都不属于一般地域管辖的案件。

（三）裁定管辖

裁定管辖是指根据人民法院依法作出的裁定或者决定确定管辖法院，包括移送管辖、指定管辖、管辖权的转移。

1. 移送管辖

移送管辖是指已经受理案件的人民法院，因发现本法院对该案件没有管辖权，而将案件移送给有管辖权的人民法院审理。移送管辖的实质是案件的移送，而非管辖权的移送。适用移送管辖的案件所具备的条件：①受诉法院对已受理的案件无管辖权；②受移送的人民法院依法对该案具有管辖权；③移送只能一次，受移送的法院不得再次将案件进行移送。

2. 指定管辖

指定管辖，是指上级人民法院根据法律规定，以裁定的方式，指定其辖区内的下级人民法院对某一民事案件行使管辖权。指定管辖发生的情况：①有管辖权的人民法院由于特殊原因，不能行使管辖权的，由上级人民法院指定管辖。②人民法院之间因管辖权发生争议，由争议双方协商解决；协商解决不了的，报请它们的共同上级人民法院指定管辖。

例 13-4 甲区基层法院因装修办公大楼，与所在区的向阳建筑公司签订了装修合同。工程竣工后，双方就工程款的决算产生了纠纷。在协商无果的情况下，向阳建筑公司就该纠纷向甲区基层法院提起了民事诉讼，要求甲区基层法院支付尚未支付的工程款。鉴于本案的特殊情况，下列选项正确的是（ ）。

A. 本案为合同纠纷，应适用特殊地域管辖的规定

B. 本案情况特殊，应由上级法院指定管辖

C. 本案情况特殊，应适用移送管辖制度

D. 本案涉及不动产，应适用专属管辖的规定

【答案】B

【解析】本题中，因为纠纷本身涉及甲区法院，因此不宜由其自己审理，依法应当由上级法院指定管辖，故B项说法正确。

3．管辖权的转移

管辖权的转移，是指经上级人民法院的决定或者同意，将某一案件的诉讼管辖权由下级人民法院转移给上级人民法院，或者由上级人民法院转移给下级人民法院。管辖权转移的条件：①受诉法院依法律规定对案件有管辖权；②移送应当有必要；③移送应当在有隶属关系的上下级人民法院之间进行；④移送得由上级人民法院决定或同意。

知识点提示

管辖权的转移与移送管辖的区别

（1）管辖权的转移，是有管辖权的人民法院把案件的管辖权转交给本来无管辖权的人民法院，其性质是移交案件的管辖权；而移送管辖，则是无管辖权的人民法院把不属于自己管辖的案件移送给有管辖权的人民法院，其性质是案件的移送，而不是管辖权的移送。

（2）管辖权的转移，是在上、下级人民法院之间进行的，是对级别管辖的补充；而移送管辖，一般是在同级人民法院之间进行，是对地域管辖规定的落实，也可以在不同级别的法院之间进行。

（3）管辖权转移，由上级人民法院决定或同意；而移送管辖则由法院规定，即只要受诉法院认为本院对该案没有管辖权，即可移送案件，无需报请上级人民法院批准。同时，受移送法院也不得拒绝接受移送的案件。

第三节　民事诉讼的当事人

一、民事诉讼当事人概述

（一）当事人的概念与特征

民事诉讼中的当事人，是指以自己的名义起诉或者应诉，要求人民法院保护其民事权利或维护其法律关系的人及其相对人。

当事人具有以自己的名义进行诉讼；与案件有着直接的利害关系；受人民法院裁判的拘束的特征。

（二）当事人的诉讼权利能力与诉讼行为能力

1．诉讼权利能力

诉讼权利能力是能够享有民事权利和承担民事诉讼义务的能力，即能够成为民事诉讼当

事人的法律资格。根据法律的规定，公民、法人和其他组织均享有民事诉讼权利能力。

2．诉讼行为能力

诉讼行为能力是指以自己的行为实现诉讼权利和履行诉讼义务的资格。即当事人亲自进行诉讼活动的能力。

公民的诉讼行为能力始于18周岁，终于死亡或宣告无行为能力；16周岁以上不满18周岁的公民，以自己的劳动收入为主要生活来源的，视为有诉讼行为能力。其他未成年人、精神病人没有诉讼行为能力，他们的诉讼活动由其法定代理人代为进行。法人和其他组织的诉讼行为能力始于组织成立，终于组织消灭，诉讼活动由其法定代表人或主要负责人来实现。

二、原告和被告

1．原告

原告是指认为自己的民事权益或者受其管理支配的民事权益受到侵害，或者与他人发生争议，为维护其合法权益而向人民法院提起诉讼，从而引起诉讼程序发生的人。

人民法院在审理民事案件的过程中，对不符合条件的当事人，即与本案没有直接利害关系，不具备起诉条件，或其民事权益并未受到侵犯、发生争议，法院应当及时让这种不符合条件的原告退出诉讼。如果不符合条件的原告不愿意退出诉讼，应当以裁定驳回起诉；如果其他当事人中有符合条件的原告而不愿参加诉讼，可以终结案件的审理。原告享有起诉的权利，起诉后有放弃、变更或增加诉讼请求的权利。

2．被告

民事诉讼中的被告是指被诉称侵犯原告民事权益或与原告发生民事权益争议，被人民法院传唤应诉的人。

三、共同诉讼人

（一）共同诉讼的概念

共同诉讼是指当事人一方或者双方为两人或者两人以上，诉讼标的是共同的或者属于同一种类的诉讼。共同诉讼的特点是诉讼当事人合并，即诉讼主体的合并。共同诉讼可能在起诉时发生，也可能在诉讼进行中由于追加当事人而形成。

（二）共同诉讼人的类型

1．必要共同诉讼人

必要共同诉讼人是指当事人一方或双方为两人以上，有共同的诉讼标的，必须共同进行诉讼的当事人。诉讼标的是共同的，是指双方当事人争议的、要求人民法院裁判的民事权利义务关系是共同的。它具有以下特征：①当事人一方或双方为两人以上；②诉讼标的具有同一性；③法院必须合并审理、合一判决。

2．普通共同诉讼人

普通的共同诉讼，是指当事人的一方或双方是两人以上，其诉讼标的同种类，当事人同意合并诉讼，法院认为可以合并审理的诉讼。诉讼标的是同一种类是指当事人的民事权利义务属于同一类型。

普通共同诉讼的构成要件有：①有两个以上属于同一种类的诉讼标的。普通共同诉讼属于诉讼客体的合并，并因为诉讼客体的合并，导致诉讼主体的合并。因此要成为普通共同诉讼，必须有两个以上的当事人，就两个以上同一种类的诉讼标的向同一法院起诉或应诉。②由同一法院管辖，适用同一诉讼程序。③符合合并审理的目的。普通共同诉讼的目的在于实现诉讼经济，节约司法资源。④法院认为可以合并审理，当事人也同意合并审理。在符合以上条件的情况下，是否合并审理，由人民法院决定，但应征求当事人的同意。如果当事人不同意的，法院不能硬性合并为共同诉讼。

四、诉讼代表人

1．代表人诉讼

代表人诉讼，又称群体诉讼、集团诉讼，是指具有共同的或同种类的法律利益的一方当事人人数众多，且不能进行共同诉讼时，由推举的代表人进行诉讼。其特点是：①当事人的一方或双方人数众多（10 人以上），构成一个庞大的群体，不可能每个成员都参加诉讼，只能由群体的一个或数人作为群体的代表参加诉讼；②群体的全体成员有着共同的利益；③代表人能够代表全体群体成员的利益；④法院的判决不仅对代表人发生效力，而且对未参加诉讼的群体成员也发生效力。

2．诉讼代表人

诉讼代表人指由人数众多的一方当事人推选或与人民法院商定产生的，作为代表，为维护其所代表的当事人的利益而进行民事诉讼活动的人。具有以下特征：①诉讼代表人是与案件具有直接利害关系的当事人；②诉讼代表人是代表未实际参加诉讼的当事人进行诉讼的人；③诉讼代表人须由本方当事人推选或者由本方当事人与人民法院商定产生。

五、第三人

（一）概念和特征

第三人是指对原、被告之间争议的诉讼标的认为自己有独立的请求权，或者虽无独立的请求权但案件的处理结果与其有法律上的利害关系，而参加到正在进行的诉讼中来的人。具有以下特征：①第三人与原、被告之间争议的诉讼标的存在联系；②第三人具有独立的诉讼地位；③第三人是参加到他人之间已经开始的诉讼中进行诉讼的人。

（二）分类

1．有独立请求权的第三人

有独立请求权的第三人，是指对他人之间的诉讼标的，主张独立的请求权，而参加到原、被告之正在进行的诉讼的人。有独立请求权的第三人参加诉讼必须具备以下条件：①必须以他人之间的诉讼正在受诉法院进行为前提；②对他人之间争议的标的有全部或部分的独立请求权。

有独立请求权的第三人有权向人民法院提出诉讼请求和事实理由，成为当事人，在诉讼中的地位是原告。他享有原告的诉讼权利、承担原告的诉讼义务。

2．无独立请求权第三人

无独立请求权的第三人，是指因正在进行的诉讼的裁判结果与他具有法律上的利害关系，而参加诉讼的人。无独立请求权的第三人在诉讼中既不是原告也不是被告，只是参加到当事人的一方进行诉讼。在诉讼中，无独立请求权的第三人有当事人的诉讼权利义务，判决承担民事责任的无独立权的第三人有权提出上诉。

例 13-5 张某将邻居李某和李某的父亲打伤，李某以张某为被告向法院提起诉讼。在法院受理该案时，李某的父亲也向法院起诉，对张某提出索赔请求。法院受理了李某父亲的起诉，在征得当事人同意的情况下决定将上述两案并案审理。在本案中，李某的父亲居于的诉讼地位是（　　）。

A. 必要共同诉讼的共同原告　　B. 有独立请求权的第三人

C. 普通共同诉讼的共同原告　　D. 无独立请求权的第三人

【答案】C

【解析】张某对李某及其父亲的人身侵害不是同一个诉讼标的，虽然侵权主体都是一样的，但是被害人是不同的，实际上客体是两个行为，因此诉讼标的属于同一种类，只能是普通的共同诉讼；而且题目中已经明确“法院在征得当事人的同意的情况下决定将上述两案合并审理”，因此一定是普通共同诉讼，因为必要的共同诉讼不需要经过当事人同意合并审理，法院就可以自行合并审理。因此本题正确答案是C。

第四节　民事诉讼程序

民事诉讼程序包括审判程序和执行程序。民事审判程序是人民法院审理民事与经济纠纷案件所适用的程序，包括第一审程序、第二审程序和审判监督程序。

一、第一审程序

第一审程序是《民事诉讼法》规定的人民法院审理第一审民事案件纠纷时的程序，包括第一审普通程序和简易程序。

（一）简易程序

简易程序是基层人民法院和其派出的法庭审理事实清楚、权利义务关系明确、争议不大的简单的民事案件所适用的程序。基层人民法院和其派出的法庭审理简单的民事案件，可以用简便方式随时传唤当事人、证人。适用简易程序的民事案件由审判员一人独任审理，应当在立案之日起 3 个月内审结。

（二）第一审普通程序

第一审普通程序是指人民法院审理第一审民事诉讼案件通常所适用的程序，是人民法院审理民事案件的最基本的程序，在整个民事诉讼程序中占有十分重要的地位。

1. 起诉和受理

起诉，是指公民、法人和其他组织认为民事权益受到侵犯或与他人发生争议，以自己的名义向人民法院提出诉讼，要求人民法院通过审判保护合法权益的一种诉讼行为。

起诉必须包括以下条件：①原告人必须是案件的利害关系人；②有明确的被告；③有具

体的诉讼请求和事实、理由；④属于法院主管以及受诉法院管辖。

受理，是指人民法院认为原告人的起诉符合法定条件，启动诉讼程序，决定予以立案进行审理的一种法院职权活动。人民法院收到起诉状或者口头起诉，经审查，认为符合起诉条件的，应当在 7 日内立案，并通知当事人；认为不符合起诉条件的，应当在 7 日内裁定不予受理；原告对裁定不服的，可以提起上诉。

起诉状应具备的主要内容

《民事诉讼法》第一百二十一条规定，起诉状应当记明下列事项：①原告的姓名、性别、年龄、民族、职业、工作单位、住所、联系方式，法人或者其他组织的名称、住所和法定代表人或者主要负责人的姓名、职务、联系方式；②被告的姓名、性别、工作单位、住所等信息，法人或者其他组织的名称、住所等信息；③诉讼请求和所根据的事实与理由；④证据和证据来源，证人姓名和住所。

2. 审理前的准备

审理前的准备，是指人民法院在决定受理原告的起诉后，在开庭审理之前，为保证案件审理的顺利进行，由承办案件的审判人员所进行的必要的准备活动。主要包括以下内容：

（1）在法定期限内送达诉讼文书；

（2）审核有关的诉讼材料，调查收集应当由人民法院调查收集的证据；

（3）告知当事人有关诉讼权利和义务、合议庭组成人员；

（4）追加和更换当事人，通知第三人参加诉讼；

（5）通知证人出庭作证；

（6）案件情况比较复杂、证据材料较多的案件，可以组织当事人交换证据；

（7）其他必要的准备工作。

3. 开庭审理

开庭审理，是法院在当事人各方以及诉讼的其他参与人的共同参加下，依照法定程序和形式，在法庭上对民事案件进行审理的诉讼活动。开庭审理的主要任务是审查、核实案件的证据的真伪性及证明力，查明案件真实情况，分清责任是非，正确适用法律，依法作出裁判。开庭审理的程序主要由以下几个阶段构成：

（1）庭审准备，是开庭审理的最初阶段，是衔接审理前准备与开庭审理的一个阶段。庭审准备主要完成两项工作：一是告知当事人及其他诉讼参与人出庭日期；二是发布开庭审理公告。

（2）宣布开庭。首先，由书记员查明当事人和其他诉讼参与人是否到庭，并向审判长报告。同时，向全体诉讼参与人和旁听群众宣布法庭纪律；其次，由审判长宣布开庭，核对当事人身份，宣布案由，宣布审判人员、书记员名单，然后告知当事人有关诉讼权利义务，并询问当事人是否提出回避申请。当事人提出回避申请的，人民法院应当依法作出处理。

（3）法庭调查。法庭调查的主要任务是，审判人员在法庭上全面调查案件事实，审查和核实各种证据，为正确认定案件事实和适用法律奠定基础。法庭调查主要包括两个内容：一是当事人陈述；二是出示证据和质证。

根据民事诉讼法的规定，法庭调查按照下列顺序进行：①当事人陈述；②告知证人的权利义务；③证人作证，宣读未到庭的证人证言；④出示书证、物证、视听资料和电子数据；⑤ 宣读鉴定意见；⑥宣读勘验笔录。

证据的种类

根据《民事诉讼法》的规定，证据包括①当事人的陈述；②书证；③物证；④视听资料；⑤电子数据；⑥证人证言；⑦鉴定意见；⑧勘验笔录。证据必须查证属实，才能作为认定事实的根据。

当事人对自己提出的主张应当及时提供证据。人民法院根据当事人的主张和案件审理情况，确定当事人应当提供的证据及其期限。当事人在该期限内提供证据确有困难的，可以向人民法院申请延长期限，人民法院根据当事人的申请适当延长。当事人逾期提供证据的，人民法院应当责令其说明理由；拒不说明理由或者理由不成立的，人民法院根据不同情形可以不予采纳该证据，或者采纳该证据但予以训诫、罚款。

（4）法庭辩论，是当事人及其诉讼代理人在合议庭的主持下，根据法庭调查阶段查明的事实和证据，阐明自己的观点和意见，相互进行言词辩驳的诉讼活动，是辩论原则最生动和最集中的体现。根据民事诉讼法的规定，法庭辩论按照下列顺序进行：①原告及其诉讼代理人发言；② 被告及其诉讼代理人答辩；③第三人及其诉讼代理人发言或者答辩；④互相辩论。法庭辩论终结，由审判长按照原告、被告、第三人的先后顺序征询各方最后意见。

（5）合议庭评议和宣告判决。法庭辩论结束后，调解不成的，合议庭应当休庭，进入评议室进行评议。评议时合议庭应根据法庭调查和法庭辩论的情况，确定案件的性质，认定案件的事实，分清是非责任，正确地适用法律，对案件作出最后的处理。合议庭评议案件，由审判长主持，秘密进行，合议庭有不同意见时，实行少数服从多数的原则，但少数意见要如实记入笔录。评议笔录由书记员制作，经合议庭成员和书记员签名或盖章，归档备查，不得对外公开。评议结束后，应制作判决书，并由合议庭成员签名。

宣告判决有两种方式：一种是当庭宣判，即在合议庭评议后，由审判长宣布继续开庭并宣读裁判。宣判后，10 日内向有关人员发送判决书。另一种是定期宣判，即不能当庭宣判的，另定日期宣判。定期宣判后，应立即发给判决书。无论是公开审理还是不公开审理的案件，宣告判决一律公开。

二、第二审程序

第二审程序，又称上诉审程序、终审程序，是指由于民事诉讼的当事人不服人民法院未生效的第一审裁判而在法定期间内向上一级人民法院提起上诉而引起的诉讼程序，是第二审级的人民法院审理上诉案件所适用的程序，法院适用二审程序对案件进行审理并作出裁判后，诉讼即告终结。

（一）上诉的条件

当事人提起上诉应符合下列条件：

（1）上诉人和被上诉人须为一审程序中具有实体权利的当事人。

（2）提起上诉的对象必须是依法允许上诉的判决和裁定。

可以上诉的判决包括：①地方各级法院适用普通程序和简易程序审理后作出的一审判

决；②二审法院发回原审法院重审的案件所作的判决；③一审法院对案件再审所作的判决。

（3）必须在法定期间内提起上诉。当事人不服判决的上诉期间为15日，不服裁定的上诉期间为10日。

（4）必须提交上诉状。原则上应向原审法院提交上诉状，也可以直接向第二审法院提交上诉状。

（二）上诉案件的审理

二审法院审理上诉案件时，应当围绕上诉请求的有关事实和适用法律进行审查。上诉案件原则上应开庭审理；经过阅卷和调查，询问当事人，在事实核对清楚后，合议庭认为不需要开庭审理的，可以进行判决、裁定。二审人民法院审理上诉案件，可以进行调解。调解书送达后，原判决即视为撤销。审理对判决的上诉案件，审理期限为3个月。有特殊情况的，经本院院长批准，可以延长。二审法院审理对裁定的上诉案件，审理期限为30日，该期限不得延长。

三、审判监督程序

民事审判监督程序又称为民事再审程序，是指对已经发生法律效力的判决书、裁定书、调解书，人民法院认为确有错误，对案件再行审理的程序。审判监督程序只是纠正生效裁判错误的法定程序，它不是案件审理的必经程序，也不是诉讼的独立审级。当事人认为已经发生法律效力的判决、裁定有错误，可以向原审人民法院或上级人民法院申请再审。人民法院接到当事人的再审申请后，应当进行审查，认为符合规定的，应当在立案后裁定中止原判决的执行，并及时通知双方当事人；认为不符合法律规定的再审条件，用通知书驳回申请。

人民法院审理再审案件，一律实行合议制。如果由原审人民法院再审的，应当另行组成合议庭。再审的案件，原来是第一审审结的，再审时适用第一审程序审理，最高人民法院和上级人民法院提审的除外。再审后所做的判决、裁定，当事人不服可以上诉。再审的案件原来是第二审审结的，再审时适用第二审程序审理，再审后的判决、裁定为终审裁判，当事人不得上诉。

四、执行程序

执行程序，是法院根据生效法律文书的规定，依法强制负有给付义务的当事人履行相关实体义务的行为所适用的法律程序。它是使生效法律文书具有实际意义以及生效法律文书的严肃性得以维护的重要手段。

无论生效的法律文书是由何种机构作出的，凡应通过民事执行程序加以实现的，只能由人民法院执行。发生法律效力的民事判决、裁定，以及刑事判决、裁定中的财产部分，由第一审人民法院或者与第一审人民法院同级的被执行的财产所在地人民法院执行。法律规定由人民法院执行的其他法律文书，由被执行人住所地或者被执行的财产所在地人民法院执行。

知识点提示

申请执行期间

发生法律效力的民事判决、裁定，当事人必须履行。一方拒绝履行的，对方当事人可以向人民法院申请执行，也可以由审判员移送执行员执行；调解书和其他应当由人民法院执行的法律文书，当事人必须履行。一方拒绝履行的，对方当事人可以向人民法院申请执行；对依法设立的仲裁机构的裁决，一方当事人不履行的，对方当事人可以向有管辖权的人民法院申请执行。受申请的人民法院应当执行。

申请执行的期间为两年，从法律文书规定履行期间的最后一日起计算；法律文书规定分期履行的，从规定的每次履行期间的最后一日起计算；法律文书未规定履行期间的，从法律文书生效之日起计算。

第五节 诉讼时效

一、诉讼时效的概念

诉讼时效是指民事权利受到侵害的权利人在法定的时效期间内不行使权利，当时效期间届满时，人民法院对权利人的权利不再进行保护的制度。在法律规定的诉讼时效期间内，权利人提出请求的，人民法院就强制义务人履行所承担的义务。而在法定的诉讼时效期间届满之后，权利人行使请求权的，人民法院就不再予以保护。

二、诉讼时效的种类

（一）一般诉讼时效

一般诉讼时效又称普通诉讼时效，普遍适用于一般的民事法律关系。我国《民法通则》规定，向人民法院请求保护民事权利的诉讼时效期间为 2 年。

（二）特殊诉讼时效

特殊诉讼时效指由法律、法令、条例特别规定，适用于某些特定的民事法律关系的诉讼时效。根据实际情况，特殊诉讼时效可以分为：

1．短期诉讼时效

短期诉讼时效是指诉讼时效期间在两年以下的时效。下列情况的诉讼时效期间为 1 年：①身体受到伤害要求赔偿的；②出售质量不合格的商品未声明的；③延付或拒付租金的；④寄存财物被丢失或者损毁的。

2．长期诉讼时效

长期诉讼时效是指诉讼时效在 2 年以上 20 年以下的诉讼时效期间。

《中华人民共和国环境保护法》规定“因环境污染损害赔偿提起诉讼的时效期间为 3 年，从当事人知道或者应当知道受到污染损害起时计算。”

《中华人民共和国海商法》规定“有关船舶发生油污损害的请求权，时效期间为三年，自损害发生之日起计算；但是，在任何情况下时效期间不得超过从造成损害的事故发生之日起六年。”

《中华人民共和国合同法》规定“因国际货物买卖合同和技术进出口合同争议提起诉讼或者申请仲裁的期限为四年，自当事人知道或者应当知道其权利受到侵害之日起计算。因其他合同争议提起诉讼或者申请仲裁的期限，依照有关法律的规定。”

3. 最长诉讼时效

最长诉讼时效为二十年。我国《民法通则》第一百三十七条规定“从权利被侵害之日起超过二十年，人民法院不予保护”。根据这一规定，最长诉讼时效的期间是从权利被侵害之日起计算，权利享有人不知道自己的权利被侵害，时效最长也是20年，超过20年，人民法院不予保护。

例13-6　甲向乙借款1万元，借款期为1年。半年后，乙出国深造，3年后回来向甲要求还款，甲还款后听朋友说，该款已经过了诉讼时效期间，要求乙返还，乙不返还。甲诉至法院，对甲的诉讼请求，人民法院正确的做法是（　　）。

A. 不予支持　　B. 予以支持　　C. 不受理　　D. 受理

【答案】A

【解析】借款行为的诉讼时效为2年，本题中虽然诉讼时效已过，但是按照《民法通则》规定：诉讼时效期间届满，当事人一方向对方当事人作出同意履行义务的意思表示或者自愿履行义务后，又以诉讼时效期间届满为由进行抗辩，人民法院不予支持。

三、诉讼时效的中止、中断和延长

（一）诉讼时效的中止

诉讼时效中止，是指诉讼时效期间的最后6个月内，因法定事由而使当事人不能行使请求权的，诉讼时效期间的计算暂时停止。

诉讼时效中止的适用条件

（1）诉讼时效的中止必须是因法定事由而发生。这些法定事由包括两大类：一是不可抗力，如自然灾害、军事行动等，都是当事人无法预见和克服的客观情况；二是其他阻碍权利人行使请求权的情况。

（2）法定事由发生在诉讼时效期间的最后6个月内。

例13-7　公民甲为无民事行为能力人，其法定代理人乙于2012年1月1日知道甲的权利受到侵害，但由于工作繁忙一直未对侵权人丙提起诉讼。2012年5月20日，乙因车祸死亡，直到2012年9月1日才由有关机关为甲指定新的代理人丁。已知该项诉讼时效期间为1年，根据《民法通则》的规定，丁应当在（　　）之前对丙提起诉讼。

A. 2013年1月1日　　B. 2013年5月20日

C. 2013年9月1日　　D. 2013年3月1日

【答案】D

【解析】在诉讼时效期间的最后6个月前发生不可抗力或者其他障碍，至最后6个月时不可抗力仍然继续存在，则应在最后6个月时中止诉讼时效的进行。因此，诉讼时效期间于7月1日中止；9月1日障碍消除，诉讼时效期间重新计算，诉讼时效期间暂停了2个月，因此诉讼时效期间由原来的2012年1月1日—2013年1月1日向后顺延2个月，至2013年3月1日。总之，给当事人提起诉讼的时间从2012年9月1日起，不少于6个月。

（二）诉讼时效的中断

诉讼时效的中断，是指在诉讼时效进行中，因发生一定的法定事由，致使已经经过的诉讼时效期间统归无效，待该法定事由消除后，诉讼时效期间重新起算的制度。

根据《民法通则》的规定，中断诉讼时效的事由包括提起诉讼（起诉）、当事人一方提出要求（请求）或者同意履行义务（承诺）。这些事由都是依当事人主观意志而实施的行为。从诉讼时效中断时起，诉讼时效期间重新起算，法定事由发生之前已经经过的时效期间归于无效。

（三）诉讼时效的延长

诉讼时效期间的延长是指在诉讼时效期间届满以后，权利人基于某种正当理由，向人民法院提起诉讼时，经人民法院调查确有正当理由而将法定时效期间予以延长。一般情况下，权利人在诉讼时效期间内不行使权利，时效期间届满后要求人民法院保护其权利的，人民法院不予保护。但权利人在法定诉讼时效期间内未能行使权利确有正当理由，人民法院仍得将诉讼时效期间延长，保护权利人的权利。根据《民法通则》第一百三十七条规定："诉讼时效期间从知道或者应当知道权利被侵害时起计算。但是，从权利被侵害之日起超过二十年的，人民法院不予保护。有特殊情况的，人民法院可以延长诉讼时效期间。"

小结

民事诉讼是指法院、当事人和其他诉讼参与人，在审理民事案件过程中所进行的各种诉讼活动，以及由此产生的各种诉讼关系的总和。人民法院受理公民之间、法人之间、其他组织之间以及他们相互之间因财产关系和人身关系提起的民事诉讼。民事诉讼法对管辖、当事人、审判程序都作了详细的规定。

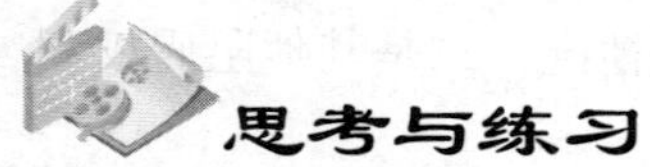

思考与练习

一、判断题

1. 除涉及国家秘密的外，人民法院的案件都应该公开审理。（ ）
2. 民事诉讼当事人有平等的诉讼权利。（ ）
3. 公民提起的民事诉讼，由被告住所地人民法院管辖；被告住所地与经常居住地不一致的，由经常居住地人民法院管辖。（ ）
4. 诉讼时效期间自权利人知道或者应当知道权利被侵害之日起计算。（ ）
5. 寄存财物被丢失或者损毁的纠纷诉讼时效为2年。（ ）

二、不定项选择题

1. 关于民事诉讼法基本原则在民事诉讼中的具体体现，下列说法正确的是（ ）。
   A. 当事人有权决定是否委托代理人代为进行诉讼，是诉讼权利平等原则的体现
   B. 当事人均有权委托代理人代为进行诉讼，是处分原则的体现
   C. 原告与被告在诉讼中有一些不同但相对等的权利，是同等原则的体现
   D. 当事人达成调解协议不仅要自愿，内容也不得违法，是法院调解自愿和合法原则的体现
2. 甲、乙因房屋买卖纠纷欲提起诉讼，对该案件享有管辖权的法院是（ ）。

A. 甲住所地法院　　B. 乙住所地法院
C. 房屋所在地法院　　D. 甲、乙协议的法院

3. 下列事项，能够引起诉讼时效中断的有（　　）。
A. 权利人提起诉讼
B. 当事人一方同意履行义务
C. 当事人一方向义务人提出请求履行义务的要求
D. 不可抗力

4. 甲企业得知竞争对手乙企业在 M 地的营销策略将会进行重大调整，于是到乙企业设在 N 地的分部窃取到乙企业内部机密文件，随之采取相应对策，给乙企业在 M 地的营销造成重大损失，乙企业经过调查掌握了甲企业的侵权证据，拟向法院提起诉讼，其可以选择提起诉讼的法院有（　　）。
A. 甲住所地法院　　B. 乙住所地法院
C. M 地法院　　D. N 地法院

5. 2014 年 5 月 5 日，甲拒绝向乙支付到期租金，乙忙于事务一直未向甲主张权利。同年 8 月，乙出差遇险无法行使请求权的时间为 20 天。根据《民法通则》的有关规定，乙请求人民法院保护其权利的诉讼时效期间是（　　）。
A. 自 2014 年 5 月 5 日至 2015 年 5 月 5 日
B. 自 2014 年 5 月 5 日至 2015 年 5 月 25 日
C. 自 2014 年 5 月 5 日至 2016 年 5 月 5 日
D. 自 2014 年 5 月 5 日至 2016 年 5 月 25 日

三、案例分析题

1. A 省的个体户姜某由 B 省的甲县运 5 吨化工原料到丙县，途经 B 省的甲、乙、丙三县交界时，化学原料外溢，污染了甲县村民王某、乙县李某和丙县张某的稻田，造成禾苗枯死。受害村民要求赔偿，但由于赔偿数额争议较大，未能达成协议。为此，甲县的王某首先向甲县人民法院提起诉讼。甲县人民法院受理后，认为该案应由被告所在地人民法院管辖，于是将案件移送到姜某所在地的基层人民法院。与此同时，村民李某、张某也分别向自己所在地的基层人民法院提起诉讼，要求赔偿损失。乙县和丙县人民法院都认为对该案有管辖权，与 A 省姜某住所地的基层人民法院就管辖问题发生争议，协商不成，A 省姜某住所地的基层法院即向 A 省某中级人民法院报请指定管辖。根据案情回答下列问题：
（1）哪个法院对此案有管辖权？
（2）甲县人民法院的移送是否正确？
（3）A 省基层人民法院报请指定管辖是否正确？

2. 2013 年 10 月 1 日，王涛在华城商场购买了一台液晶彩电，2014 年 1 月 17 日王涛发现该电视屏幕出现黑点。1 月 20 日王涛找到商场要求退货，商场工作人员以不影响观看为由，拒绝退货。1 月 30 日，王涛又找到商场，商场拒绝换货。4 月 28 日王涛再次要求商场解决问题，没有得到满意答复，决定向人民法院起诉。请问该案件的诉讼时效的起止时间分别是什么时候？

实训题——撰写起诉书

好利达贸易有限责任公司（公司位于某市 A 区，法定代表人为李天）与天奇贸易有限责任公司（公司位于某市 B 区，法定代表人为张聪）于 2013 年 10 月 25 日签订一份货物买卖合同，约定甲方好利达贸易有限责任公司于 2014 年 11 月 1 日向乙方天奇贸易有限责任公司发送一批价值为 50 万元的服装，乙方于 2014 年 10 月 29 日先向甲方支付了 10 万元定金，但是甲方迟迟不肯发货，现在天奇贸易有限责任公司决定向人民法院提起诉讼。

请根据上述材料，撰写一份起诉书。

第十四章　仲　裁　法

学习目标

知识目标

- 掌握仲裁的概念和特征
- 掌握仲裁法的适用范围
- 了解仲裁的基本程序

能力目标

- 能撰写仲裁协议
- 能撰写仲裁申请书

引导案例

美达贸易有限责任公司和盛成贸易有限责任公司签订了一份购货合同，双方约定如果发生纠纷，由本市仲裁委员会仲裁。后因货物质量问题双方发生纠纷，案件在仲裁委员会仲裁后，美达贸易有限责任公司不服，又向人民法院提起诉讼，请问该做法正确吗？理由是什么？

第一节　概　　述

一、仲裁的概念和特征

（一）仲裁的概念

仲裁一般是指纠纷当事人在自愿的基础上达成协议，将纠纷提交非司法机构的第三方审理，第三方就纠纷居中评判是非，并作出对争议各方均有拘束力的裁决的一种解决纠纷的制度或方法，是解决民事争议的方式之一。

（二）仲裁的特征

1．自愿性

当事人的自愿性是仲裁最突出的特点，仲裁以双方当事人的自愿为前提。

2．灵活性

由于仲裁充分体现当事人的意思自治，仲裁中的诸多具体程序都是由当事人协商确定与选择的。因此，与诉讼相比，仲裁程序更加灵活，更具有弹性。

3．保密性

仲裁一般不公开审理。有关的仲裁法律和仲裁规则也同时规定了仲裁员及仲裁秘书人员的保密义务。

4．快捷性

仲裁实行一裁终局制，仲裁裁决一经仲裁庭作出即发生法律效力。这使得当事人之间的纠纷能够迅速得以解决。

导入案例中，美达贸易有限责任公司向人民法院提起诉讼的做法不正确。因为仲裁实行一裁终局制，仲裁裁决一经仲裁庭作出即发生法律效力。

二、仲裁的基本原则和基本制度

（一）仲裁的基本原则

1．自愿原则

自愿原则是仲裁制度中的基本原则，主要体现在以下几个方面：①当事人是否将他们之间发生的纠纷提交仲裁，由双方当事人自愿协商决定；②当事人将哪些争议事项提交仲裁，由双方当事人自行约定；③当事人将他们之间的纠纷提交哪个仲裁委员会仲裁，由双方当事人自愿协商决定；④仲裁庭如何组成，由谁组成，由当事人自主选定；⑤双方当事人还可以自主约定仲裁的审理方式、开庭方式等有关的程序事项。

2．仲裁独立的原则

仲裁的独立，指的是从仲裁机构的设置到仲裁纠纷的整个过程，都具有独立性。仲裁依法独立进行，不受行政机关、社会团体和个人的干涉。仲裁委员会独立于行政机关，与行政机关没有隶属关系，仲裁委员会之间也没有隶属关系。仲裁庭独立裁决案件，仲裁委员会以及其他机关、社会团体和个人不得干预。

3．符合法律规定、公平合理原则

根据事实，符合法律规定，公平合理解决纠纷原则，是公正处理民事经济纠纷的根本保障，是解决当事人之间的争议所应当依据的基本原则。

（二）仲裁的基本制度

1．协议仲裁制度

当事人申请仲裁、仲裁委员会受理仲裁案件以及仲裁庭对仲裁案件的审理和裁决都必须依据当事人之间订立的有效的仲裁协议，没有仲裁协议就没有仲裁制度。

2．或裁或审制度

有效的仲裁协议排除法院对案件的司法管辖权。只有在没有仲裁协议或者仲裁协议无效的情况下，法院才可以行使管辖权。

3．一裁终局制度

仲裁裁决一经作出，即为终局裁决。仲裁裁决作出后，当事人就同一纠纷再申请仲裁或者向人民法院起诉，仲裁委员会或者人民法院不予受理。

例 14-1 某医学研究所与某投资公司签订一份联合开发磁疗设备的合同，后因投资公司出资不到位，导致该磁疗设备的研究工作停顿，使医学研究所的先期投入无法产生预期的效益。该医学研究所根据合同中的仲裁条款向甲仲裁委员会申请仲裁，甲仲裁委员会对该争议作出仲裁裁决后，下列表述正确的是（　　）。

A. 如果当事人不服，可以向人民法院起诉

B. 如果当事人不服，可以向人民法院上诉

C. 如果当事人不服，可以重新申请仲裁

D. 该裁决立即产生法律效力

【答案】D

【解析】根据《中华人民共和国仲裁法》（以下简称《仲裁法》）第九条规定，仲裁实行一裁终局的制度。裁决作出后，当事人就同一纠纷再申请仲裁或者向人民法院起诉的，仲裁委员会或者人民法院不予受理。

三、仲裁法概述

1. 仲裁法的概念

仲裁法是由国家制定和确认的，规定仲裁员或仲裁机构以及其他仲裁参加人在仲裁活动中必须遵守的行为规范的总称。我国《仲裁法》于 1994 年 8 月 31 日经第八届全国人民代表大会常务委员会第九次会议通过并公布，自 1995 年 9 月 1 日起施行。

2. 仲裁法的适用范围

平等主体的公民、法人和其他组织之间发生的合同纠纷和其他财产权益纠纷，可以仲裁。

下列纠纷不能仲裁：①关于婚姻、收养、监护、扶养、继承纠纷不能仲裁。②行政争议不能裁决。此外，劳动争议和农业集体经济组织的内部的农业承包合同纠纷的仲裁，不适用仲裁法。

例 14-2 下列争议中，可以适用《仲裁法》进行仲裁的是（　　）。

A. 某公司与某职工李某因解除劳动合同发生的争议

B. 高某与其弟弟因财产继承发生的争议

C. 某学校因购买电脑的质量问题与某商场发生的争议

D. 王某因不服某公安局对其作出的罚款决定与该公安局发生的争议

【答案】C

【解析】选项 A：劳动争议不适用于《仲裁法》；选项 B：继承纠纷不能提请仲裁；选项 D：行政争议不能提请仲裁；选项 C 属于合同纠纷，可以提请仲裁。

第二节　仲裁机构和仲裁协议

一、仲裁机构

仲裁机构主要是指仲裁委员会，仲裁委员会是组织进行仲裁工作、解决经济纠纷的事业单位法人。仲裁委员会可以在直辖市和省、自治区人民政府所在地的市设立，也可以根据需要在其他设区的市设立，不按行政区划层层设立。仲裁委员会由人民政府组织有关部门和商会统一组建。设立仲裁委员会，应当经省、自治区、直辖市的司法行政部门登记。

（一）仲裁委员会应具备的条件

根据《仲裁法》第十一条的规定，仲裁委员会应当具备下列条件：

1．有自己的名称、住所和章程

仲裁委员会的名称应当规范，一律在仲裁委员会前冠以仲裁委员会所在市的地名，如上海仲裁委员会。仲裁委员会的住所是仲裁委员会作为常设仲裁机构的固定地点，是其主要办事机构所在地。仲裁委员会的章程是规定仲裁委员会组成、结构，规范其行为的准则。仲裁委员会的章程应按照《仲裁法》的规定具体制定。

2．有必要的财产

仲裁委员会必须具备必要的物质条件，与业务活动相适应的财产，包括必备的设施、装备和独立的经费等。

3．有仲裁委员会的组成人员

仲裁委员会由主任 1 人、副主任 2～4 人和委员 7～11 人组成。仲裁委员会的主任、副主任和委员由法律、经济贸易专家和有实际工作经验的人员担任。仲裁委员会的主任、副主任和委员由法律、经济贸易专家和有实际工作经验的人员担任。仲裁委员会的组成人员中，法律、经济贸易专家不得少于 2/3。

4．有聘任的仲裁员

仲裁委员会不设专职仲裁员，仲裁委员会应当从具备仲裁员资格的人员中聘任仲裁员，并按照不同的专业设仲裁员名册。

（二）担任仲裁员的条件

根据《仲裁法》第十三条规定，担任仲裁员应当具备下列条件之一：①从事仲裁工作满 8 年的；②从事律师工作满 8 年的；③曾任审判员满 8 年的；④从事法律研究、教学工作并具有高级职称的；⑤具有法律知识、从事经济贸易等专业工作并具有高级职称或者具有同等专业水平的。

例 14-3 根据《仲裁法》的规定，下列关于仲裁委员会的表述中，正确的有（ ）。

A．仲裁委员会是行政机关　　B．仲裁委员会不按行政区划层层设立

C．仲裁委员会独立于行政机关　　D．仲裁委员会之间没有隶属关系

【答案】BCD

【解析】仲裁委员会不是行政机关或司法机关，只是独立裁决经济纠纷的民间组织机构。

二、仲裁协议

仲裁协议是指双方当事人自愿将他们之间已经发生或者可能发生的争议提交仲裁解决的书面协议，是双方当事人所表达的采用仲裁方式解决纠纷意愿的法律文书。仲裁协议应以书面形式订立，口头方式达成的仲裁的意思表示无效。

（一）仲裁协议的内容

1．请求仲裁的意思表示

请求仲裁的意思表示是仲裁协议的首要内容，因为当事人以仲裁方式解决纠纷的意愿正是通过仲裁协议中请求仲裁的意思表示体现出来的。

2．仲裁事项

仲裁事项即当事人提交仲裁的具体争议事项。仲裁协议中订立的仲裁事项，必须符合两个条件：一是争议事项具有可仲裁性；二是仲裁事项的明确性。

3．选定的仲裁委员会

对于仲裁委员会的选定，原则上应当明确、具体，即双方当事人在仲裁协议中可以选定任一仲裁委员会进行仲裁，而不受当事人住所及合同履行地、签订地、财产所在地等的限制。

仲裁协议对仲裁事项或仲裁委员会没有约定或约定不明确的，当事人可以补充协议；达不成补充协议的，仲裁协议无效。

知识点提示

根据我国仲裁法的规定，有下列情形之一的，仲裁协议无效：①以口头方式订立的仲裁协议无效；②约定的仲裁事项超出法律规定的仲裁范围的；③无民事行为能力人或者限制民事行为能力人订立的仲裁协议；④一方采取胁迫手段，迫使对方订立仲裁协议的。

（二）仲裁协议的效力

仲裁协议的法律效力即仲裁协议所具有的法律约束力。一项有效的仲裁协议的法律效力包括对双方当事人的约束力、对法院的约束力和对仲裁机构的约束力。

1．对双方当事人的法律效力

仲裁协议是双方当事人就纠纷解决方式达成的一致的意思表示，因此，仲裁协议一经有效成立，即对双方当事人产生法律效力，使双方当事人受到他们所签订的仲裁协议的约束。

2．对法院的法律效力

有效的仲裁协议可以排除法院对订立于仲裁协议中的争议事项的司法管辖权，这是仲裁协议法律效力的重要体现。我国《仲裁法》明确规定：“当事人达成仲裁协议，一方向人民法院起诉的，人民法院不予受理，但仲裁协议无效的除外。”

3．对仲裁机构的法律效力

没有仲裁协议，一方申请仲裁的，仲裁委员会不予受理。同时，仲裁机构的管辖权又受到仲裁协议的严格限制，即仲裁庭只能对当事人在仲裁协议中约定的争议事项进行仲裁，而对仲裁协议约定范围以外的其他争议无权仲裁。

第三节 仲裁程序

一、申请和受理

（一）申请

申请仲裁是指平等主体的公民、法人和其他组织就他们之间所发生的合同纠纷和其他财产权益纠纷，根据他们所签订的仲裁协议，提请所选定的仲裁机构进行仲裁审理和裁决的行为。

1．申请仲裁的条件

根据我国《仲裁法》的规定，当事人申请仲裁，必须符合以下条件：存在有效的仲裁协议；有具体的仲裁请求和事实、理由；属于仲裁委员会的受理范围。

2．申请仲裁的方式

当事人申请仲裁，必须采用书面方式。根据《仲裁法》第二十二条规定，当事人申请仲裁，应当向仲裁委员会递交仲裁协议、仲裁申请书及副本。

仲裁申请书是指仲裁申请人根据仲裁协议将已经发生的争议提请仲裁机构进行审理和裁决，以保证其合法权益的法律文书。仲裁申请书应当载明下列内容：①当事人的姓名、性别、年龄、职业、工作单位和住所，法人或者其他组织的名称、住所和法定代表人或者主要负责人的姓名、职务；②仲裁请求和事实根据、理由；③证据和证据来源、证人姓名和住所。

（二）受理

当事人向仲裁委员会申请仲裁后，仲裁委员会对当事人的申请是否符合申请仲裁的条件进行审查，从而决定是否受理。

1．对仲裁申请的审查

仲裁委员会对仲裁申请的审查主要从以下几方面进行：

（1）审查当事人申请仲裁是否符合《仲裁法》规定的当事人申请仲裁的条件，即是否存在有效的仲裁协议；是否有具体的仲裁请求和事实、理由；是否属于仲裁委员会的受理范围。

（2）审查仲裁申请书的内容是否完整、明确，申请手续是否齐备；审查仲裁申请书是否具备《仲裁法》规定的内容，是否向仲裁委员会提供了所要求的仲裁申请书及其副本和必要的证据等。

2．审查后的处理

仲裁委员会收到仲裁申请书之日起 5 日内，认为符合受理条件的，应当受理，并通知当事人；认为不符合受理条件的，应当书面通知当事人不予受理，并说明理由。

如果仲裁委员会在审查中发现仲裁申请书有欠缺，应当让申请人予以完备；如果认为仲裁协议需要补充，也应当让当事人补充协议。当事人弥补仲裁申请书的欠缺或者补充仲裁协议后，仲裁委员会应在其递交经完备的仲裁申请书或者补充仲裁协议之日起 5 日内予以受理。

二、仲裁庭的组成

（一）仲裁庭的组成形式

1．合议仲裁庭

合议仲裁庭是指由当事人约定由 3 名仲裁员组成的仲裁庭，应当各自选定或者各自委托仲裁委员会主任指定 1 名仲裁员，第三名仲裁员由当事人共同选定或者共同委托仲裁委员会主任指定，第三名仲裁员是首席仲裁员。首席仲裁员是合议仲裁庭的主持者，与其他仲裁员有同等的权利，但在裁决不能形成多数意见时，仲裁裁决则应当按照首席仲裁员的意见作出。

2．独任仲裁庭

独任仲裁庭是指由 1 名仲裁员组成的仲裁庭，即由 1 名仲裁员组成仲裁庭对争议案件进行审理并作出裁决。当事人约定由 1 名仲裁员成立仲裁庭的，应当由当事人共同选定或者共同委托仲裁委员会主任指定该独任仲裁员。当事人没有在仲裁规则规定的期限内选定仲裁员的，由仲裁委员会主任指定。

（二）仲裁员的回避

仲裁员的回避是指符合法定回避情形的仲裁员退出仲裁案件审理的一项制度。

1. 仲裁员回避的法定情形

《仲裁法》第三十四条规定，仲裁员有下列情形之一的，必须回避，当事人也有权提出回避申请：①是本案当事人或者当事人、代理人的近亲属；②与本案有利害关系；③与本案当事人、代理人有其他关系，可能影响公正仲裁的；④私自会见当事人、代理人，或者接受当事人、代理人的请客送礼的。

2. 回避的形式

（1）自行回避。自行回避即仲裁员认为自己具有法定的回避事由，从而主动提出回避的请求。仲裁员的自行回避，应当向仲裁委员会提出。该仲裁员是否回避，由仲裁委员会主任决定；仲裁委员会主任担任仲裁员时的自行回避，由仲裁委员会集体决定。

（2）申请回避。当事人认为仲裁员具有应当回避的事由，有权提出要求该仲裁员回避的申请。当事人提出回避申请，应当说明理由，并在首次开庭前提出。回避事由在首次开庭后知道的，可以在最后一次开庭终结前提出。当事人的回避申请既可以用书面形式提出，也可以用口头形式提出。《仲裁法》第三十六条规定，当事人申请仲裁员回避的，应当向仲裁委员会提出，由仲裁委员会主任决定该仲裁员是否回避。仲裁委员会主任担任仲裁员时，其是否回避，由仲裁委员会集体决定。

三、仲裁审理

仲裁庭审理案件的形式有两种：一是开庭审理，这种审理按照仲裁规则的规定，采取不公开审理，如果双方当事人要求公开进行审理时，由仲裁庭作出决定；二是不开庭审理，这种审理一般是经当事人申请，或由仲裁庭征得双方当事人同意，只依据书面文件进行审理并做出裁决。

（一）开庭审理

开庭审理是指在仲裁庭的主持下，在双方当事人和其他仲裁参与人的参加下，按照法定程序，对案件进行审理并作出裁决的方式。

相关链接

《仲裁法》第40条规定，仲裁不公开进行。当事人协议公开的，可以公开进行，但涉及国家秘密的除外。这一规定说明开庭审理的仲裁方式以不公开审理为原则，以公开审理为例外。不公开审理是指仲裁庭在审理案件时不对社会公开，不允许群众旁听，也不允许新闻记者采访和报道。仲裁最大的特点在于尊重当事人的意愿，所以《仲裁法》规定将当事人协议公开审理的，可以公开审理作为不公开审理原则的补充。即当事人协议公开审理时将允许仲裁审理对社会公开，允许群众旁听，允许新闻记者采访和报道。但涉及国家秘密的则不允许当事人协议公开，必须以不公开审理的方式进行审理。

（二）书面审理

书面审理，又称不开庭审理。根据《仲裁法》第三十九条的规定，当事人协议不开庭的，仲裁庭可以根据仲裁申请书、答辩书以及其他材料作出裁决。书面审理是指在双方当事人及其他仲裁参与人不到庭参加审理的情况下，仲裁庭根据当事人提供的仲裁申请书、答辩书以及其他书面材料作出裁决的过程。

四、仲裁裁决

仲裁裁决是指仲裁庭对当事人之间所争议的事项进行审理后所作出的终局权威性判定。

（一）仲裁裁决作出的方式

仲裁裁决是由仲裁庭作出的。独任仲裁庭进行的审理，由独任仲裁员作出仲裁裁决；合议仲裁庭进行的审理，则由 3 名仲裁员集体作出仲裁裁决。根据我国《仲裁法》的规定，由合议仲裁庭作出仲裁裁决时，根据不同的情况，采取不同的方式：

1. 按多数仲裁员的意见作出仲裁裁决

多数仲裁员的意见是指仲裁庭的 3 名仲裁员中至少有 2 名仲裁员的意见一致，如果 3 名仲裁员各执己见，无法形成多数意见时，即无法以此种方式作出仲裁裁决。

2. 按首席仲裁员的意见作出仲裁裁决

按首席仲裁员的意见作出仲裁裁决是在仲裁庭无法形成多数意见的情况下所采用的作出仲裁裁决的方式。

例 14-4 甲、乙因合同纠纷达成仲裁协议，甲选定 A 仲裁员，乙选定 B 仲裁员，另由仲裁委员会主任指定 1 名首席仲裁员，3 人组成仲裁庭。仲裁庭在作出裁决时产生了两种不同意见。根据《仲裁法》的规定，仲裁庭应当采取的正确做法是（　　）。

A. 按多数仲裁员的意见作出裁决　　B. 按首席仲裁员的意见作出裁决

C. 提请仲裁委员会作出裁决　　D. 提请仲裁委员会主任作出裁决

【答案】A

【解析】形成两种不同意见时，裁决应按多数仲裁员的意见作出；不能形成多数意见（形成三种不同意见）时，裁决应当按首席仲裁员的意见作出。

（二）仲裁裁决书的内容

仲裁裁决书是仲裁庭对仲裁纠纷案件作出裁决的法律文书。根据《仲裁法》的规定，仲裁裁决书应当写明仲裁请求、争议事实、裁决理由、裁决结果、仲裁费用的负担和裁决日期。如果当事人协议不愿写明争议事实和裁决理由的，可以不写。仲裁裁决书由仲裁员签名，加盖仲裁委员会印章。对仲裁裁决持不同意见的仲裁员，可以签名，也可以不签名。

（三）仲裁裁决的效力

仲裁裁决的效力是指仲裁裁决生效后所产生的法律后果。仲裁裁决的效力体现在以下几个方面：①当事人不得就已经裁决的事项再行申请仲裁，也不得就此提起诉讼；②仲裁机构不得随意变更已生效的仲裁裁决；③其他任何机关或个人均不得变更仲裁裁决；④仲裁裁决具有执行力。根据《仲裁法》规定，裁决书自作出之日起发生法律效力。

五、仲裁裁决的撤销

当事人提出证据证明裁决有下列情形之一的，可以向仲裁委员会所在地的中级人民法院申请撤销裁决：①没有仲裁协议的；②裁决的事项不属于仲裁协议的范围或者仲裁委员会无权仲裁的；③仲裁庭的组成或者仲裁的程序违反法定程序的；④裁决所根据的证据是伪造的；⑤对方当事人隐瞒了足以影响公正裁决的证据的；⑥仲裁员在仲裁该案时有索贿受贿、徇私舞弊、枉法裁决行为的。

人民法院经组成合议庭审查核实裁决有前款规定情形之一的，应当裁定撤销。人民法院认定该裁决违背社会公共利益的，应当裁定撤销。当事人申请撤销裁决的，应当自收到裁决书之日起 6 个月内提出。人民法院应当在受理撤销裁决申请之日起 2 个月内作出撤销裁决或者驳回申请的裁定。

六、仲裁裁决的执行

仲裁裁决书自作出之日起发生法律效力，当事人应当履行仲裁裁决；仲裁调解书与仲裁裁决书具有同等的法律效力，调解书经双方当事人签收，即应自觉予以履行。当事人不自动履行仲裁裁决的，另一方当事人即可请求法院强制执行仲裁裁决。

第四节　涉外仲裁的特别规定

一、涉外仲裁概述

涉外仲裁是指当事人依据仲裁协议将涉外经济贸易、运输和海事中发生的纠纷提交仲裁机构进行审理并作出裁决的制度。

根据《关于适用<中华人民共和国民事诉讼法>若干问题的意见》第三百零四条的规定，凡民事关系的一方或者双方当事人是外国人、无国籍人、外国法人的；民事关系的标的物在外国领域内的；产生、变更或者消灭民事权利义务关系的法律事实发生在外国的，均为涉外民事关系。当事人一方或双方是外国人、无国籍人、外国企业或组织，或者当事人之间民事法律关系的设立、变更、终止的法律事实发生在外国，或者诉讼标的物在外国的民事案件，均为涉外民事案件。因此，涉外仲裁是以仲裁的方式解决具有涉外因素的纠纷案件的一种方式。

在仲裁实践中，中国仲裁机构对涉及香港、澳门或台湾地区法人或自然人之间，或者其同外国法人或自然人之间产生于契约性或非契约性的经济贸易等争议中的仲裁案件，比照涉外仲裁案件处理。

二、涉外仲裁机构

（一）涉外仲裁机构的设立

根据《仲裁法》第六十六条的规定，涉外仲裁委员会可以由中国国际商会组织设立。涉外仲裁委员会由主任 1 人、副主任若干人和委员若干人组成。主任履行《仲裁法》赋予的职责，副主任受主任的委托可以履行主任的职责。主任、副主任和委员可以由中国国际商会聘任。涉外仲裁委员会设有秘书局，在仲裁委员会秘书长的领导下负责处理仲裁委员会的日常事务。涉外仲裁委员会设立仲裁员名册，仲裁员由涉外仲裁委员会从法律、经济贸易、科学技术等方面具有专门知识和实际经验的中外人士中聘任。

（二）我国受理涉外仲裁案件的仲裁机构

中国国际经济贸易仲裁委员会和海事仲裁委员会是我国的常设涉外仲裁机构，也是受理涉外仲裁案件的具有典型性、代表性的仲裁机构。

1. 中国国际经济贸易仲裁委员会

中国国际经济贸易仲裁委员会，是以仲裁的方式，独立、公正地解决契约性或非契约性的经济贸易等争议的常设商事仲裁机构，设立于1956年4月，自2000年10月1日起启用“中国国际商会仲裁院”名称。

根据《中国国际经济贸易仲裁委员会仲裁规则》第三条的规定，仲裁委员会受理下列争议案件：①国际的或涉外的争议案件；②涉及香港特别行政区、澳门特别行政区或台湾地区的争议；③国内争议案件。

2. 中国海事仲裁委员会

中国海事仲裁委员会成立于1959年1月，是以仲裁方式，独立、公正地解决产生于远洋、近洋、沿海和与海相通的可航水域的运输、生产和航行等有关过程中所发生的契约性或非契约性的海事争议的常设仲裁机构。海事仲裁委员会设在北京。其现行的仲裁规则是中国国际商会于2000年11月22日修订并通过，2001年1月1日起施行的《中国海事仲裁委员会仲裁规则》。

3. 其他受理涉外仲裁案件的仲裁机构

长期以来，我国受理涉外仲裁案件的仲裁机构只有中国国际经济贸易仲裁委员会和海事仲裁委员会，中国国际经济贸易仲裁委员会和海事仲裁委员会也因此成为专门受理涉外纠纷案件的常设仲裁机构。依照《仲裁法》的规定在直辖市、省、自治区人民政府所在地的市和其他设区的市又设立或重新组建了一批常设仲裁机构，如北京仲裁委员会、上海仲裁委员会等在涉外仲裁案件的当事人自愿选择其进行仲裁时，对该涉外仲裁案件具有管辖权。

小结

仲裁是指纠纷当事人在自愿的基础上达成协议，将纠纷提交非司法机构的第三方审理，第三方就纠纷居中评判是非，并作出对争议各方均有拘束力的裁决的一种解决纠纷的制度，是解决民事争议的方式之一。仲裁法的内容涉及仲裁的基本制度、仲裁协议、仲裁机构的设立、仲裁程序、仲裁裁决及其异议、仲裁裁决的执行。

思考与练习

一、判断题

1. 对于平等民事主体当事人之间发生的经济纠纷而言，有效的仲裁协议可排除法院的管

辖权。 ( )

2. 一方当事人不履行仲裁裁决的，当事人可以申请仲裁机构强制执行。 ( )

3. 仲裁裁决一经仲裁庭作出即发生法律效力。 ( )

4. 仲裁委员会由主任1人、副主任2～4人和委员7～11人组成。 ( )

5. 书面形式和口头方式达成的仲裁协议的意思表示有效。 ( )

二、不定项选择题

1. 陈大与陈二两人达成仲裁协议，约定双方如就父亲的遗产发生争议，则提交北京仲裁委员会进行裁决，并将自动履行其裁决。后双方在父亲的遗产继承问题上发生争议，双方解决争议的可行法律途径是（ ）。

A. 只能向有管辖权的人民法院起诉

B. 只能申请北京仲裁委员会仲裁

C. 既可向有管辖权的法院起诉，也可以申请仲裁

D. 只能申请双方或一方住所地仲裁委员会仲裁

2. 根据仲裁法的规定，选项所列纠纷，即使当事人有仲裁协议，仲裁委员会也不予以受理的是（ ）。

A. 张清与赵虹因是否离婚发生的纠纷

B. 蔡刚的生父母与其养父母就是否解除收养关系发生的纠纷

C. 甲贸易公司与乙建筑公司就所供应木材质量问题所发生的纠纷

D. 财政局对违纪干部李某作出处分决定，李某不服与财政局所发生的纠纷

3. 就电子公司与运输公司损失赔偿纠纷一案，仲裁委员会根据电子公司的申请受理案件后，在仲裁庭解决案件时，根据双方当事人的自愿，主持调解并达成调解协议，仲裁庭应制作调解书或者根据协议的结果制作仲裁裁决书。下列关于调解书与仲裁裁决书效力的表述正确的是（ ）。

A. 基本相同的法律效力 B. 同等的法律效力

C. 不同的法律效力 D. 各自应有的法律效力

4. A市仲裁委员会为适应逐年增长的案件审理的要求，决定增加仲裁员数量，该仲裁委员会可以聘请担任仲裁员的是（ ）。

A. 在某法学研究所从事法学研究多年的张研究员

B. 在某大学经济系从事对外贸易专业教学的法律爱好者陈教授

C. 在某高级人民法院从事了17年经济审判工作的蔡庭长

D. 从事律师工作12年并任某律师事务所主任的王律师

5. A公司与B公司在履行合同过程中发生了纠纷。按合同中的仲裁条款，A公司向某仲裁委员会提交了仲裁申请。该仲裁庭的组成方式有（ ）。

A. 双方当事人各自选定1名仲裁员,第三名仲裁员由当事人共同选定

B. 3名仲裁员皆由当事人共同选定

C. 3名仲裁员皆由当事人委托仲裁委员会主任指定

D. 双方当事人各自选定1名仲裁员，第三名仲裁员由双方共同委托仲裁委员会主任指定

三、案例分析题

海云公司与金辰公司签订了一份装饰工程合同。合同约定：金辰公司包工包料，负责完成海云公司办公大楼的装饰工程。事后双方另行达成了补充协议，约定因该合同的履行发生纠纷，由某仲裁委员会裁决。在装饰工程竣工后，质检单位鉴定复合地板及瓷砖是不合格产品。海云公司要求金辰公司返工并赔偿损失，金辰公司不同意，引发纠纷。

请回答以下问题：

(1)假设某法院受理本案后，金辰公司在答辩中提出双方有仲裁协议，法院应如何处理？

(2)假设某法院受理了海云公司的起诉，金辰公司应诉答辩，海云公司在首次开庭时，向法院提交了仲裁协议，对此，该法院应如何处理？

实训题——撰写仲裁协议书和仲裁申请书

洪升有限责任公司（法定代表人为程明）与龙宇有限责任公司（法定代表人为李书）于2012年4月20日签订了一份标的额为20万元的买卖合同，约定洪升2012年4月30日先支付5万元定金，龙宇于2012年5月7日发货，洪升收到货后支付剩余的货款。双方协商一致达成仲裁协议，选定A市仲裁委员会为仲裁机构。现在洪升收到货以后迟迟不付款，龙宇多次催要无果后准备申请仲裁。

请根据上述材料，分别撰写一份仲裁协议书和一份仲裁申请书。

模块七

劳动合同

第十五章 劳动合同法

学习目标

知识目标

- 了解劳动合同的概念和种类
- 掌握劳动合同的必备条款和协商条款
- 掌握试用期、竞业禁止、保守商业秘密、违约金的特殊规定

能力目标

- 能正确签订劳动合同
- 能够运用劳动合同法解决常见的劳动争议

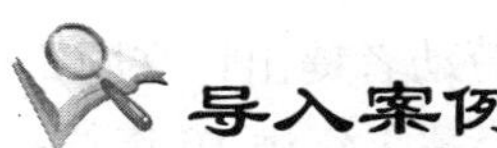

王某于2011年10月9日与某电脑公司签订劳动合同，被聘为技术员，聘期2年。双方当事人在劳动合同中约定了竞业禁止：合同解除或终止后，王某3年内不得在本地区从事与该公司相同性质的工作，如违约，王某需一次性赔偿电脑公司经济损失10万元。因电脑公司拖欠王某2012年9月、10月两个月的工资，2012年11月15日，王某向区劳动争议仲裁委员会申请仲裁，要求解除劳动合同；补发两个月工资，给付经济补偿金；确认劳动合同中的竞业禁止约定条款无效。请分析该案件应当如何判决？

第一节 劳动合同法概述

一、劳动合同

（一）劳动合同的概念

劳动合同是劳动者与用工单位之间确立劳动关系，明确双方权利和义务的书面协议，是用人单位和劳动者履行劳动权利义务的依据。

（二）劳动合同的特征

（1）劳动合同主体具有特定性。合同的一方是劳动者，另一方是用人单位。

（2）劳动合同的内容具有较强的法定性。由于劳动合同涉及财产和人身关系，劳动者在签订劳动合同后，就会隶属于用人单位，受到用人单位的管理。为了保护建立劳动关系后处于弱势的劳动者的权益，法律规定了较多的强制性规范，因此当事人双方签订劳动合同不得违反强制性规定，否则无效。

（3）劳动者在签订和履行劳动合同过程中地位发生变化。签订劳动合同时，双方法律地位是平等的；但在履行劳动合同过程中，用人单位和劳动者就具有了支配与被支配、管理与服从的从属关系。

（三）劳动合同的类型

以劳动合同期限为划分标准，劳动合同分为固定期限劳动合同、无固定期限劳动合同和以完成一定工作任务为期限的劳动合同三种。劳动者和用人单位可以通过自由协商的方式确定签订何种类型的劳动合同，但是要遵守法律的强制规定。

1. 固定期限劳动合同

固定期限劳动合同是指用人单位与劳动者约定合同终止时间的劳动合同。用人单位与劳动者协商一致，可以订立固定期限劳动合同。

2. 无固定期限劳动合同

无固定期限劳动合同是指用人单位与劳动者约定无确定终止时间的劳动合同。无固定期限劳动合同是一种长期性的合同，但是如果出现法律规定或合同约定的解除或终止条件的，劳动者和用人单位也可以解除或终止无固定期限劳动合同。用人单位与劳动者协商一致，可以订立无固定期限劳动合同。

有下列情形之一，劳动者提出或者同意续订、订立劳动合同的，除劳动者提出订立固定期限劳动合同外，应当订立无固定期限劳动合同：劳动者在该用人单位连续工作满 10 年的；用人单位初次实行劳动合同制度或者国有企业改制重新订立劳动合同时，劳动者在该用人单位连续工作满 10 年且距法定退休年龄不足 10 年的；连续订立 2 次固定期限劳动合同，且劳动者没有《中华人民共和国劳动合同法》（以下简称《劳动法》）第三十九条和第四十条第一项、第二项规定的情形，续订劳动合同的。用人单位自用工之日起满 1 年不与劳动者订立书面劳动合同的，视为用人单位与劳动者已订立无固定期限劳动合同。

3. 以完成一定工作任务为期限的劳动合同

以完成一定工作任务为期限的劳动合同，是指用人单位与劳动者约定以某项工作的完成为合同期限的劳动合同。用人单位与劳动者协商一致，可以订立以完成一定工作任务为期限的劳动合同，当工作完成后，劳动合同即告终止。

相关问题咨询

2008 年 9 月，大学毕业的张宏被一家证券公司聘用，从事内勤工作，总共与公司签订了 10 份劳动合同，一年一次。2013 年 4 月，由于公司即将合并，张宏被通知在合并前要解除劳动合同，张宏屡次向公司提出反对意见无果之后，向市仲裁委员会提出申请。本案应该如何处理？

咨询意见：《劳动合同法》规定，劳动者在用人单位连续工作满 10 年的，劳动者提出或者同意续订、订立劳动合同的，除劳动者提出订立固定期限劳动合同外，应当订立无固定期限劳动合同。市仲裁委员会应当根据张宏的请求，裁定证券公司应与张宏签订无固定期限劳动合同。

二、劳动合同法

1．劳动合同法的概念

劳动合同法有广义、狭义之分。狭义的劳动合同法仅指 2007 年 6 月 29 日第十届全国人民代表大会常务委员会第二十八次会议通过的《中华人民共和国劳动合同法》（以下简称《劳动合同法），而广义的劳动合同法泛指我国现行的有关劳动方面的法律、法规和规章，包括 1994 年 7 月 5 日第八届全国人民代表大会常务委员会第 8 次会议通过的《中华人民共和国劳动法》、2007 年 12 月 29 日第十届全国人民代表大会常务委员会第 31 次会议通过的《中华人民共和国劳动争议调解仲裁法》，以及 2008 年 9 月 3 日国务院第 25 次常务会议通过的《中华人民共和国劳动合同法实施条例》等。

2．劳动合同法的适用范围

（1）企业、个体经济组织和民办非企业单位，依法成立的会计师事务所、律师事务所等合伙组织和基金会等组织。

企业是以盈利为目的经济性组织，包括法人企业和非法人企业，是用人单位的主要组成部分，是劳动合同法的主要调整对象。个体经济组织是指雇工 7 个人以下的个体工商户。民办非企业单位是指企业事业单位、社会团体和其他社会力量以及公民个人利用非国有资产举办的，从事非营利性社会服务活动的组织，如民办学校、民办医院、民办图书馆、民办博物馆、民办科技馆等。

（2）国家机关、事业单位、社会团体：

1）国家机关。这里的国家机关包括国家权力机关、国家行政机关、司法机关、国家军事机关、政协等，其录用公务员和聘任制公务员，适用《公务员法》，但是国家机关招用工勤人员，需要签订劳动合同，就要适用《劳动合同法》。

2）事业单位。事业单位适用《劳动合同法》，可以分为三种情况：一种是具有管理公共事务职能的组织，如证券监督管理委员会、保险监督管理委员会、银行业监督管理委员会等，其录用工作人员是参照公务员法进行管理，不适用《劳动合同法》。一种是实行企业化管理的事业单位，这类事业单位与职工签订的是劳动合同，适用《劳动合同法》的规定。还有一种事业单位如医院、学校、科研机构等，有的劳动者与单位签订的是劳动合同，签订劳动合同的，就要按照《劳动合同法》的规定执行；有的劳动者与单位签订的是聘用合同，签订聘用合同的，就要按照《劳动合同法》第九十六条的规定，即法律、行政法规和国务院规定另有规定的，就按照法律、行政法规和国务院的规定执行；法律、行政法规和国务院没有特别规定的，也要按照本法执行。

3）社会团体。社会团体的情况也比较复杂，有的社会团体如党派团体，除工勤人员外，其工作人员是公务员，按照《公务员法》管理；除此以外的多数社会团体，如果作为用人单位与劳动者订立的是劳动合同，就按照《劳动合同法》进行调整。

非全日制用工和劳务派遣工

《劳动合同法》对非全日制用工和劳务派遣工分别做了规定。

非全日制用工，是指以小时计酬为主，劳动者在同一用人单位一般平均每日工作时间不超过4小时，每周工作时间累计不超过24小时的用工形式。非全日制用工双方当事人不得约定试用期；非全日制用工双方当事人任何一方都可以随时通知对方终止用工；终止用工，用人单位不向劳动者支付经济补偿；非全日制用工小时计酬标准不得低于用人单位所在地人民政府规定的最低小时工资标准。非全日制用工劳动报酬结算支付周期最长不得超过15日。

劳务派遣，是指由派遣机构（用人单位）与劳动者订立劳动合同，由被派遣的劳动者向派遣企业（用工单位）给付劳务，劳动合同关系存在于派遣机构与劳动者之间，但劳动力给付的事实则发生于劳动者与派遣企业之间。劳动派遣的最显著特征就是劳动力的雇用和使用分离。被派遣劳动者享有与用工单位的劳动者同工同酬的权利。"劳动合同"用工是我国企业基本形式。劳务派遣用工是补充形式，只能在替代性的工作岗位上实施。

第二节　劳动合同的订立

一、合同订立的概念和原则

（一）劳动合同订立的概念

劳动合同的订立是指劳动者和用人单位经过相互选择和平等协商，就劳动合同的各项条款协商一致，并以书面形式明确规定双方权利、义务及责任，从而确立劳动关系的法律行为。

知识点提示

《劳动合同法》规定，建立劳动关系，应当订立书面劳动合同。已建立劳动关系，未同时订立书面劳动合同的，应当自用工之日起1个月内订立书面劳动合同。用人单位与劳动者在用工前订立劳动合同的，劳动关系自用工之日起建立。

自用工之日起1个月内，经用人单位书面通知后，劳动者不与其签订书面劳动合同的，用人单位应当书面通知劳动者终止劳动关系，无需向劳动者支付经济补偿，但应当依法向劳动者支付实际工作报酬。

（二）劳动合同订立的原则

1．合法原则

合法是劳动合同有效的前提条件。具体表现为以下三个方面：

（1）订立劳动合同的主体合法。劳动者需是年满16周岁、身心健康，具有劳动权利能力和行为能力的中国公民。用人单位应是依法成立或依法取得营业执照或者登记证书的企业、个体经济组织和民办非企业单位、国家机关、事业单位、社会团体，具有用人的权利能力和行为能力。

（2）劳动合同的内容合法。劳动合同的内容必须符合国家法律、行政法规的规定，包括劳动法律法规和其他法律、行政法规。

（3）订立劳动合同的形式和程序合法。除非全日制用工外，劳动合同必须以书面形式订立，订立的过程必须符合法律的规定，未经双方协商一致、强迫订立的劳动合同无效。

例 15-1 下列情形中，可以与用人单位签订劳动合同的是（　　）。

A. 15 周岁的小李与某汽车修理厂签订的劳动合同

B. 14 周岁的小张与某京剧团签订的劳动合同

C. 15 周岁的小王与某餐厅签订的劳动合同

D. 17 周岁的小赵与某保安公司签订的劳动合同

【答案】BD

【解析】劳动者需年满 16 周岁（文艺、体育、特种工艺单位录用人员可以例外），有劳动权利能力和行为能力。

2．公平原则

公平是指劳动合同的内容应当公平、合理，双方公正、合理地确定各自的权利和义务。公平原则是社会公德的体现，将公平原则作为劳动合同订立的原则，可以防止劳动合同当事人尤其是用人单位滥用优势地位，损害劳动者的权利，有利于平衡劳动合同双方当事人的利益，有利于建立和谐稳定的劳动关系。

3．平等自愿、协商一致原则

平等是指劳动者和用人单位在订立劳动合同时法律地位是平等的，没有高低、从属之分，不存在命令和服从的关系，当事人地位的平等性要求双方对于劳动合同的订立不得享有任何特权。自愿是指订立劳动合同应出于双方当事人真实的意思表达。当事人订立合同只能出于其内心意愿，用人单位不得强迫劳动者订立劳动合同，其他任何机关、团体和个人都无权强迫劳动者订立劳动合同。协商一致是指用人单位和劳动者要对合同的内容达成一致意见，任何一方不得把自己的意志强加给另一方。

4．诚实信用原则

诚实信用是指订立劳动合同要诚实、讲信用，任何一方不得有欺诈行为。用人单位招用劳动者时，应当如实告知劳动者工作内容、工作条件、工作地点、职业危害、安全生产状况、劳动报酬，以及劳动者要求了解的其他情况；用人单位有权了解劳动者与劳动合同直接相关的基本情况，劳动者应当如实说明。双方都不得隐瞒真实情况。

二、劳动合同的主要内容

（一）劳动合同必备条款

劳动合同必备条款是法律规定劳动合同必须具备的内容，是劳动合同生效的必备条款。根据《劳动合同法》的规定，劳动合同应当具备以下条款：

1．用人单位的名称、住所和法定代表人或者主要负责人

有两个以上办事机构的，以用人单位的主要办事机构所在地为住所。具有法人资格的用人单位，要注明单位的法定代表人；不具有法人资格的用人单位，必须在劳动合同中写明该单位的主要负责人。

2．劳动者的姓名、住址和居民身份证或者其他有效身份证件号码

劳动者的姓名以户籍登记，即身份证上所载为准；劳动者的住址，以其户籍所在的居住地为住址，其经常居住地与户籍所在地不一致的，以经常居住地为住址。

3．劳动合同期限

劳动合同期限是双方当事人相互享有权利、履行义务的时间界限，即劳动合同的有效期限。劳动合同期限可分为固定期限、无固定期限和以完成一定工作任务为期限。

4．工作内容和工作地点

工作内容，是指劳动法律关系所指向的对象，即劳动者具体从事什么种类或者内容的劳动，这里的工作内容是指工作岗位和工作任务或职责。这一条款是劳动合同的核心条款之一，是建立劳动关系的极为重要的因素。工作地点是劳动合同的履行地，是劳动者从事劳动合同中所规定的工作内容的地点，它关系到劳动者的工作环境、生活环境以及劳动者的就业选择，劳动者有权在与用人单位建立劳动关系时知悉自己的工作地点，所以这也是劳动合同中必不可少的内容。

5．工作时间和休息休假

工作时间是指劳动时间在企业、事业、机关、团体等单位中，必须用来完成其所担负的工作任务的时间。一般由法律规定劳动者在一定时间内（工作日、工作周）应该完成的工作任务，以保证最有效地利用工作时间，不断地提高工作效率，是劳动合同不可缺少的内容。

休息休假是指企业、事业、机关、团体等单位的劳动者按规定不必进行工作，而自行支配的时间。《中华人民共和国劳动法》（以下简称《劳动法》）第三十八条规定：“用人单位应当保证劳动者每周至少休息一日。”休息休假的具体时间根据劳动者的工作地点、工作种类、工作性质、工龄长短等各有不同，用人单位与劳动者在约定休息休假事项时应当遵守劳动法及相关法律法规的规定。

相关链接

国家实行劳动者每日工作8小时、每周工作40小时的标准工时制度。加班一般每日不得超过1小时；因特殊原因每日不得超过3小时，每月不得超过36小时。但有下列情形之的，延长工作时间不受上述规定的限制：①发生自然灾害、事故或者因其他原因，威胁劳动者生命健康和财产安全，需要紧急处理的；②生产设备、交通运输线路、公共设施发生故障，影响生产和公众利益，必须及时抢修的；③法律、行政法规规定的其他情形。

6．劳动报酬

劳动报酬，是指劳动者与用人单位确定劳动关系后，因提供了劳动而取得的报酬。劳动报酬主要包括以下几个方面：①用人单位工资水平、工资分配制度、工资标准和工资分配形式；②工资支付办法；③加班、加点工资及津贴、补贴标准和奖金分配办法；④工资调整办法；⑤试用期及病、事假等期间的工资待遇；⑥特殊情况下职工工资（生活费）支付办法；⑦其他劳动报酬分配办法。劳动合同中有关劳动报酬条款的约定，要符合我国有关最低工资标准的规定。

相关问题咨询

约定不明时劳动报酬如何确定

咨询意见：《劳动合同法》规定，用人单位未在用工的同时订立书面劳动合同，与劳动者约定的劳动报酬不明确的，新招用的劳动者的劳动报酬应当按照集体合同规定的标准执行；没有集体合同或者集体合同未作规定的，用人单位应当对劳动者实行同工同酬。

知识点提示

职工加班费的计算方法

根据《工资支付暂行规定》第十三条的规定：①依法安排劳动者在日标准工作时间以外延长工作时间的，按不低于劳动合同规定的劳动者本人小时工资标准的 150%支付加班工资；②依法安排劳动者在休息日工作，不能安排补休的，按不低于劳动合同规定的劳动者本人日或小时工资标准的 200%支付加班工资；③依法安排劳动者在法定休假日工作的按不低于劳动合同规定的劳动者本人日或小时工资标准的 300%支付加班工资。

7．社会保险

社会保险是政府通过立法强制实施，由劳动者、劳动者所在的工作单位或社区以及国家三方面共同筹资，帮助劳动者及其亲属在遭遇年老、疾病、工伤、生育、失业等风险时，防止收入的中断、减少和丧失，以保障其基本生活需求的社会保障制度。一般包括医疗保险、养老保险、失业保险、工伤保险和生育保险。

相关链接

有关工伤的规定

《工伤保险条例》第十四条规定，职工有下列情形之一的，应当认定为工伤：①在工作时间和工作场所内，因工作原因受到事故伤害的；②工作时间前后在工作场所内，从事与工作有关的预备性或者收尾性工作受到事故伤害的；③在工作时间和工作场所内，因履行工作职责受到暴力等意外伤害的；④患职业病的；⑤因工外出期间，由于工作原因受到伤害或者发生事故下落不明的；⑥在上下班途中，受到非本人主要责任的交通事故或者城市轨道交通、客运轮渡、火车事故伤害的；⑦法律、行政法规规定应当认定为工伤的其他情形。

职工有下列情形之一的，视同工伤：①在工作时间和工作岗位，突发疾病死亡或者在48小时之内经抢救无效死亡的；②在抢险救灾等维护国家利益、公共利益活动中受到伤害的；③职工原在军队服役，因战、因公负伤致残，已取得革命伤残军人证，到用人单位后旧伤复发的。

8．劳动保护、劳动条件和职业危害防护

劳动保护是指用人单位为了防止劳动过程中的安全事故，采取各种措施来保障劳动者的生命安全和健康。国家为了保障劳动者的身体安全和生命健康，通过制定相应的法律和行政法规、规章，规定劳动保护，用人单位也应根据自身的具体情况，规定相应的劳动保护规则，以保证劳动者的健康和安全。

劳动条件，主要是指用人单位为使劳动者顺利完成劳动合同约定的工作任务，为劳动者提供必要的物质和技术条件，如必要的劳动工具、机械设备、工作场地、劳动经费、辅助人员、技术资料、工具书以及其他一些必不可少的物质、技术条件和其他工作条件。

职业危害是指用人单位的劳动者在职业活动中，因接触职业性有害因素如粉尘、放射性物质和其他有毒、有害物质等而对生命健康所引起的危害。根据《职业病防治法》第三十条的规定，用人单位与劳动者订立劳动合同时，应当将工作过程中可能产生的职业病危害及其后果、职业病防护措施和待遇等如实告知劳动者，并在劳动合同中写明，不得隐瞒或者欺骗。用人单位应当按照有关法律、法规的规定严格履行职业危害防护的义务。

9．法律法规规定应当纳入劳动合同的其他事项

劳务派遣单位与被派遣劳动者订立的劳动合同，除法定事项外，还应当载明被派遣劳动者的用工单位以及派遣期限、工作岗位等情况。

劳务派遣单位应当与被派遣劳动者订立二年以上的固定期限劳动合同，按月支付劳动报酬；被派遣劳动者在无工作期间，劳务派遣单位应当按照所在地人民政府规定的最低工资标准，向其按月支付报酬。

（二）劳动合同的约定条款

劳动合同的约定条款，由当事人根据意愿选择是否在合同中约定。但法律对约定条款内容有强制性、禁止性规定的，应当遵守，约定条款不得违反法律、法规的规定。

劳动合同的约定条款一般包括试用期、服务期、保守商业秘密和竞业限制等条款。

1．试用期

用人单位与劳动者可以在劳动合同中就试用期的期限和试用期期间的工资等事项做出约定，但不得违反《劳动合同法》对试用期的规定。

约定试用期应注意以下问题：同一用人单位与同一劳动者只能约定一次试用期，即续订合同不能再约定试用期。以完成一定工作任务为期限或合同期限不满 3 个月的，不得约定试用期。试用期包含在劳动合同期限内，如果仅约定试用期的，试用期不成立，试用期即为劳动合同期限。试用期的长短必须依法约定。

《劳动合同法》第十九、第二十条规定：合同期限三个月以上不满一年的，试用期不得超过一个月；合同期限一年以上不满三年的，试用期不得超过二个月；合同期限三年以上和无固定期限的劳动合同，试用期不得超过六个月。劳动者在试用期的工资不得低于本单位同岗位最低档工资或者劳动合同约定工资的百分之八十，并不得低于用人单位所在地的最低工资标准。

例 15-2 李明与某电脑公司签订了劳动合同期限为 6 个月，如果该电脑公司与李明约定的试用期是 6 个月，试用期内的月工资 900 元，试用期满后的月工资为 2 000 元，如果李明在该单位按照合同约定完成了 6 个月的试用期工作，而且该公司按照合同规定支付了试用期的全部工资，那么该公司与李明约定的试用期期限是否合法？如果违法，电脑公司与李明最多可以约定试用期的期限为多长？该公司应当支付的试用期工资是多少？

【解析】该公司与李明约定的试用期限不合法，因为劳动合同期限大于 3 个月小于 1 年的，试用期应该小于等于 1 个月。电脑公司与李明最多可以约定试用期限为 1 个月，试用期的工资不得低于劳动合同约定的 80%，所以李明试用期的工资不得低于 1 600 元。

2．服务期

用人单位为劳动者提供专项培训费用，对其进行专业技术培训的，可以与该劳动者订立协议，约定服务期。在服务期期间劳动者享受正常调整工资的权利。劳动者违反服务期约定的，应当按照约定向用人单位支付违约金。违约金的数额不得超过用人单位提供的培训费用。

3．保守商业秘密和竞业限制

劳动合同当事人可以在劳动合同中约定保守用人单位商业秘密的有关事项。对负有保密义务的劳动者，用人单位可以在劳动合同或者保密协议中与劳动者约定竞业限制条款，并约定在解除或者终止劳动合同后，在竞业限制期限内按月给予劳动者经济补偿。

竞业限制的人员限于用人单位的高级管理人员、高级技术人员和其他负有保密义务的人员。竞业限制的范围、地域、期限由用人单位与劳动者约定，竞业限制的约定不得违反法律、法规的规定。用人单位如果要求劳动者签订竞业限制条款，就必须给予劳动者相应的经济补偿，否则该条款无效。在解除或者终止劳动合同后，签订竞业限制的人员在两年内，不得在与本单位生产或者经营同类产品、从事同类业务的有竞争关系的其他用人单位就业，或者自己开业生产或者经营与本单位有竞争关系的同类产品、业务。

导入案例中，用人单位没有按照劳动合同的约定，向劳动者按时足额支付劳动报酬，因此，劳动者有权解除劳动合同，要求用人单位支付所欠付的劳动报酬，并支付延期支付工资的经济补偿金。用人单位尽管与劳动者约定了竞业限制条款和违反竞业限制劳动者应当支付违约金的条款，但由于用人单位并没有按照法律规定，向劳动者支付竞业限制补偿金，因此，竞业限制义务就终止，劳动者无须支付违约金。

第三节 劳动合同的履行、变更、解除和终止

一、劳动合同的履行

劳动合同的履行，指的是劳动合同双方当事人按照劳动合同的约定，履行各自的义务，享有各自的权利。

（一）劳动合同履行的一般原则

1．全面履行原则

合同双方当事人在任何时候，均应当履行劳动合同约定的全部义务。《劳动合同法》第二十九条规定，用人单位与劳动者应当按照劳动合同的约定，全面履行各自的义务。

2．亲自履行原则

双方当事人要以自己的行为履行合同规定的义务，不得由他人代为履行。

3．合法原则

劳动合同双方当事人在履行劳动合同过程中，必须遵守法律法规，不得有违法行为。

（二）特殊情形下劳动合同的履行

用人单位变更名称、法定代表人、主要负责人或者投资人等事项，不影响劳动合同的履行。用人单位发生合并或者分立等情况，原劳动合同继续有效，劳动合同由承继其权利义务的用人单位继续履行。

上述情况下，由于劳动合同必备条款中的用人单位名称、法定代表人、主要负责人等内容发生了变更，用人单位与劳动者应当从形式上变更劳动合同。但是，没有从形式上变更劳动合同的，原劳动合同应当继续履行。

二、劳动合同的变更

劳动合同的变更是指在劳动合同开始履行但尚未完全履行之前，因订立劳动合同的主客观条件发生了变化，当事人依法定的条件和程序，对原合同中的某些条款修改、补充的法律行为。

劳动合同的变更，包括协议变更和法定变更两种情况，协议变更是指双方当事人必须协商一致，达成协议；法定变更是在法律规定的原因出现时，当事人一方可依法提出变更劳动合同（变更的内容也需要当事人双方协商一致）。无论是协议变更，还是法定变更，只限于对劳动合同的某些内容的变更，不能对劳动合同的当事人进行变更。

三、劳动合同的解除

劳动合同的解除，是指当事人双方提前终止劳动合同的法律效力，解除双方的权利义务关系。

（一）双方协商解除劳动合同

用人单位与劳动者协商一致，可以解除劳动合同。协商解除劳动合同没有规定实体、程序上的限定条件，只要双方达成一致，内容、形式、程序不违反法律禁止性、强制性规定即可。若是用人单位提出解除劳动合同的，用人单位应向劳动者支付解除劳动合同的经济补偿金。

（二）用人单位单方解除劳动合同

1．用人单位可以随时通知劳动者解除劳动合同

根据《劳动合同法》有关的规定，有下列情况之一的，用人单位可以立即解除劳动合同：①劳动者在试用期间被证明不符合录用条件的；②劳动者严重违反用人单位的规章制度的；③劳动者严重失职，营私舞弊，给用人单位造成重大损害的；④劳动者同时与其他用人单位建立劳动关系，对完成本单位的工作任务造成严重影响，或者经用人单位提出，拒不改正的；⑤劳动者以欺诈、胁迫的手段或者乘人之危，使用人单位在违背真实意思的情况下订立或者变更劳动合同的；⑥劳动者被依法追究刑事责任的。

例 15-3 小明 2012 年 1 月入职深圳一电子公司，双方签订了一份为期 3 年的劳动合同，合同中特别约定：如违反公司规章制度，情节严重，公司有权提前解除劳动合同，且无需支付经济补偿金。2012 年 6 月 10 日，小明收到公司的一份解雇通知，解雇理由是小明上班时间经常上网聊天，根据公司规章制度，3 次以上在上班时间上网聊天的视为严重违纪，公司可解除劳动合同。小明辩解，他一直不知道公司有该规定，公司从未将规章制度的内容向其公示，公司称规章制度已向其公示，但无法举证规章制度公示的事实。请问公司可否就小明严重违纪的问题解除劳动合同？

【解析】在本案中，根据《最高人民法院关于审理劳动争议案件适用法律若干问题的解释》第十九条规定，规章制度未公示的，不能作为人民法院审理劳动争议案件的依据，本案中公司不能举证证明规章制度已公示的，其依据规章制度的有关规定解除劳动合同将不能得到支持。

2．用人单位需提前 30 天书面通知解除劳动合同

有下列情形之一的，用人单位提前 30 天以书面形式通知劳动者本人或者是额外支付劳

动者 1 个月工资后可以解除劳动合同：①劳动者患病或者非因工负伤，在规定的医疗期满后不能从事原工作，也不能从事由用人单位另行安排的工作的；②劳动者不能胜任工作，经过培训或者调整工作岗位，仍不能胜任工作的；③劳动合同订立时所依据的客观情况发生重大变化，致使劳动合同无法履行，经用人单位与劳动者协商，未能就变更劳动合同内容达成协议的。

3．用人单位经济性裁员

有下列情形之一，需要裁减人员 20 人以上或者裁减不足 20 人但占企业职工总数 10%以上的，用人单位提前 30 日向工会或者全体职工说明情况，听取工会或者职工的意见后，裁减人员方案经向劳动行政部门报告，可以裁减人员：①用人单位依照《企业破产法》规定进行重整的；②用人单位生产经营发生严重困难的；③企业转产、重大技术革新或者经营方式调整，经变更劳动合同后，仍需裁减人员的；④其他因劳动合同订立时所依据的客观经济情况发生重大变化，致使劳动合同无法履行的。

用人单位减裁人员的规定

根据《劳动合同法》的规定，用人单位裁减人员时，应当优先留用下列人员：①与本单位订立较长期限的固定期限劳动合同的；②与本单位订立无固定期限劳动合同的；③家庭无其他就业人员，有需要扶养的老人或者未成年人的。用人单位依法裁减人员，在六个月内重新招用人员的，应当通知被裁减的人员，并在同等条件下优先招用被裁减的人员。患职业病或者因工负伤并被确认为丧失或者部分丧失劳动能力的；女职工在孕期、产期、哺乳期内的，用人单位不得减裁。

4．用人单位不得解除劳动合同的情形

根据《劳动合同法》第四十二条规定，劳动者有下列情形之一的，用人单位不得解除劳动合同：

①从事接触职业病危害作业的劳动者未进行离岗前职业健康检查，或者疑似职业病病人在诊断或者医学观察期间的；②在本单位患职业病或者因工负伤并被确认丧失或者部分丧失劳动能力的；③患病或者非因工负伤，在规定的医疗期内的；④女职工在孕期、产期、哺乳期的；⑤在本单位连续工作满 15 年，且距法定退休年龄不足 5 年的；⑥法律、行政法规规定的其他情形。

例 15-4　56 岁的张先生在一家公司已经任职 17 年。他的合同于 2011 年 1 月 31 日到期。由于他工龄太长，所以单位无论如何也不愿意再与他续签劳动合同了。于是单位在 2011 年 1 月 1 日正式通知他合同到期后，终止双方之间的劳动合同。张先生认为自己已经工作 17 年了，而且马上就快退休，现在单位提出终止，是不应该而且也没有人情味的一种做法。请问单位是否有权终止合同张先生的合同？张先生应该怎样保护自己的权利？

【解析】针对工龄比较长且将要达到法定退休年龄的老职工，《劳动合同法》第四十二条规定“劳动者有下列情形之一的，用人单位不得依照本法第四十条、第四十一条的规定解除劳动合同：……（五）在本单位连续工作满十五年，且距法定退休年龄不足五年的；……”及第四十五条“劳动合同期满，有本法第四十二条规定情形之一的，劳动合同应当续延至相应的情形消失时终止”之规定。本案中，由于张先生在单位已经工作了 17 年，而且他现在已经56岁，正好距法定退休年龄不足5年，所以对于他，单位是无权终止与他的劳动关系的，直至达到法定退休年龄。

（三）劳动者单方解除劳动合同

1．劳动者提前通知解除劳动合同

劳动者在试用期内提前3日通知用人单位的，可以解除劳动合同；劳动者提前30日以书面形式通知用人单位的，可以解除劳动合同。如果劳动者违反法律法规规定的条件解除劳动合同，给用人单位造成经济损失的，还应当承担赔偿责任。劳动者提出解除劳动合同的，用人单位可以不给付经济补偿金。

2．劳动者不需事先通知即可解除劳动合同

有下列情形之一的，劳动者可以不用提前告知用人单位，立即解除劳动合同：①用人单位以暴力、威胁或者非法限制人身自由的手段强迫劳动者劳动的；②用人单位违章指挥、强令冒险作业危及劳动者人身安全的。

3．劳动者可随时通知解除劳动合同

用人单位有下列情形之一的，劳动者可以解除劳动合同：①用人单位未按照劳动合同约定提供劳动保护或者劳动条件的；②用人单位未及时足额支付劳动报酬的；③用人单位未依法为劳动者缴纳社会保险费的；④用人单位的规章制度违反法律、法规的规定，损害劳动者权益的；⑤用人单位以欺诈、胁迫的手段或者乘人之危，使劳动者在违背真实意思的情况下订立或者变更劳动合同的；⑥用人单位在劳动合同中免除自己的法定责任、排除劳动者权利的；⑦用人单位违反法律、行政法规强制性规定的；⑧法律、行政法规规定劳动者可以解除劳动合同的其他情形。

四、劳动合同的终止

劳动合同的终止，是指劳动合同关系自然失效，双方不再履行。有下列情形之一的，劳动合同终止：①劳动合同期满的；②劳动者开始依法享受基本养老保险待遇的；③劳动者死亡，或者被人民法院宣告死亡或者宣告失踪的；④用人单位被依法宣告破产的；⑤用人单位被吊销营业执照、责令关闭、撤销或者用人单位决定提前解散的；⑥法律、行政法规规定的其他情形。

第四节 法律责任

一、用人单位违反劳动合同法的法律责任

用人单位的规章制度违法，或者订立、履行、解除和终止劳动合同违法，应承担法律责任。

1．用人单位违法订立劳动合同的法律责任

具体规定如下：①用人单位提供的劳动合同文本未载明劳动合同必备条款或者用人单位未将劳动合同文本交付劳动者的，由劳动行政部门责令改正；给劳动者造成损害的，应当承担赔偿责任。②用人单位自用工之日起超过1个月不满1年未与劳动者订立书面劳动合同的，

应当向劳动者每月支付两倍的工资。③用人单位违反规定不与劳动者订立无固定期限的劳动合同的，应当自订立无固定期限劳动合同之日起向劳动者每月支付两倍的工资。④用人单位违反法律规定与劳动者约定试用期的，由劳动行政部门责令改正；违法约定的试用期已经履行的，由用人单位以劳动者试用期满月工资为标准，按已经履行的超过法定试用期的期间向劳动者支付赔偿金。⑤用人单位违反法律规定，扣押劳动者居民身份证等证件的，由劳动行政部门责令限期退还劳动者本人，并依照有关法律规定给予处罚。⑥用人单位违反规定，以担保或者其他名义向劳动者收取财物的，由劳动行政部门责令限期退还劳动者本人，并以每人 500 元以上 2 000 元以下的标准处以罚款；给劳动者造成损害的，应当承担赔偿责任。

2．用人单位履行劳动合同时的法律责任

用人单位有下列情形之一的，由劳动行政部门责令限期支付劳动报酬、加班费或者经济补偿金；劳动报酬低于当地最低工资标准的，应当支付其差额部分；逾期不支付的，责令用人单位按应支付金额 50%以上 100%以下的标准向劳动者加付赔偿金：①未按照劳动合同的约定或者国家规定及时足额支付劳动者劳动报酬的；②低于当地最低工资标准支付劳动者工资的；③安排加班不支付加班费的；④解除或者终止劳动合同，未按照法律规定向劳动者支付经济补偿的。

3．用人单位违法解除和终止劳动合同的法律责任

用人单位违反《劳动合同法》的规定解除或者终止劳动合同的，应当依照《劳动合同法》规定的经济补偿标准的两倍向劳动者支付赔偿金。用人单位违反法律规定未向劳动者出具解除或者终止劳动合同的书面证明，由劳动行政部门责令改正；给劳动者造成损害的，应当承担赔偿责任。劳动者依法解除或者终止劳动合同，用人单位扣押劳动者档案或者其他物品的，由劳动行政部门责令限期退还劳动者本人，并以每人 500 元以上 2 000 以下的标准处以罚款；给劳动者造成损害的，应当承担赔偿责任。

4．劳务派遣单位、用工单位违反有关劳务派遣规定的法律责任

劳务派遣单位、用工单位违反有关劳务派遣规定的，由劳动行政部门责令限期改正；逾期不改正的，以每人 5 000 元以上 10 000 元以下的标准处以罚款，对劳务派遣单位，吊销其劳务派遣业务经营许可证。用工单位给被派遣劳动者造成损害的，劳务派遣单位与用工单位承担连带赔偿责任。

经营劳务派遣业务，应当向劳动行政部门依法申请行政许可；经许可的，依法办理相应的公司登记。未经许可，擅自经营劳务派遣业务的，由劳动行政部门责令停止违法行为，没收违法所得，并处违法所得 1 倍以上 5 倍以下的罚款；没有违法所得的，可以处 50 000 元以下的罚款。

二、劳动者违反劳动合同法的法律责任

劳动者违法解除劳动合同，违反保密协议和竞业限制，违反培训协议或者因劳动者过错导致劳动合同无效时应向用人单位支付违约金；给用人单位造成损失的，应当承担赔偿责任。

小结

劳动合同是劳动者与用工单位之间确立劳动关系，明确双方权利和义务的书面协议，是用人单位和劳动者履行劳动义务的依据。以劳动合同期限为划分标准，劳动合同分为固定期

限劳动合同、无固定期限劳动合同和以完成一定工作任务为期限的劳动合同三种。对于劳动合同的订立、履行、变更、解除和终止，《劳动法》和《劳动合同法》都做了明确的规定。

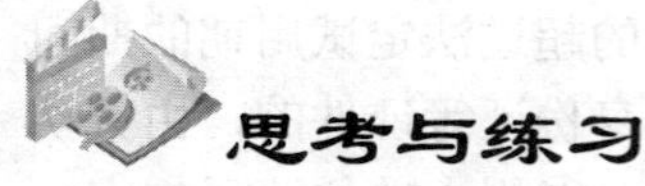

思考与练习

一、判断题

1. 合法是劳动合同有效的前提条件。具体表现为劳动合同的主体合法，劳动合同的形式合法，劳动合同的内容合法，订立劳动合同的目的也要合法。（ ）

2. 用工单位自用工之日起满1年不与劳动者订立书面劳动合同的，视为用人单位自用工之日起满1年的当日已经与劳动者订立无固定期限劳动合同。（ ）

3. 劳动者拒绝用人单位管理人员违章指挥、强令冒险作业的，不视为违反劳动合同。（ ）

4. 某水泥厂收益不景气，月底不能按时给职工发放工资，以生产的水泥每人100袋来抵顶当月工资，这也是合情合理的。（ ）

5. 李某与某公司签订劳动合同，期限不满3个月，该公司提出因工作时间短试用期也可以相应可以短些，前两周为试用期，该公司的做法在合理要求之内。（ ）

二、不定项选择题

1. 已经建立劳动关系，未同时订立书面劳动合同的，应当法定期限内订立书面劳动合同。该法定期限是用工之日起（ ）。

A. 15日内　B. 1个月内　C. 2个月内　D. 3个月内

2. 根据《劳动合同法》的规定，下列劳动合同中，适用《劳动合同法》的有（ ）。

A. 王某与甲有限责任公司订立的劳动合同

B. 李某与乙律师事务所订立的劳动合同

C. 丙县财政局聘任制公务员张某与其订立的劳动合同

D. 赵某与丁个人独资企业订立的劳动合同

3. 夏某的日工资为120元，每周工作5天，每天工作8小时。她在2014年10月的一个周六加班了1天，在“十一”国庆节加班了两天。请问夏某10月份可以获得（ ）元加班工资。

A. 360　B. 720　C. 960　D. 1 080

4. 张某于2014年1月1日起开始在甲公司工作，直到2015年2月1日，甲公司一直未与张某订立书面劳动合同。根据劳动合同法律制度的规定，下列表述中，正确的有（ ）。

A. 自2014年1月1日至2014年12月31日，甲公司应当向张某每月支付2倍工资

B. 自2014年2月1日至2014年12月31日，甲公司应当向张某每月支付2倍工资

C. 视为甲公司自2014年1月1日起已经与张某订立了无固定期限劳动合同

D. 视为甲公司自2015年1月1日起已经与张某订立了无固定期限劳动合同

5. 劳动合同期限3个月以上不满1年的，试用期不得超过（ ）；劳动合同期限1年以上，不满3年的，试用期不得超过（ ）；3年以上固定期限和无固定期限的劳动合同，试用期不得超过（ ）。

A. 1个月，2个月，3个月　　　　B. 1个月，2个月，6个月
C. 1个月，3个月，6个月　　　　D. 2个月，3个月，6个月

三、案例分析题

1. 2015年1月1日，张红入职时，公司告知她有3个月的试用期，但是没有与张红签订书面的劳动合同。2015年3月15日，公司通知张红，由于她在试用期表现不佳，所以公司决定将其辞退。张红觉得很委屈，因为在试用期内他确实努力工作而且自认为表现是很好的。在这种情况下，张红应该怎么办？

2. 王某与某公司签订了为期五年的劳动合同，合同自2013年8月起至2018年7月止。合同双方约定王某负责仓库保管员工作，月工资2 500元，经半年试用期，公司满意，合同正式履行。2015年1月，公司以食堂缺少管理人员为由，在未与王某协商的情况下，调王某到食堂工作。王某不同意，认为签订合同时双方约定是担任仓库保管员工作，一年来工作一贯认真负责，多次受到奖励，要求公司履行合同双方的约定，拒绝前往食堂上班。而公司则认为，变动职工工作岗位是企业行使用人自主权的正当行为，并做出相应决定：以王某不服从分配为由，停发工资，并限期1个月离开公司。该公司的做法对吗？

3. 2014年4月，张丽被聘为某商场的营业员，并与该商场签订了为期两年的劳动合同，合同规定：张丽需要先交200元风险抵押金，如果张丽违约，则200元押金不再退还，张丽的试用期为六个月，试用期每月工资为500元，试用期满后每月工资800元。合同还规定，如果张丽严重违反商场的劳动纪律或者患病住院、怀孕等，商场有权立即解除劳动合同，并且不需要给张丽任何经济补偿。请分析该劳动合同存在哪些违反法律的地方？

实训题——撰写劳动合同

2015年1月，李明到好美华有限责任公司应聘，双方协商一致签订了为期3年的劳动合同，职位是客户代表月薪3 000元。请根据所列条件，两人一组，分别模拟劳动者和用人单位订立一份劳动合同。

模块八

企业破产

第十六章　企业破产法

学习目标

知识目标

- 了解企业破产法的适用范围
- 理解管理人和债权人会议制度
- 理解破产宣告

能力目标

- 能区别和解和重整的条件以及法律后果
- 能进行破产财产的分配

引导案例

某有限责任公司因经营管理不善，不能偿还到期债务，向人民法院申请破产。该公司目前有流动资金 50 万元；机器设备折价 100 万元；租借的设备计价 20 万元，厂房估价 70 万元，已经抵押给一位债权人。请问该公司是否可以申请破产？如何申请破产？如何处理租借的设备和已经抵押的厂房？

第一节　概　　述

一、破产的概念和特征

破产是指企业由于各种原因不能清偿到期债务，经法院审理并在其监督之下，强制清算其全部财产，公平清偿全体债权人的法律制度。

破产的特征包括：①破产的前提是债务人不能清偿到期债务；②破产以债务人的全部财产为清偿客体；③破产是一种执行程序，为全体债权人的利益而对债务人全部财产进行的执行程序；④破产制度的目的是公平清偿，强调对债权人的公平清偿和债务人的公平保护。

二、破产法的概念

破产法是规定在债务人丧失清偿能力时，法院强制对其全部财产进行清算分配，公平清偿债权人，或通过债务人与债权人会议达成的和解协议清偿债务，或进行企业重整，避免债务人破产的法律规范的总称。破产法有广义和狭义之分。狭义的破产法特指2007年6月1日起施行的《中华人民共和国企业破产法》（以下简称《企业破产法》）；广义的破产法则还包括其他有关破产的法律、法规、行政规章、司法解释及散见于其他立法中的调整破产关系的法律规范，如《商业银行法》、《保险法》、《公司法》、《合伙企业法》等立法中有关破产的规定。

三、破产法的适用范围

《企业破产法》适用所有的企业法人。同时，《企业破产法》第一百三十五条规定："其他法律规定企业法人以外的组织的清算，属于破产清算的，参照适用本法规定的程序"，适当扩大了破产法的适用范围，以适应市场经济发展的需要。

第二节 破产申请与受理

一、破产申请的提出

破产申请是指当事人向法院提出要求宣告债务人破产的诉讼行为。根据我国《企业破产法》的规定，债权人和债务人都可以提出破产申请。

1. 破产申请人

根据《企业破产法》的规定，下列人可以申请企业破产：

（1）债务人不能清偿到期债务，并且资产不足以清偿全部债务或者明显缺乏清偿能力的情况下，可以向人民法院提出重整、和解或者破产清算申请；

（2）债务人不能清偿到期债务时，债权人可以申请破产清算或是重整；

（3）企业法人已解散但未清算或者未清算完毕，资产不足以清偿债务的时候，依法负有清算责任的人应当向人民法院申请破产清算。

例16-1 根据《企业破产法》的规定，向人民法院提出破产清算申请的当事人有（　　）。

A. 债务人　　B. 债权人

C. 人民法院　　D. 对债务人负有清算责任的人

【答案】ABD

【解析】本题考核破产申请的当事人。债权人和债权人均可向人民法院提出破产清算的申请。企业法人已解散但未清算或者未清算完毕，资产不足以清偿债务，对债务人负有清算责任的人应当向人民法院申请破产清算。

2. 申请破产应提交的材料

向人民法院提出破产申请应该提交破产申请书和相关证据，破产申请书应当载明下列事项：①申请人、被申请人的基本情况；②申请目的；③申请的事实和理由；④人民法院认为应当载明的其他事项。

债务人申请时，应当提交破产申请书和有关证据，还应当向人民法院提交财产状况说明、债务清册、债权清册、有关财务会计报告、职工安置预案以及职工工资的支付和社会保险费用的缴纳情况。

债权人申请债务人破产，应当向人民法院提交下列材料：债权发生的事实与证据；债权性质、数额、有无担保的证据；债务人不能清偿到期债务的证据。

二、破产申请的受理

破产申请的受理是指人民法院在收到破产案件申请后，认为申请符合法定条件而予以接受，并由此开始破产程序的司法行为，是破产程序开始的标志。

（一）受理时限

债权人提出破产申请的，人民法院应当自收到申请之日起 5 日内通知债务人。债务人对债权人提出的破产申请有异议的，应当自收到人民法院的通知之日起 7 日内向人民法院提出，并提交相关的证据材料。人民法院认为有必要的，可以组织债权人与债务人进行听证，听证会期间不计入法定期间。人民法院应当自异议期满之日起 10 日内裁定是否受理。除上述情形外，人民法院应当自收到破产申请之日起 15 日内裁定是否受理。有特殊情况需要延长受理案件期限的，经上一级人民法院批准，可以延长 15 日。

（二）审查

1. 形式审查

形式审查是指判定破产申请是否具备法律规定的申请形式。其内容主要包括：

（1）申请人是否具备破产申请资格；

（2）债务人是否为依法可适用企业破产程序的主体；

（3）受案法院对本案是否有管辖权；

（4）申请文件是否符合要求，即申请书内容完整、相关证据齐备、法定文件齐全。

2. 实质审查

实质审查主要是判定破产申请是否具有法律规定的破产申请实质条件，即债务人是否存在破产原因。

（三）受理通知和公告

人民法院裁定受理破产申请之日起 25 日内以公告通知所有的利害关系人。通知和公告的内容包括：①申请人、被申请人的名称或者姓名；②人民法院受理破产申请的时间；③申报债权的期限、地点和注意事项；④管理人的名称或者姓名及其处理事务的地址；⑤债务人的债务人或者财产持有人应当向管理人清偿债务或者交付财产；⑥第一次债权人会议召开的时间和地点；⑦人民法院认为应当通知和公告的其他事项。

（四）破产申请受理的效力

从破产程序开始到破产终结的整个期间内，债务人及其有关人员都将受到破产法的约束。

1. 对债务人的效力

（1）丧失对财产的处分权。这是一种对债权人有利的保护措施，但是《企业破产法》在破产申请到破产宣告之间的这段时间里，没有剥夺债务人对财产的管理和处分权，只有到破产宣告时才成立清算组，由清算组接管债务人财产。

（2）不得对个别债权人进行清偿。破产程序是对债务人财产的概括执行程序，具有对全体债权人公平保护的旨意，如果允许对个别债权人进行清偿，无疑会破坏破产法的这一制度价值。

（3）对债务人人身的限制。为保证破产程序的顺利进行和对债权人的保护，应对债务人的人身自由（这里主要指企业的法定代表人、财务人员、文秘人员）等进行必要的限制。自法院受理破产案件之日起，债务人应承担以下义务：①妥善保管其占有和管理的财产、印章和账簿、文书等资料；②根据人民法院、管理人的要求进行工作，并如实回答询问；③列席债权人会议并如实回答债权人的询问；④未经人民法院许可，不得离开住所地；⑤不得新任其他企业的董事、监事、高级管理人员。

2．对债权人的效力

（1）所有债权视为到期。破产程序具有加速债权到期的效力，即使在破产开始时尚未到期的债权之债权人也有权申报债权，只是在计算债权额时应扣除期限利息。

（2）债权申报。这是债权人请求以破产程序满足其债权的意思表示，也是没有申请债务人破产的债权人参加破产程序的手段。

第三节 管 理 人

一、管理人的概念

管理人是人民法院审理破产案件时，由人民法院指定的，全面接管破产企业并负责破产财产保管、清算、估价、处理和分配等破产时事务的机构。

二、管理人的产生和资格

管理人可以由有关部门、机构的人员组成的清算组或者依法设立的律师事务所、会计师事务所、破产清算事务所等社会中介机构担任。人民法院根据债务人的实际情况，可以在征询有关社会中介机构的意见后，指定该机构具备相关专业知识并取得执业资格的人员担任管理人。管理人的名称或者姓名及其处理事务的地址要予以通知和公告。

有下列情形之一的，不得担任管理人：①因故意犯罪受过刑事处罚；②曾被吊销相关专业执业证书；③与本案有利害关系；④人民法院认为不宜担任管理人的其他情形。

三、管理人的职责

管理人应当勤勉尽责，忠实执行职务。

根据《企业破产法》规定，管理人履行下列职责：①接管债务人的财产、印章和账簿、文书等资料；②调查债务人财产状况，制作财产状况报告；③决定债务人的内部管理事务；④决定债务人的日常开支和其他必要开支；⑤在第一次债权人会议召开之前，决定继续或者停止债务人的营业；⑥管理和处分债务人的财产；⑦代表债务人参加诉讼、仲裁或者其他法律程序；⑧提议召开债权人会议；⑨人民法院认为管理人应当履行的其他职责。

管理人未依法勤勉尽责，忠实执行职务的，人民法院可以依法处以罚款；给债权人、债务人或者第三人造成损失的，依法承担赔偿责任。

第四节 债权人会议

一、债权人会议的组成

依法申报债权的债权人为债权人会议的成员，有权参加债权人会议，享有表决权。

债权尚未确定的债权人，除人民法院能够为其行使表决权而临时确定债权额的外，不得行使表决权。对债务人的特定财产享有担保权的债权人，未放弃优先受偿权利的，对于通过和解协议和破产财产的分配方案不享有表决权。债权人会议设主席一人，由人民法院从有表决权的债权人中指定。

二、债权人会议的召集与职权

1. 债权人会议的召集

第一次债权人会议由人民法院召集，自债权申报期限届满之日起15日内召开。以后的债权人会议，在人民法院认为必要时，或者管理人、债权人委员会、占债权总额1/4以上的债权人向债权人会议主席提议时召开。

2. 债权人会议的职权

债权人会议的职权有：①核查债权；②申请人民法院更换管理人，审查管理人的费用和报酬；③监督管理人；④选任和更换债权人委员会成员；⑤决定继续或者停止债务人的营业；⑥通过重整计划；⑦通过和解协议；⑧通过债务人财产的管理方案；⑨通过破产财产的变价方案；⑩通过破产财产的分配方案；⑪人民法院认为应当由债权人会议行使的其他职权。

债权人会议的决议，由出席会议的有表决权的债权人过半数通过，并且其所代表的债权额占无财产担保债权总额的1/2以上。

三、债权人委员会

《企业破产法》规定，在债权人会议中可以设置债权人委员会，债权人委员会是遵循债权人的共同意志，代表债权人会议监督管理人行为以及破产程序的合法、公正进行，处理破产程序中有关事项的常设监督机构。

债权人委员会的职权包括：监督债务人财产的管理和处分；监督破产财产分配；提议召开债权人会议；债权人会议委托的其他职权。

例16-2 关于债权人委员会，下列说法正确的是（ ）。

A. 债权人会议可以决定设立债权人委员会

B. 债权人会议应当设立债权人委员会

C. 债权人委员会由债权人会议选任的债权人代表和一名债务人的职工代表或者工会代表组成

D. 债权人委员会成员应当经人民法院书面决定认可

【答案】ACD

【解析】本题考核债权人委员会的相关规定。根据规定，债权人会议可以决定设立债权人委员会。因此选项B的说法不正确。

第五节 重整与和解

一、重整

重整是指对已经或可发生破产原因但又有挽救希望的法人企业，通过对各方利害关系人的利益协调，借助法律强制进行营业重组与债务清理，以避免破产、获得新生的法律制度。

（一）重整申请和重整期间

1. 重整申请

债务人尚未进入破产程序时，债务人或者债权人可以直接向人民法院申请对债务人进行重整。债权人申请对债务人进行破产清算的，在人民法院受理破产申请后、宣告债务人破产前，债务人或者出资额占债务人注册资本 1/10 以上的出资人，可以向人民法院申请重整。

2. 重整期间

自人民法院裁定债务人重整之日起至重整程序终止，为重整期间。

在重整期间，债务人的财产管理和营业事务执行，可以由债务人或管理人负责。在重整期间，对债务人的特定财产享有的担保权暂停行使。担保物有损坏或者价值明显减少的可能，足以危害担保权人权利的，担保权人可以向人民法院请求恢复行使担保权。在重整期间，债务人或者管理人为继续营业而借款的，可以为该借款设定担保。债务人在重整期间为重整进行而发生的费用与债务，原则上属于共益债务，可以不受重整程序限制地从债务人财产中受偿。在重整期间，债务人的出资人不得请求投资收益分配。在重整期间，债务人的董事、监事、高级管理人员不得向第三人转让其持有的债务人的股权，但经人民法院同意的除外。

在重整期间，有下列情形之一的，经管理人或者利害关系人请求，人民法院应当裁定终止重整程序，并宣告债务人破产：①债务人的经营状况和财产状况继续恶化，缺乏挽救的可能性；②债务人有欺诈、恶意减少债务人财产或者其他显著不利于债权人的行为；③由于债务人的行为致使管理人无法执行职务。

（二）重整计划

1. 重整计划草案的提交

当事人的重整申请被受理之后，应当在法定期限内提交重整计划草案。债务人或者管理人应当自人民法院裁定债务人重整之日起 6 个月内，同时向人民法院和债权人会议提交重整计划草案。期限届满，经债务人或者管理人请求，有正当理由的，人民法院可以裁定延期 3 个月。债务人或者管理人未按期提出重整计划草案的，人民法院应当裁定终止重整程序，并宣告债务人破产。

2. 重整计划草案的内容

重整计划草案应当包括下列内容：①债务人的经营方案；②债权分类；③债权调整方案；④债权受偿方案；⑤重整计划的执行期限；⑥重整计划执行的监督期限；⑦有利于债务人重整的其他方案。

3．重整计划草案的表决与批准

人民法院应当自收到重整计划草案之日起30日内召开债权人会议，对重整计划草案进行表决。债权人参加讨论重整计划草案的债权人会议，依照下列债权分类，分组对重整计划草案进行表决：

（1）对债务人的特定财产享有担保权的债权；

（2）债务人所欠职工的工资和医疗、伤残补助、抚恤费用，所欠的应当划入职工个人账户的基本养老保险、基本医疗保险费用，以及法律、行政法规规定应当支付给职工的补偿金；

（3）债务人所欠税款；

（4）普通债权。

出席会议的同一表决组的债权人过半数同意重整计划草案，并且其所代表的债权额占该组债权总额的2/3以上的，即为该组通过重整计划草案。债务人或者管理人应当在债权人会议上就重整计划草案作出说明，并回答询问。

4．重整计划的执行

经人民法院裁定批准的重整计划，对债务人和全体债权人均有约束力。在重整程序中，债权人未依法申报债权的，在债务人或管理人向人民法院和债权人会议提交重整计划草案表决之前仍未依法补充申报的，不得再补充申报债权，以免打乱重整计划中债权调整、清偿等方案，影响重整程序进行。

债务人不能执行或者不执行重整计划的，人民法院经管理人或者利害关系人请求，应当裁定终止重整计划的执行，并宣告债务人破产。

例16-3 下列有关重整制度的表述，说法正确的是（　　）。

A. 在重整期间，对债务人的特定财产享有的担保权暂停行使

B. 担保物有损坏或者价值明显减少的可能，足以危害担保权人权利的，担保权人可以向人民法院请求恢复行使担保权

C. 在重整期间，债务人或者管理人为继续营业而借款的，可以为该借款设定担保

D. 在重整期间，债务人的出资人可以请求投资收益分配

【答案】ABC

【解析】本题考核重整的相关规定。根据规定，在重整期间，债务人的出资人不得请求投资收益分配，因此，选项D的说法是错误的。

二、和解

和解，是指在人民法院受理破产案件后，在破产程序终结前，债务人与债权人之间就延期偿还和减免债务问题达成协议，经法院认可后生效的法律程序。

1．和解的提出

债务人可以依法直接向人民法院申请和解，可以在人民法院受理破产申请后、宣告破产前，向人民法院申请和解。债务人申请和解，应当提出和解协议草案。

人民法院经审查认为和解申请符合法律规定的，应当受理，进行审查，认为符合法律规

定的应裁定和解予以公告，并召集债权人会议讨论和解协议草案。

债权人会议通过和解协议的决议，由出席会议的有表决权的债权人过半数，并且其所代表的债权额占无财产担保债权总额的 2/3 以上。

债权人会议通过和解协议的，由人民法院裁定认可，终止和解程序，并予以公告。管理人应当向债务人移交财产和营业事务，并向人民法院提交执行职务的报告。和解协议草案经债权人会议表决未获得通过，或者已经债权人会议通过的和解协议未获得人民法院认可的，人民法院应当裁定终止和解程序，并宣告债务人破产。

例 16-4 关于和解的申请，下列说法正确的是（ ）。

A. 债务人不能直接向法院申请和解

B. 债务人可以直接向法院申请和解

C. 债务人可以在人民法院受理破产申请后、宣告债务人破产前向法院申请和解

D. 债务人在人民法院受理破产申请后不能向法院申请和解

【答案】BC

【解析】本题考核与和解申请相关的规定。根据规定，债务人可以依照本法规定，直接向人民法院申请和解；也可以在人民法院受理破产申请后、宣告债务人破产前，向人民法院申请和解。债务人申请和解，应当提出和解协议草案。

2. 和解协议的效力

（1）经人民法院裁定认可的和解协议，对债务人和全体和解债权人均有约束力。

（2）和解债权人对债务人的保证人和其他连带债务人所享有的权利，不受和解协议的影响。债务人应当按照和解协议规定的条件清偿债务。

（3）和解协议无强制执行效力，如债务人不履行协议，债权人不能请求人民法院强制执行，只能请求人民法院终结整顿，宣告其破产。

3. 和解协议的终止

（1）因债务人的欺诈或者其他违法行为而成立的和解协议，人民法院应当裁定无效，并宣告债务人破产。有上述情形的，和解债权人因执行和解协议所受的清偿，在其他债权人所受清偿同等比例的范围内，不予返还。

（2）人民法院裁定终止和解协议执行的，和解债权人在和解协议中作出的债权调整的承诺失去效力。和解债权人因执行和解协议所受的清偿仍然有效，和解债权未受清偿的部分作为破产债权。

（3）人民法院受理破产申请后，债务人与全体债权人就债权债务的处理自行达成协议的，可以请求人民法院裁定认可，并终结破产程序。

第六节 破产清算

一、破产宣告

破产宣告是指法院对债务人具备破产原因的事实作出有法律效力的认定。人民法院依法宣告债务人破产，应当自裁定作出之日起 5 日内送债务人和管理人，自裁定作出之日起 10 日

内通知已知债权人，并予以公告。

债务人被宣告破产后，在破产程序中的有关称谓也发生相应变化，债务人为破产人，债务人财产称为破产财产，人民法院受理破产申请时对债务人享有债权称为破产债权。

破产宣告前，有下列情形之一的，人民法院应当裁定终结破产程序，并予以公告：①第三人为债务人提供足额担保或者为债务人清偿全部到期债务的；②债务人已清偿全部到期债务的。

二、破产财产的变价和分配

（一）破产财产的变价

破产财产的分配以货币分配为基本方式。管理人应当按照债权人会议通过的或者人民法院依法裁定的破产财产变价方案，适时变价出售破产财产。

变价出售破产财产应当通过拍卖方式进行，但债权人会议另有决议的除外。破产企业可以全部或者部分变价出售。企业变价出售时，可以将其中的无形资产和其他财产单独变价出售。按照国家规定不能拍卖或者限制转让的财产，当按照国家规定的方式处理。

（二）破产财产的分配

破产分配是指将破产财产按照法律规定的债权清偿顺序和案件实际情况决定的受偿比例进行清偿的程序。破产财产的分配应当遵守法定的分配顺序和分法。

1．分配方案

管理人应当及时拟订破产财产分配方案，提交债权人会议讨论。破产财产分配方案应当载明下列事项：①参加破产财产分配的债权人名称或者姓名、住所；②参加破产财产分配的债权额；③可供分配的破产财产数额；④破产财产分配的顺序、比例及数额；⑤实施破产财产分配的方法。

债权人会议表决通过破产财产分配方案后，由管理人将该方案提请人民法院裁定认可，经人民法院裁定认可后，由管理人执行。

2．分配顺序

破产财产在优先清偿破产费用后，依照下列顺序清偿：①破产人所欠职工的工资和医疗等费用，所欠的应当划入职工个人账户的基本养老保险、基本医疗保险，以及法律、行政法规规定应当支付给职工的补偿金；②破产人欠缴的除前项规定以外的社会保险费用和破产人所欠税款；③普通破产债权。

破产财产不足以清偿同一顺序的清偿要求的，按照比例分配。破产企业的董事、监事和高级管理人员的工资按照该企业职工的平均工资计算。

3．分配方案的实施

破产财产分配方案经人民法院裁定认可后，由管理人执行。债权人未受领的破产财产分配额，管理人应当提存。债权人自最后分配公告之日起满 2 个月仍不领取的，视为放弃受领分配的权利，管理人或者人民法院应当将提存的分配额分配给其他债权人。对于附生效条件或者解除条件的债权，管理人应当将其分配额提存。破产财产分配时，对于诉讼或者仲裁未决的债权，管理人应当将其分配额提存。自破产程序终结之日起满两年仍不能受领分配的，人民法院应当将提存的分配额分配给其他债权人。

三、破产费用和共益债务

1. 破产费用

破产费用，是在破产程序中为全体债权人共同利益而支付的各项费用的总称。人民法院受理破产申请后发生的下列费用，为破产费用：①破产案件的诉讼费用；②管理、变价和分配债务人财产的费用；③管理人执行职务的费用、报酬和聘用工作人员的费用。

例 16-5　某公司被依法宣告破产，该公司发生的下列支出中，属于破产费用的是（　　）。

A. 破产管理人执行职务的费用

B. 因债务人无因管理所产生的支出

C. 因债务人不当得利所产生的支出

D. 管理人依法解除本公司与 A 公司的合同而应支付给 A 公司的赔偿金

【答案】A

【解析】本题考核破产费用的界定。

2. 共益债务

共益债务，是在破产程序中为全体债权人利益而由债务人财产负担的债务的总称。人民法院受理破产申请后发生的下列债务，为共益债务：①因管理人或者债务人请求对方当事人履行双方均未履行完毕的合同所产生的债务；②债务人财产受无因管理所产生的债务；③因债务人不当得利所产生的债务；④为债务人继续营业而应支付的劳动报酬和社会保险费用以及由此产生的其他债务；⑤管理人或者相关人员执行职务致人损害所产生的债务；⑥债务人财产致人损害所产生的债务。

3. 破产费用与共益债务的清偿

破产费用和共益债务由债务人财产随时清偿；债务人财产不足以清偿所有破产费用和共益债务的，先行清偿破产费用；债务人财产不足以清偿所有破产费用或者共益债务的，按照比例清偿；债务人财产不足以清偿破产费用的，管理人应当提请人民法院终结破产程序。

四、破产程序终结

破产程序终结的事由有：①因和解、重整程序顺利完成而终结；②因债务人消除破产原因或以其他方式解决债务清偿问题而终结；③债务人的破产财产不足以支付破产费用而终结；④因破产财产分配完毕而终结。

破产人无财产可供分配的，管理人应当请求人民法院裁定终结破产程序。在破产人有财产可供分配的情况下，管理人在最后分配完结后，应当及时向人民法院提交破产财产分配报告，并提请人民法院裁定终结破产程序，人民法院应当自收到管理人终结破产程序的请求之日起 15 日内作出是否终结破产程序的裁定。裁定终结的，应当予以公告。

管理人应当自破产程序终结之日起 10 日内，持人民法院终结破产程序的裁定，向破产人的原登记机关办理注销登记。

第七节 法律责任

一、债务人的法律责任

1. 管理层造成企业破产的法律责任

企业董事、监事或者高级管理人员违反忠实义务、勤勉义务，致使所在企业破产的，依法承担民事责任，自破产程序终结之日起3年内不得担任任何企业的董事、监事、高级管理人员。

2. 违反破产程序义务的法律责任

具体规定如下：①有义务列席债权人会议的债务人的有关人员，经人民法院传唤，无正当理由拒不列席债权人会议的，人民法院可以拘传，并可处以罚款；债务人的有关人员违反破产法规定，拒不陈述、回答，或者作虚假陈述、回答的，人民法院可处以罚款。②债务人违反破产法规定，拒不向人民法院提交或者提交不真实的财产状况说明、债务清册、债权清册、有关财务会计报告以及职工工资的支付情况和社会保险费用的缴纳情况的，人民法院可以对直接责任人员依法处以罚款。③债务人违反破产法规定，拒不向管理人移交财产、印章和账簿、文书等资料的，或者伪造、销毁有关财产证据材料而使财产状况不明的，人民法院可以对直接责任人员依法处以罚款。④债务人的有关人员违反破产法规定，擅自离开住所地的，人民法院可予以训诫、拘留，可以依法并处罚款。

3. 欺诈破产行为的法律责任

根据《企业破产法》的规定，债务人在破产程序中有以下损害债权人利益行为的债务人的法定代表人和其他直接责任人员依法承担赔偿责任：①无偿转让财产的；②以明显不合理的价格进行交易的；③对没有财产担保的债务提供财产担保的；④对未到期的债务提前清偿的；⑤放弃债权的。

法律还规定，涉及债务人财产的下列行为无效：①为逃避债务而隐匿、转移财产的；②虚构债务或者承认不真实的债务的。

二、管理人的法律责任

管理人未依法勤勉尽责，忠实执行职务的，人民法院可以依法处以罚款；给债权人、债务人或者第三人造成损失的，依法承担赔偿责任。

小结

破产是指企业由于各种原因不能清偿到期债务，经法院审理并在其监督之下，强制清算其全部财产，公平清偿全体债权人的法律制度。《企业破产法》对于破产的申请与受理、管理人制度、债权人会议制度、重整与和解、破产清算程序以及法律责任做了详细的规定。

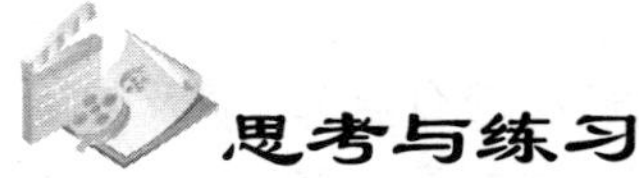

思考与练习

一、判断题

1. 人民法院受理破产申请后，债务人占有的不属于债务人的财产，该财产的权利人可以通过管理人取回。（　）

2. 对债务人的特定财产享有担保权的债权人，不享有表决权。（　）

3. 债权人会议有权对破产企业未履行的合同，决定解除或继续履行。（　）

4. 债权人会议由申报债权的债权人组成，凡是债权人会议的成员，都享有出席会议和对会议所议事项进行表决的权利。债权尚未确定的债权人，不得出席债权人会议。（　）

5. 甲公司长期不能清偿到期债务，债权人之一—— 乙公司申请甲公司破产并被人民法院受理。在人民法院受理破产申请后，宣告甲公司破产前，占甲公司注册资本 1/10 以上的出资人可以向人民法院申请重整。（　）

二、不定项选择题

1. 根据企业破产法律制度的规定，应当召开债权人会议的情形有（　　）。
   A. 人民法院认为必要时
   B. 管理人提议召开时
   C. 债权人委员会提议召开时
   D. 占债权总额 1/4 以上的债权人向债权人会议主席提议时

2. 根据破产法规定，债权申报的期限自人民法院发布受理破产申请公告之日起计算，（　　）。
   A. 最短不得少于 10 日，最长不得超过 1 个月
   B. 最短不得少于 15 日，最长不得超过 3 个月
   C. 最短不得少于 30 日，最长不得超过 3 个月
   D. 最短不得少于 30 日，最长不得超过 6 个月

3. 人民法院裁定受理破产申请的，应当同时指定管理人。属于管理人职责的是（　　）。
   A. 决定债务人的内部管理事务　　B. 拟订破产财产的分配方案
   C. 提议召开债权人会议　　D. 代表债务人参加诉讼、裁定

4. 下列各项中，不属于破产费用的是（　　）。
   A. 破产案件诉讼费用　　B. 管理债务人财产的费用
   C. 破产企业职工生活费　　D. 管理人执行职务的费用

5. 下列各项中，涉及债务人财产行为无效的有（　　）。
   A. 为逃避债务而隐匿财产　　B. 为逃避债务而转移财产
   C. 虚构债务　　D. 承认不真实的债务

三、案例分析题

甲公司自 2012 年开始出现亏损，经营每况愈下。2014 年 7 月 8 日向法院申请破产。法院经审查，于 7 月 12 日受理此案，为了有效防止损失扩大，维护债权人利益，人民法院当日决定先成

立管理人接管甲公司。2014 年 8 月 10 日，人民法院裁定宣告甲公司破产。此时甲公司的全部资产为 9 687.5 万元，全部债务为 27 134.6 万元（不含破产费用及共益债务）。应付职工工资及劳动保险费 300 万元，应交税金 410.5 万元。在破产程序中支付的破产费用和共益债务 250 万元。甲公司破产案件终结后 3 个月内，有债权人向法院提供材料证明：甲公司与丁公司的买卖合同纠纷案胜诉，2014 年 3 月 18 日判决生效，要求丁公司向甲公司支付货款 150 万元，甲公司在丁公司未自觉履行债务的情况下，没有向法院申请强制执行，主动放弃对其的债权。

根据上面所述事实并结合《企业破产法》的规定，回答以下问题：

（1）法院决定成立管理人接管甲公司的决定是否正确？

（2）对破产裁定之后，债权人举报甲公司的行为应分别如何认定，怎样处理？

实训题——绘制破产流程图

请根据《企业破产法》的规定，画出破产流程图。

附录　经济法课程标准

一、课程目标

“经济法”作为经济管理类专业开设的一门专业基础课程，它主要为培养适应现代企业，具有市场经济法律知识，一专多能且有职业发展潜力的高端应用型人才服务。

这是一门理论性、应用性较强的课程。通过学习本课程，使学生能够掌握与企业密切相关的我国现行的主要经济法律，具有市场经济的法治观念和具体分析、处理企业相关经济法律问题的技能，为后续的专业学习领域和专业拓展学习领域的学习做好知识、技能的储备。

二、学时分配

本课程根据高职经济管理类专业学生职业能力培养目标，兼顾就业导向及自主创业的需要，以任务驱动为导向，按企业从无到有、从有到无，即企业设立、运作到企业注销过程，将企业涉法的具体实务转化为“导论”、“企业设立”、“企业财产”、“企业运作（合同及担保）”、“企业市场秩序规制”、“企业纠纷的解决”、“劳动合同”和“企业破产”八个学习模块，设计了八种学习情境，学习内容分别涉及导论、个人独资企业法、合伙企业法、公司法；物权法、商标法、专利法；合同法、担保法及物权法之担保物权；产品质量法、消费者权益保护法、反不正当竞争法；民事诉讼法、仲裁法；劳动合同法；企业破产法等法律。教师可根据不同专业的具体需要，选讲不同的模块。各学习模块的学时分配见表1。

表1　课程模块及学时分配表

课 程 模 块	主要学习任务	学　时	
		理论	实操
模块1：导论	经济法律关系的构成要素 经济法律行为和代理	2	2
模块2：企业设立	1．公司设立的条件、程序 2．公司的组织结构及行为准则 3．不同企业类型的设立	8	8
模块3：企业财产	1．企业财产的取得及权限 2．工业产权	4	6
模块4：企业运作	1．合同订立、履行、终止 2．担保方式的正确选择	8	6
模块5：企业市场秩序规制	1．不正当竞争行为的类型确定 2．企业的产品质量责任	5	3
模块6：企业纠纷解决	1．仲裁和诉讼的选择 2．民事诉讼法第一审程序	3	5
模块7：劳动合同	劳动合同的订立、履行和终止 劳动争议的解决	4	2
模块8：企业破产	1．破产界限 2．破产程序：和解、重整、破产清算	4	2
合计	72	38	34

三、学习情境设计

本课程设计了八个学习情境，具体见表2。

表2 学习情境设计表

<table>
<tr><td colspan="2">学习情境1：导论</td><td colspan="2">计划学时：4学时，其中：理论2学时，实操2学时</td></tr>
<tr><td colspan="4">学习任务：1. 明确教学目的及学习情境；2. 掌握经济法的调整对象；3. 理解掌握并能正确分析经济法律关系的构成要素；4. 理解法人制度；5. 能合法地正确地授权，会写授权委托书；6. 能妥善处理代理法律事务。</td></tr>
<tr><td rowspan="2">教学内容：
1. 经济法概述
2. 经济法律关系
3. 民事法律行为和代理</td><td rowspan="2">教学方法
➢ 案例教学法
➢ 实践操作法
➢ 小组讨论法</td><td colspan="2">评价及考核</td></tr>
<tr><td>评价内容：
➢ 内容的理解
➢ 态度
➢ 团队合作</td><td>考核方法：
➢ 个别提问
➢ 教师评价
➢ 实训结果</td></tr>
<tr><td>工具
1. 多媒体设备
2. 案例文本
3. 授权委托书</td><td>学生需要的技能
1. 准确判断经济法的调整对象；经济法律关系的构成要素
2. 填写授权委托书</td><td colspan="2">教师需要的技能
1. 熟悉民法和经济法的渊源
2. 熟悉法人制度
3. 熟悉授权</td></tr>
</table>

<table>
<tr><td colspan="2">学习情境2：企业设立</td><td colspan="2">计划学时：16学时，其中：理论8学时，实操8学时</td></tr>
<tr><td colspan="4">学习任务：1. 明确教学目的及学习情境；2. 明确企业类型及责任形式；3. 重点掌握有限责任公司的法律规定；4. 熟悉股份有限公司的法律规定；5. 掌握个人独资企业法；6. 熟练掌握合伙企业法。</td></tr>
<tr><td rowspan="2">教学内容：
1. 个人独资企业法
2. 合伙企业法
3. 公司法</td><td rowspan="2">教学方法
➢ 案例教学法
➢ 实践操作法
➢ 小组讨论法</td><td colspan="2">评价及考核</td></tr>
<tr><td>评价内容：
➢ 内容的理解
➢ 小组情况讨论
➢ 态度
➢ 团队合作</td><td>考核方法：
➢ 个别提问
➢ 教师评价
➢ 实训结果</td></tr>
<tr><td>工具
1. 多媒体设备
2. 案例文本
3. 企业名称预先核准申请书
4. 公司设立登记申请书
5. 授权委托书</td><td>学生需要的技能
1.准确理解不同类型企业的责任形式及相应法律制度；表格的规范填写
2. 收集资料能力，模拟公司设立登记实务</td><td colspan="2">教师需要的技能
1. 熟悉公司法、个人独资企业法和合伙企业法
2. 熟练掌握公司设立登记业务操作流程</td></tr>
</table>

<table>
<tr><td colspan="2">学习情境3：企业财产</td><td colspan="2">计划学时：10学时，其中：理论4学时，实操6学时</td></tr>
<tr><td colspan="4">学习任务：1. 明确教学目的和学习情境；2. 学生能够掌握物权的类型；3. 掌握企业法人财产所有权的具体权能；4. 掌握商标权的取得、使用及侵权保护；5. 掌握专利的申请条件及程序。</td></tr>
<tr><td rowspan="2">教学内容：
1. 物权法
2. 商标法
3. 专利法</td><td rowspan="2">教学方法：
➢ 案例教学法
➢ 对比法
➢ 实践操作法</td><td colspan="2">评价及考核</td></tr>
<tr><td>评价内容：
➢ 内容的掌握
➢ 方法的掌握
➢ 实践操作结果
➢ 工作态度</td><td>考核方法：
➢ 个别提问
➢ 小组互评
➢ 作业演示
➢ 教师评分</td></tr>
<tr><td>工具
1. 多媒体设备
2. 商标标识
3. 专利产品
4. 案例文本</td><td>学生需要的技能
1. 商标基础知识
2. 具有基本的物权分析能力
3. 案例分析的文字表达能力
4. 协同合作能力</td><td colspan="2">教师需要的技能
1. 熟悉物权法知识
2. 熟悉商标法
3. 熟悉专利法
4. 指导学生实训操作</td></tr>
</table>

学习情境 4：企业运作（合同及担保）		计划学时：14 学时，其中：理论 8 学时，实操 6 学时	
学习任务：1．明确教学目的和学习情境；2．掌握合同的订立程序及合同内容；3．掌握合同保全；4．掌握担保方式及其运用。			
教学内容：	教学方法：	评价及考核	
		评价内容：	考核方法：
1．合同法 2．担保法及物权法之担保物权	➢ 案例教学法 ➢ 实践操作法 ➢ 仿真教学法 ➢ 合同法竞赛	➢ 团队精神 ➢ 内容的掌握 ➢ 实操能力 ➢ 态度	➢ 个别提问 ➢ 合同签订 ➢ 竞赛演示 ➢ 教师评分
工具 1. 视频教学设备和视频教学文件 2．仓储合同范本 3．货运合同范本 4．竞赛题及评分表	学生需要的技能 1．签约能力 2．合同审查及分析合同效力的能力 3．行使代位权和撤销权 4．灵活运用担保方式的能力	教师需要的技能 1．熟悉合同法 2．合同签订能力 3．合同审查能力 4．熟悉担保法及担保物权	

学习情境 5：企业市场秩序规制		计划学时：8 学时，其中：理论 5 学时，实操 3 学时	
学习任务：1．明确教学目的、要求和学习情境；2．能认识和理解市场经济交易过程中法律所禁止的垄断行为和不正当竞争行为；3．明确经营者在保护消费者权益中应尽的义务；4．明确产品质量责任，掌握经营者的产品质量责任。			
教学内容：	教学方法：	评价与考核	
		评价内容：	考核方法：
1．产品质量法 2．消费者权益保护法 3．反不正当竞争法	➢ 案例教学法 ➢ 模拟教学法 ➢ 小组讨论法	➢ 内容理解 ➢ 流程的掌握 ➢ 处理问题 ➢ 小组讨论	➢ 小组自评 ➢ 个别提问 ➢ 问题处理 ➢ 教师评分
工具 1．多媒体设备 2．教学案例 3．实物	学生需要的技能 1．消费知识 2．消费者的权利意识和经营者的责任意识 3．识别能力 4．语言表达及写作能力	教师需要的技能 1．识别不正当竞争行为的能力 2．消费者权利意识 3．经营者的责任意识 4．经营者的产品质量意识 5．指导投诉书写作的能力	

学习情境 6：企业纠纷解决		计划学时：8 学时，其中：理论 3 学时，实操 5 学时	
学习任务：1．明确教学目的、要求和学习情境；2．学会正确选择纠纷的解决途径；3．熟练掌握诉讼管辖及一审普通程序；4．掌握仲裁原则，了解仲裁程序。			
教学内容：	教学方法：	评价及考核	
		评价内容：	考核方法：
1．民事诉讼法 2．仲裁法	➢ 仿真教学法（模拟法庭） ➢ 讲述法 ➢ 实践操作法 ➢ 小组讨论法	➢ 小组讨论 ➢ 协作能力 ➢ 实操能力 ➢ 工作态度	➢ 操作演示 ➢ 小组互评 ➢ 教师评分
工具 1．多媒体设备 2．财产纠纷或合同纠纷案例 3．民事起诉书基本格式 4．答辩状基本格式 5. 一审经济案件模拟开庭审理操作规程	学生需要的技能 1．法律文书的写作能力 2．语言表达能力 3．证据收集能力	教师需要的技能 1．熟悉法律文书的格式及要求 2．熟悉诉讼和仲裁的特点和区别 3．熟悉一审普通程序 4．熟悉法庭布局和一审庭审操作规程	

<table>
<tr><td colspan="2">学习情境 7：劳动合同</td><td colspan="2">计划学时：6 学时，其中：理论 4 学时，实操 2 学时</td></tr>
<tr><td colspan="4">学习任务：1．明确教学目的及学习情境；2．重点掌握劳动合同的订立、履行和终止；3．明确劳动争议的解决方法。</td></tr>
<tr><td rowspan="2">教学内容：
1．劳动合同的订立
2．劳动合同的履行、变更、解除和终止
3．法律责任</td><td rowspan="2">教学方法
➢ 案例教学法
➢ 实践操作法
➢ 小组讨论法</td><td colspan="2">评价及考核</td></tr>
<tr><td>评价内容：
➢ 内容的理解
➢ 小组情况讨论
➢ 态度
➢ 团队合作</td><td>考核方法：
个别提问
教师评价
实训结果</td></tr>
<tr><td>工具
1．多媒体设备
2．案例文本
3．劳动合同书
4．申诉书</td><td>学生需要的技能
1．熟悉劳动合同法
2．正确签订劳动合同
3．妥善处理劳动争议</td><td colspan="2">教师需要的技能
1．熟悉劳动法、劳动合同法和劳动争议调解仲裁法
2．熟练掌握劳动争议业务操作流程</td></tr>
</table>

<table>
<tr><td colspan="2">学习情境 8：企业破产法</td><td colspan="2">计划学时：6 学时，其中：理论 4 学时，实操 2 学时</td></tr>
<tr><td colspan="4">学习任务：1．明确教学目的和学习情境；2．理解破产的界限；3．掌握企业的和解、重整、破产清算等破产程序；4．熟悉破产程序流程；5．掌握破产清算程序及破产财产分配的顺序。</td></tr>
<tr><td rowspan="2">教学内容
1．破产申请及受理
2．管理人
3．债权人会议
4．重整与和解
5．破产清算
6．法律责任</td><td rowspan="2">教学方法
➢ 案例教学法
➢ 实践教学法
➢ 小组讨论法</td><td colspan="2">评价与考核</td></tr>
<tr><td>评价内容：
➢ 案例分析报告
➢ 团队合作
➢ 小组讨论</td><td>考核方法：
➢ 小组互评
➢ 个人分析
➢ 教师评分</td></tr>
<tr><td>工具
1．案例文本
2．案例视频文件
3．破产流程图
4．小组评价表</td><td>学生需要的技能
1．对破产的意义的理解
2．破产程序的认知
3．清算程序
4．注销登记</td><td colspan="2">教师需要的技能
1．熟悉破产法
2．明确不同破产程序的适用
3．清算程序
4．指导注销登记</td></tr>
</table>

四、考核

本课程采用“环节”考核法，分形成性考核（学习情境的任务完成效果的考核）和综合作业考核，其考核的分数比例为 4:6，即形成性考核 40%，综合作业考核 60%。

五、前后续课程衔接

“经济法”的前续课程有“法律基础”，前续课程使学生具备了法律的基本知识，为“经济法”的学习打下了一定基础；其后续课程涉及不同专业的专业课程，本课程对后续课程的学习及今后的工作有很大的帮助。

参考文献

[1] 韩雪琴．经济法概论[M]．大连：东北财经大学出版社，2007．

[2] 李洁丽．经济法概论[M]．青岛：中国海洋大学出版社，2011．

[3] 于强．经济法[M]．长沙：湖南师范大学出版社，2011．

[4] 王桂菊，刘断思．经济法基础[M]．北京：人民邮电出版社，2010．

[5] 王琳雯，李良雄．经济法实务[M]．北京：人民邮电出版社，2011．

[6] 财政部会计资格评价中心．2013 年初级会计资格—经济法基础[M]，北京：经济科学出版社，2012．

[7] 中国注册会计师协会．经济法[M]．北京：中国财政经济出版社，2013．

[8] 张能宝．2012 年司法考试历年试题及考点归类精解[M]．北京：法律出版社，2011．

[9] 江伟．民事诉讼法[M]．北京：高等教育出版社，2005．

[10] 刘建民．新编经济法实用指南[M]．上海：复旦大学出版社，2007．

[11] 王学梅．经济法基础教程[M]．北京：经济科学出版社，2005．

[12] 姜发根，韦静．新编经济法教程[M]．北京：北京交通大学出版社，2008．

[13] 程荣斌，姜小川．经济法案例法规试题[M]．北京：中国法制出版社，2006．

[14] 程荣斌，姜小川．民法案例法规试题[M]．北京：中国法制出版社，2006．

[15] 江平，李国光．最新公司法条文释义[M]．北京：人民法院出版社，2006．

检
43